D1694609

IMPRESSUM
©2021 Ulrich Metzner
Autor: Ulrich Metzner
Gestaltung: Dorothea Metzner
Lektorat, Korrektorat: A.M.D. Metzner
Coverfoto: Archiv Sabine Kahrweg
Verlag & Druck: tredition GmbH, Halenreie 40-44, 22359 Hamburg
ISBN 978-3-347-14433-0
ISBN 978-3-347-14434-7
ISBN 978-3-347-14435-4

Bibliografische Information der Deutschen Nationalbibliothek:
Die Deutsche Nationalbibliothek verzeichnet
diese Publikation in der Deutschen Nationalbiografie;
detaillierte bibliografische Daten sind im Internet abrufbar über
http://dnb.d-nb.de

Ulrich Metzner

Seitenwechsel ins Ungewisse
Von einem, der auszog rüberzumachen

Bischofswerda an der Birkengasse Anfang November

Prolog
Mut steht am Anfang des Handelns

Die Idee zu diesem Buch kam auf, als sich die Enkel Moritz und Charlotte, Kinder meiner Tochter Sabine, für die Kindheit ihres Großvaters in der Nachkriegszeit zu interessieren begannen. Mit wachsender Begeisterung für seine Streiche, beispielsweise. Später für die Zeit der Jugend mit ihren Irrungen und Wirrungen, mit den ersten prägenden Erfahrungen: Der Rausschmiss von der Oberschule ein Jahr vor dem Abitur, landesweit fortan verwehrt der Abschluss. Hatte doch der wild Entschlossene die Seiten von Ost nach West wechseln wollen, was scheiterte. Die „Karriere" dann mit noch nicht achtzehn als jüngster Wagenführer bei der Cottbuser Straßenbahn. In der Zwischenzeit dann die Vorbereitung des zweiten, des abenteuerlichen Versuchs, dem ungeliebten System zu entkommen.

Alles, was den beiden wissbegierigen Sprösslingen an Tatsächlichem geboten wurde, erschien ihnen wie das Drehbuch zu einem spannungeladenen Fernsehfilm. Vielleicht auch als eine Mischung aus modernem Märchen, Dichtung und Wahrheit. Wie sie es auch immer empfanden, sie konnten nicht genug davon hören. Und sie fragten nach, gleich ob es Details, Zusammenhänge oder Hintergründiges aus des Großvaters Umfeld waren. Für die beiden hatte sich eine Welt aufgetan, die aus ihrer Sicht kaum vorstellbar war. Ein ums andere Mal kamen sie aus dem Staunen nicht heraus: „Alles kaum zu glauben." Doch damit nicht genug. Was am Ende eines harmonischen Winterabends vor dem knisternden Kamin folgte, war der überraschende Wunsch, der den Stein zum Buch ins Rollen brachte: „Großvater, schreib das auf! Für uns und für später einmal." Dem sollte und wollte ich nachkommen. Und das mit Freuden.

Auf der Heimfahrt von Starnberg nach Taufkirchen sann ich über den Wortlaut von „Schreib das auf!" nach. Des Rätsels Lösung: Er steht in Verbindung mit dem in Prag geborenen Schriftsteller *Egon Erwin Kisch* (1885-1948), berühmt geworden als „der rasende Reporter". Mit denselben Worten hatten ihn die Kameraden seiner Kompanie an den Fronten des Ersten Weltkrieges (1914-1918) gebeten, die erlittenen Strapazen und das Elend des Soldatenlebens seinem Tagebuch anzuvertrauen. Die Historie weist Kisch als einen der bedeutendsten Reporter des modernen Journalismus aus.

Ein Vorbild: Egon Erwin Kisch.

Moritz und Charlotte: „Schreib das auf, Großvater!"

Nach dem Erscheinen des Buches „Bizarres Naturwunder Elbsandsteingebirge" war bald das versprochene „Aufschreiben" zur reizvollen Pflicht geworden. Eine Biografie sollte es nicht werden. Vielmehr eine Reihung von Episoden, die einer Odyssee gleichkam.

Gewollt zudem nach reiflicher Überlegung die zeitliche Eingrenzung auf achtmal sechs Jahre. Beginnend mit dem Geburtsdatum 9. November 1941 und endend mit dem 9. November 1989 zum historischen Weltereignis, dem *Fall der Berliner Mauer* und der *Wiedervereinigung* am 3. Oktober im Jahr darauf. Im Ergebnis eine Vielzahl von Geschichten, umgeben von Großereignissen. Es war zudem die Zeit des so genannten „Kalten Krieges", dem Konflikt zwischen den von den USA mehr oder minder geführten Westmächten und dem von der Sowjetunion beherrschten „Ostblock" einschließlich der DDR, entstanden nach der Teilung Deutschlands.

Im Verlauf des Zusammentragens von Erinnerungen und flankierenden Fakten des zweifelsfrei sehr persönlichen Kompendiums stieß ich auf ein Wort von einem der großen deutschen Philosophen, von *Arthur Schopenhauer* (1788-1860): „Vom Standpunkte der Jugend aus gesehen, ist das Leben eine unendlich lange Zukunft; vom Standpunkte des Alters aus einer sehr kurzen Vergangenheit." Auf Letzteres bezogen, hat das den Vorteil der sich verdichtenden Erinnerung, zu verdanken dem gewonnenen Abstand. Taten sich Lücken auf, konnten sie teilweise geschlossen werden. Beispielsweise vom Bruder Gisbert in Cottbus und von Ulrike Bartel, geborene Herrmann, in Bischofswerda.

Um noch einmal, wenn auch nur nebenbei bemerkt, auf Schopenhauer zu kommen: Er war der Ansicht, dass der Welt ein irrationales Prinzip zugrunde liege. Irrationalismus, so die Erklärung, ist die Lehre von der Ablehnung der Überzeugung, dass die menschliche Vernunft eine hinreichende Erkenntnis der Welt erwerben kann. Eine geradezu zeitlose Einschätzung.

9

Ein großes Kapitel beinhaltet die vermeintliche Unvernunft des Heranwachsenden, auch als Phantasterei abgetan, zum Schicksal des Vaters. Unbeirrt blieb er seiner Überzeugung treu, dass er nicht tot sein könne. Er, Heinz Metzner, er lebe noch. Man müsse ihn nur noch finden. Dieser durch nichts begründeten Annahme folgte später die Fahndung des inzwischen dem Journalismus Verschriebenen. Es war, wie aus einem der Korinther-Briefe des Neuen Testaments entlehnt, dass der feste Glaube durchaus eines Tages Berge versetzen könne.

Zurück zum Eigentlichen und beginnend mit *dem* Großvater mütterlicherseits des heutigen Großvaters von Moritz und Charlotte. Mit eben diesem, der so wichtig war, da stets zugegen an Vaters Statt, der im Krieg vermisst und später für tot erklärt wurde. Er war es, der Kindheit und Jugend prägte. Sein Name Walter Lange (1881-1963), erstgeborener Sohn (Geschwister Erich, Susanne, Marie) des königlich sächsischen Hofkonditors Paul Lange, Spezialität Baumkuchen, am Altmarkt zu Bischofswerda. Studium an der Universität Leipzig. Dissertation zum Doktor des Rechts (Dr.jur.), bewertet mit *summa cum laude*, „mit höchstem Lob". Bis 1914 Ratsassessor in Crimmitschau im Landkreis Zwickau, dann Weltkriegsteilnehmer von 1914 bis 1918 in Russland und Frankreich. Überstanden schwere Verwundungen, heimgekehrt als hoch dekorierter Offizier im Hauptmannsrang: Eisernes Kreuz I und II, Albrechtsorden mit Schwertern und St.-Heinrichs-Orden, seit 1735 ältester Ritterorden des sächsisch-wettinischen Fürstenhauses, älter noch als Preußens Pour le Mérite wie auch der Militär-Maria-Theresia der Habsburger Monarchie. Er hat nie über die Anlässe der Auszeichnungen gesprochen. Bohrende Fragen bedachte er mit einem milden Lächeln. Über den aufkommenden Stolz seines Enkels Ulrich (bei Unbotmäßigkeiten in scharfem Ton mit „Udalrich" herbeizitiert) freute er sich allerdings. Gemeint die in einem Zigarrenkästchen aufbewahrten, noch heute bewunderten „Kleinodien", auch von Enkel Moritz. Noch zu Lebzeiten hatte er sie mir verehrt.

Streng die Erziehung. Gerecht im Zweifel für den Angeklagten. Und das nicht selten im Gegensatz zu Mutter und Großmutter. Er war *das* Vorbild, auf das stets Verlass war. Oder die „feste Burg", frei nach *Martin Luther*, dem Reformator. Dass er, der ehemalige Bürgermeister von Schöneck im Vogtland (1919 bis 1933) noch einmal im Kriegsjahr 1944 von sich reden machen sollte, als Pensionär mit 63, das entsprach einer außergewöhnlichen Entscheidung.

Erste Erinnerungen setzten gegen Kriegsende ein. Im Folgenden gleichsam szenisch aufgelistet. Wie ein gewaltiger Hornissenschwarm verdunkelten bedrohlich Flugzeuge den Himmel: Bomber im Anflug auf Dresden. Mit der Mutter, inzwischen neu vermählt, und dem noch keine neun Monate alten Brüderchen Reinhard die

Flucht nach Eger. Von der Roten Armee zurück nach Bischofswerda verbracht. Die Einquartierung russischer Soldaten im Elternhaus. Die unvergessliche Begegnung mit einem Kugelblitz fast in Augenhöhe. Mutter verdingte sich als Fördermaschinistin im sowjetisch vereinnahmten Uranbergbau des Erzgebirges. Der Umzug von Bischofswerda nach Cottbus. Aufruhr 1953, der 17. Juni, Panzeraufmarsch.

Nach achtjähriger Grundschule der Übergang zur Oberschule. Zeit des Aufbegehrens, Rebellion gegen die Diktatur. Erster Fluchtversuch missglückte. Schulverweis die Folge. Einstieg ins Berufsleben: Wagenführer bei der Cottbuser Straßenbahn. Akribisch vorbereitet der Seitenwechsel ins Ungewisse über Berlin von Ost nach West. Doch die Zuversicht folgte dem aufbauenden Leitspruch des griechischen Philosophen *Demokrit* in vorchristlicher Zeit: „Mut steht am Anfang des Handelns, Glück am Ende." Zwingend also erst einmal der noch fehlende Schulabschluss.

Der Weg zum Journalismus. Unverhofft im Spannungsfeld von Nachrichtendiensten. Der erste Hinweis auf die Niederschlagung des „Prager Frühlings" 1968. Die Erscheinung auf dem Plateau der Sonnenpyramide von Teotíhuacán, frei übersetzt „Wo der Mensch zum Gott wird", unweit von Mexiko-Stadt. Das Intermezzo in Buenos Aires: Erwogen der berufliche Neustart. Die außergewöhnliche Begegnung mit der Seherin vom Niederrhein, der *Käthe Niessen* in Krefeld. Die Prophezeiung vom Niederriss von einer berühmt-berüchtigten Mauer hierzulande. Vierzehn Jahre später in Berlin die Bestätigung – am 9. November 1989. Zum Ausklang der von Episoden reichen Odyssee im damals noch geteilten Deutschland: Ohne Visum auf gut Glück die Nacht- und Nebelfahrt von Göttingen nach Cottbus zur Mutter. Und das einen Tag vor Heiligabend.

Hiermit nunmehr der Aufforderung von Moritz und Charlotte entsprochen, „Großvaters Geschichten" aufzuschreiben. Zudem gewidmet all den jungen Leuten von heute, die in einer heilen Heimat aufwachsen und Zukünftiges mit Zuversicht angehen können. Gedacht auch an alle jene, die nur Weniges von den unwahrscheinlich anmutenden Gegebenheiten erfahren haben. Im Besonderen hierbei der Blick gerichtet auf den Osten des geteilten Deutschlands zwischen Elbe und Oder, Ostsee und Erzgebirge. Übersetzt ließe sich Vorgenanntes mit einem vortrefflichen Wort vom Dichterfürsten *Johann Wolfgang von Goethe* aus seiner Spruchsammlung „Maximen und Reflexionen", 1390 an der Zahl, verknüpfen: „Eine Chronik schreibt nur derjenige, dem die Gegenwart wichtig ist."
Da dieser Band mit dem Fall der Berliner Mauer und der nachfolgenden Wiedervereinigung endet, sei ein tief berührendes Zitat in Erinnerung gerufen: „Jetzt

wächst zusammen, was zusammengehört." Es stammt von Ex-Kanzler *Willy Brandt* (1913-1992). Und gestanden an dieser Stelle die Gewissheit zu jedem wiederkehrenden 9. November: Wunder gibt es *doch* immer wieder. Seit diesem historischen Datum hält er, der Autor, nichts mehr für unmöglich.   Ulrich Metzner

Von Michelangelo bis Napoleon Bonaparte
ERINNERUNGEN

„Gott hat der Hoffnung einen Bruder gegeben. Er heißt Erinnerung."
 Michelangelo Buonarroti (1475-1564), Bildhauer, Maler, Baumeister, Dichter.

„Die Erinnerung ist das einzige Paradies, aus dem wir nicht vertrieben werden können."
Jean Paul (1763-1825), deutscher Dichter und Pädagoge.

„Es gibt nichts, das höher, stärker, gesünder und nützlicher für das Leben wäre, als eine gute Erinnerung aus der Kindheit, aus dem Elternhause."
Fjodor Dostojewski (1821-1881), russischer Schriftsteller.

„Wenn man in der Jugend nicht tolle Streiche machte und mitunter einen Buckel voll Schläge mit wegnähme, was wollte man dann im Alter für Betrachtungsstoff haben?"
Johann Wolfgang von Goethe (1749-1832). Aus: Goethe J.W. Gespräche mit Friedrich von Müller und Friedrich Wilhelm Riemer, 18.5.1821.

„Wer sich seiner eigenen Kindheit nicht mehr deutlich erinnert, ist ein schlechter Erzieher."
Marie von Ebner-Eschenbach (1830-1916), österreichische Schriftstellerin.

„Monde und Jahre vergehen, aber ein schöner Moment leuchtet das Leben hindurch."
Franz Grillparzer (1791-1872), Österreichs Nationaldichter.

„Was gefällt, bleibt im Gedächtnis."
 Der Alte Fritz, Preußenkönig Friedrich II. (1712-1786).

„Ein Kopf ohne Gedächtnis ist eine Festung ohne Besatzung."
Napoleon Bonaparte (1769-1821), General, Diktator, Kaiser Frankreichs.

Mit Gebrüll in die Welt zur Mitternacht. Die Flucht nach Eger. Der Fremde am Gartentor. Hamstertouren aufs Land. Bonbons von den Russkis

Mitten im Krieg: Wie einmal alles begann

Es war der 9. November 1941, ein spätherbstlicher Sonntag, fünf Minuten vor Mitternacht, als der eben Geborene mit Gebrüll im Krankenhaus an der Kamenzer Straße die Welt begrüßte. Erschöpft Regina, die 19jährige Mutter, und stolz der Luftwaffen-Gefreite Heinz Metzner, mit 22 Vater geworden. Zugegen in dieser sternklaren Nacht mit leichtem Bodennebel im Kreisstädtchen Bischofswerda auch die Eltern: Walter Lange, Doktor der Rechte, ehemaliger Bürgermeister zu Schöneck im Vogtland, und Gemahlin Dorothea, wohnhaft im 1936 erbauten schmucken Haus an der Ludendorffstraße 6, heute Geschwister-Scholl-Straße. Zu begrüßen war Ulrich, so benannt auf Wunsch der jungen Mama, glühende Verehrerin des Dichters, Kirchenkritikers und gerühmt als erster Reichsritter: *Ulrich von Hutten* (1488-1523). Im Horoskop zum Geburtsdatum im Zeichen des Skorpions standen sehr erfreulich die Sterne. Fast deckungsgleich auch das der Schlange im chinesischen Metall-jahr: Charakterfest, risikosbereit und standhaft, eisern der Wille, nach Erfolg strebender Einzelkämpfer. Interessante Aspekte für die Lebenslinien. Am 313. Tag von 1941 ließen sich dennoch drei Zeilen aus Friedrich Schillers Gedicht „Das Lied von der Glocke" als Mahnung verstehen: „Doch mit des Geschickes Mächten ist kein ew'ger Bund zu flechten, und das Unglück schreitet schnell." Gern übrigens zitiert vom Großvater, wenn ich mal wieder über die Stränge schlug oder sinnbildlich mit dem Kopf durch die Wand wollte. An des Dichters Wort sollte ich mich im späteren Leben durchaus erinnern.

Die Begegnung 1940: Regina L. und Heinz M.

13

Im Anflug auf Dresden über Bischofswerda.

Bomber über dem Reich

In der Reichsausgabe der *Deutschen Allgemeinen Zeitung* (DAZ) stand an diesem 9. November von der „Revolution" zu lesen, im Leitartikel vom einem gewissen Willy Beer. Erhöht hierbei der „Hitlerputsch" am gleichen Tag von 1923, auch als „Marsch auf die Münchner Feldherrnhalle" benannt. Der wiederum, so der Verfasser des Beitrags, „war gegen den 9. November 1918 gerichtet". Gemeint die Ausrufung der Republik nach dem Zusammenbruch des Kaiserreiches, eingegangen in die Historie als „Novemberrevolution" in Berlin. Weitere Meldungen der DAZ waren Verfolgungskämpfe der deutschen Wehrmacht an der russischen Südfront auf der Krim, wo übrigens mein Vater im Einsatz war. Weiterhin Einflüge britischer Bomber aufs Reichsgebiet. Registriert 27 Abschüsse. Und die erklärte Absicht des *Josef Stalin* (1878-1953), Diktator und Generalissimus der Sowjetunion, am Atlantik eine zweite Front entstehen zu lassen.

Mit Sack und Pack und Kinderwagen

Wie im *Prolog* kurz erwähnt, stammen erste Erinnerungen aus dem Jahr 1945. Es war der 13. Februar, als der grau bewölkte Himmel dröhnte, sich weiter verdüsterte: Bomber im Anflug auf Dresden. Von der Dachluke aus meinte ich sogar ein flammendes Rot am Horizont gesehen zu haben. In der vierten Aprilwoche die Flucht nach Eger, tschechisch Cheb, gegenüber der Oberpfälzer Orte Waldsassen und Marktredwitz. Wie Mutter mit Brüderchen Reinhard im Kinderwagen und mir die über 200 Kilometer lange Strecke zur einstigen Reichsstadt bewältigt hat, lässt sich nur vermuten. Nach Recherchen gilt es als wahrscheinlich, dass wir auf Lastwagen von einer Wehrmachtseinheit mitgenommen worden sind.

Hintergrund waren die Kampfhandlungen zwischen deutschen und sowjetischen Verbänden im Bischofswerda nahen Bautzen. Das ließ viele befürchten, dass die Russen in Kürze vor der Tür stehen. Was die Flüchtenden nicht wissen konnten, war, dass Bautzen nur vorübergehend von der Roten Armee gehalten werden konnte. Gleichsam von einem Tag zum anderen gelang die Rückeroberung; in die Militärhistorie eingegangen als die letzte große Panzerschlacht des Zweiten Weltkrieges. Nachdem die US-Army die Karlsbader Region, somit auch Eger, an Stalin abgetreten hatte, begann umgehend die „Repatriierung" der mit Sack und Pack und Kinderwagen Gestrandeten. Die Erinnerung an den Egerfluss währt übrigens bis heute, ließ ich doch dort flache Steinchen übers Wasser flitzen.

Uniformierte Untermieter

Zurück in Bischofswerda, dem Tor zur Oberlausitz. Nach der Kapitulation des Deutschen Reiches am 8. Mai 1945 gehörte das Städtchen zum Territorium der *Sowjetischen Besatzungszone (SBZ)*. Der Begriff passte durchaus auch aufs Elternhaus, denn bald fanden sich ein Trupp uniformierte „Untermieter" ein. Geführt von einem deutsch radebrechenden Genossen Oberleutnant, *Towarischtsch Starschi leitenant,* mit drei Sternchen auf den gelben Schulterklappen. Er inspizierte alle Räume, requirierte für sich und seine Leute den notwendigen Platz und war ansonsten von ausgesprochener Höflichkeit. Der schlanke Mittdreißiger duftete wie ein Parfümerieladen, was offensichtlich meiner attraktiven Mutter galt, der er schöne Augen machte. Zu nahe gekommen ist er ihr allerdings nicht. Die sehr sangesfreudigen Untergebenen ließen in kalten Nächten die Wodkaflaschen kreisen und rissen schon mal das Parkett auf, um die Stücke aus Eichenholz fürs Lagerfeuer im Wohnzimmer (!) zu entfremden. Kaum bemerkt, stauchte der Offizier seine undisziplinierten Iwans lautstark zusammen. Der schwarze Aschenfleck blieb zur bleibenden Erinnerung. Tags darauf zog das einem Stoßtrupp ähnelnde Kommando ab.

Fluchtpunkt Eger, Cheb, Ende April 1945.

Ein Bild wie ein Gemälde: Otte und Uli.

Butter gegen Bückling

Monat um Monat zog die Zeit der Notlagen ins Land, bewältigt aber dank des Einfallsreichtums von Mutter und Großmutter „Otte", schon von mir als Kleinkind so gerufen; vermutlich gewandelt von Dorothea oder „Dotte". Den Namen ist sie zeit ihres Lebens nicht losgeworden; selbst bei den Nachbarn nicht. Mutter Regina abenteuerte schmuggelnd durch die Heimat von Süd nach Nord bis zur Ostsee. Butter gegen Bückling, beispielsweise, und anderes mehr. Was nicht ohne Folgen blieb, weil einmal erwischt und ihr die unerfreuliche Bekanntschaft mit dem Polizeigefängnis an der Bahnhofstraße bescherte. Bestens in Erinnerung das herrliche Rübenkraut, der Zuckerrübensirup im Pappbecher. Auch der Lebertran in der braunen Flasche, damit ich groß und stark werden sollte. Was sicherlich stimmte, doch das Schaudern davor überwog. Es schmeckte einfach scheußlich.

Baumkuchen aus Bischofswerda

Festtage waren hingegen die Besuche bei Onkel Erich, dem Bruder meines Großvaters, in seiner Bäckerei und Konditorei am Altmarkt. Dort duftete es nach Brot und Brötchen vom Erdgeschoss bis hinauf zum dritten Stock. Herrlich anzusehen die Torten und Kuchen. Und immer ein Erlebnis war Urgroßmutter Selma, die so oft und gern manches Märchen vorlas und von so vielen Geschichten zu erzählen wusste. Der Vater vom Onkel, Paul Lange, war zu Hofe in Dresden ob seines Baumkuchens hochgeschätzt, insbesondere von Kronprinz Friedrich August, dem späteren König *Friedrich August III.* (1865-1932). Bis zur Abdankung anno 1918 ließ er das hochfeine Gebäck aus Bischofswerda regelmäßig an den Hof zu Dresden liefern lassen. Aufmerksam geworden war die Hoheit auf der

Friedrich August III.
König von Sachsen.

Hauswand über dem zweiten Stock gut sichtbare Inschrift *Specialität: Baumkuchen,* darunter *Conditorei & Café. Paul Lange.* Da eigentlich auf der Durchreise, daher kurz nur der Halt, die Besonderheit probiert und umgehend die erste Bestellung aufgegeben. Verliehen alsbald den höchst wertschätzenden, den mit Privilegien verbundenen Titel „Königlicher Hoflieferant". In einer „Reklame" genannten Veröffentlichung wies der Geehrte 1899 darauf hin: „Baumkuchen in anerkannt tadelloser Qualität versendet täglich Konditor Paul Lange, Hoflieferant Seiner Königlichen Hoheit des Prinzen Friedrich August, Herzog zu Sachsen." Nach seinem Ableben führte Sohn Erich, der Onkel, die Konditorei weiter, hierbei weiterhin sorgsam hütend des Vaters Geheimrezept.

1907 übrigens, drei Jahre nach der Inthronisation, stattete der überaus beliebte Monarch Bischofswerda einen offiziellen Besuch ab. Am 17. Februar1932 auf Schloss Sibyllenort nahe Breslau verstorben, überführte ein Sonderzug den

Markttreiben um 1895 auf dem Altmarkt von Bischofswerda. Schon damals hatte der Baumkuchen des Konditors Paul Lange Berühmtheit erlangt.

Die Zeit nach der Rückkehr aus dem Krieg: Dr. Walter Lange, der Großvater.

aufgebahrten König nach Dresden. Hunderttausende säumten damals die Straßen zur Hofkirche. Zwischen Schloss und Theaterplatz hatte sich inzwischen eine halbe Million trauernder Landeskinder eingefunden.

Der Fremde am Gartentor

Es muss 1946 gewesen sein. Ich hatte gerade meinen kuschligen Teddy ins Korbwägelchen gesetzt, um mich zu den anderen Mädels aus der Nachbarschaft zu gesellen, die ihre Puppen ausführten. Da sah ich am Gartentor einen mir Unbekannten von hagerer Gestalt im grauen Militärmantel stehen, der mich lächelnd beobachtete. „Mutti, Mutti!" rufend raste ich ins Haus. „Da ist ein fremder Mann!" Die Entwarnung folgte auf dem Fuße, als sie ihm nach überraschtem Verharren entgegeneilte und in die Arme fiel. Es war ihr Vater, mein Großvater, verspätet heimgekehrt aus dem Krieg. Woher er kam, das habe ich erst sehr viel später erfahren.

Turbulent sein weiteres Schicksal. Nachdem er sich der sowjetischen Militäradministration gestellt hatte, wanderte er zur Überprüfung ins Gefängnis. Nach kurzer Zeit wieder als unverdächtig entlassen, was Funktionen im vergangenen nationalsozialistischen Deutschland unterm Hakenkreuz betraf. Immerhin befand sich dieser Dr. Lange bereits im 65. Lebensjahr und musste nicht „entnazifiziert" werden, wie es damals hieß. Bedarf war dafür an Straßenfegern. Danach der „Aufstieg" zum Hilfslehrer für Deutsch und Geschichte, woran er sich nur ungern erinnerte. Die Schulmeisterei lag ihm nicht. Schließlich die Verpflichtung, ein Sechstel der Gartenerträge von Obst abzugeben, was damals allgemein üblich war.

Der Otte Spezialitäten

Apropos Garten, ein ziemlich großer, bestanden von Apfel- und Kirschbäumen, von Johannis- und Stachelbeersträuchern, einem Baum gleichend der große Holunder, im Winter mit dessen Beeren *das* schwarz-heiße Suppenerlebnis mit einem Klecks Sahne oben drauf. Da waren das Erdbeerbeet, die Stangenbohnen, der Kürbis und das kleine Kartoffelfeld. Löwenzahn, Sauerampfer und verschiedene Kräuter dienten der Zubereitung von Großmutters speziellen Suppen. Für den Kaninchenbraten sorgte Nachbar Röthig. Dafür durfte er die Wiese für den Bedarf seiner Tiere mähen. Die Otte wusste aus allem überaus Geschmackvolles zu zaubern. Kartoffelpuffer mit Apfelmus, beispielsweise. Hefeklöße mit Heidelbeeren oder Birnen. Oder Arme Ritter, getoastete, in verschlagene Eier und Milch eingelegt, aufgesaugt, gebraten, schließlich mit Zucker und Zimt bestreut. Des Weiteren die Rote Grütze von Johannisbeeren und Vanillesoße. Dann das Kuchenerlebnis Dresdner Eierschecke, der Eierkuchen, auch Plinse genannt, mit Apfelmus, Zucker, Marmelade, zudem mit Schinken oder Käse. Nicht zu vergessen die Buchteln, die Rohrnudeln, gefüllt mit Pflaumenmus oder anderem Süßem, ganz nach Lust und Laune. Und auf dem Dachboden hingen getrocknete Apfelringe auf der Wäscheleine – zum Genuss an dunklen Wintertagen oder als Betthupferl zur Nacht.

Milch übrigens, die gab es reichlich in den drei Sorten Mager-, Voll- und Buttermilch im kleinen Laden an der unteren Kirchstraße und dort abgefüllt in die mitgebrachte Kanne. War dem Großvater mal nach Bier, marschierte ich mit einem Krug ins Schützenhaus. Dass ich auf dem Rückweg gern auch mal nippend probierte, sei gestanden. Manchmal durfte ich ihn in besagte gastliche Stätte begleiten, was gleich zweimal freute. So über ein großes Glas Malzbier. Mehr noch aber übers „Kunststück", womit er die Anwesenden regelmäßig begeisterte: Kaum den Eingang durchschritten, zog er den Hut und warf ihn mit kühnem Schwung und einem spitzbübischen Lächeln in Richtung Garderobenständer, wo die breitkrempige Kopf-

Die Kindheit im Haus der Großeltern auf dem Hügel über dem Städtchen.

bedeckung punktgenau landete und auch hängenblieb. Der Applaus der Anwesenden war ihm stets sicher. Und ich mal wieder sehr stolz auf ihn.

Das kleine 50-Pfennig-Kapital

Zwiespältig erinnere ich mich an den Jahrmarkt, anderswo Rummel oder Kirmes genannt, auf dem Platz am Schützenhaus. Versehen mit einem 50-Pfennig-Scheinchen, gedacht fürs Karussell und andere Lustbarkeiten à 10 oder 20 Pfennig, machte ich mich auf den kurzen Weg vom Haus zum Hügel hinunter. Was die Schausteller boten, war ganz wunderbar, doch mein kleines Kapital kam nicht zum Einsatz. Gewogen zwischen kurzem Vergnügen und eher etwas Verlockendem, entschied ich mich für je eine Kugel Eis à 10 Pfennig, verteilt auf fünf Tage. Zu bekommen war die herrliche Sonderkost bei der 1923 in Dresden gegründeten Konditorei und Eisdiele *Kalt,* seit 1948 in Bischofswerda an der Kirchstraße. Ein paar Häuser weiter der Haarschneider. Über der Tür der Ausleger die silbrig glänzende runde Scheibe als Zunftzeichen. Da hieß der Friseur noch Frisör, und war für einen Kinder-Topfdeckel-Schnitt mit 50 Pfennig zu entlohnen.

Hamstertour zum Bauern

Paradiesischer Verhältnisse, so aus der Sicht der Kinderaugen, erfreute sich die Bauernschaft in der Umgebung. Das beflügelte den Tauschhandel, denn die Abschnitte der Lebensmittelkarte reichten hinten und vorn nicht. Arm dran waren jene, die nichts zu veräußern hatten. Um an Butter, Speck, Fleisch, Wurst, Eier und vor allem an Kartoffeln für den täglichen Bedarf zu kommen, musste den Landleuten etwas geboten werden. Zu den Tauschwaren zählten Kleinmöbel, die unterschiedlichsten Kleidungsstücke, Bettwäsche, Porzellan, silberne Bestecke, Schmuckstücke vom Ring bis zum Collier. Damals ging das wenig freundliche Wort „vom Perserteppich im Kuhstall" um, so gut lief das „Geschäft". Selbst einige Male mit auf „Hamstertour" hatte ich einige Eier, da ohne jedwedes Tauschkapital, „ausversehen" unterm zugeknoteten Hemd mitgehen lassen.

Und noch eines: Wer vom Pech verfolgt, der geriet in eine Kontrolle, und vorbei war's mit dem teuren Einkauf, weil alles abgenommen wurde. Sehr viel großzügiger sollen sich die „Russkis", die Soldaten von der nahen Kaserne, auf ihren Kontrollgängen verhalten haben. Obwohl von Hause aus streng verboten, pilgerten wir Kinder dennoch zum Standort der ehemaligen kaiserlichen Garnison von 1913 an der Bautzener Straße. Wussten wir doch, dass wir dort stets ein paar der raren Bonbons geschenkt bekamen.

Die Einschulung. Erste Streiche. Vermählung mit Ulrike. Fluchtseil im Ranzen. Methode Zappzarapp. Pfarrers Donnerwetter.

Weihnachten, Wotan und die Nornen

Im September 1948 die Einschulung. In der Nacht zuvor kam ich nicht so recht in den Schlaf; vielleicht der Aufregung aufs Kommende am nächsten Morgen wegen. Im Haus war´s still. Also schlich ich auf leisen Sohlen umher, um die von der Mutter vor mir versteckte Schultüte zu finden, was gelang. Im Dunkel der Küche machte ich mich über sie her und verschnabulierte die unterschiedlichsten Süßigkeiten und die von der Otte gebackenen Kekse. Ob mir ob der Menge schlecht geworden, weiß ich nicht mehr. Sehr wohl aber von der Fassungslosigkeit meiner Mutter, als ihr nach der Einschulung die Leere der Tüte vor Augen stand. Den Blick vergesse ich nie. Auch nicht, dass sie dieserhalb kein Wort verlor. Den Tag wollte sie mir wohl nicht verderben. Ich war davongekommen und freute mich letztlich über einen Zucker-kringel, der am spitzen Fuß der Tüte dem nächtlichen Raubzug entkommen war. Grundsätzlich, Mutter und Otte hatten es nicht immer leicht mit mir. Dass begann schon damit, dass ich als Pimpf von drei Jahren schon mal einen Schrank mit Hautcreme balsamierte. In das Kapitel Kindheitsgeschichten eingegangen ist auch ein Vorkommnis, das Mutter nicht mehr lustig finden konnte. Was mich da „gebissen" hatte, blieb unerklärlich. Geklingelt hatte ich bei den Nachbarn, um etwas Essbares zu erbitten. Und das treuherzig begründet: „Meine Mutti gibt mir nichts." Ich bekam immer etwas – und daheim viel Ärger.

Maikäfer unterm Bett

Oder da war doch noch der mit Löchern versehenen Schuhkarton, in den ich vom Baum geschüttelte Maikäfer kasernierte und ihr unters Bett stellte. Da mit einem Ausflugsloch versehen, konnten die Brummer mittels ihrer Fühler nach draußen finden, also ins Schlafzimmer. Dass der Verdacht auf den „Männlein", zu meinem ständigen Ärgernis so ge-rufenen Ulrich, auch Uli, fiel, ver-wunderte nicht. Jahre später konnte ich bei *Wilhelm Busch* (1832-1908), dem großen humoristischen Dichter und Zeichner, nachlesen, was ich da angerichtet hatte. In Auszügen der fünfte Streich von *Max und Moritz:*

Wie schon bei Wilhelm Buschs Max und Moritz vorgezeichnet: Krabbler unter Mutters Bett.

„…in die Tüte von Papiere sperren sie die Krabbeltiere. Fort damit und in die Ecke unter Onkel Fritzens Decke (…) Doch die Käfer, kritze, kratze! Kommen schnell aus der Matratze (…) Und den Onkel, voller Grausen, sieht man aus dem Bette sausen (…) Hin und her und rundherum kriecht es, fliegt es mit Gebrumm."

Die Hochzeiter: Ulrike, Uli und die Schwester Karin als Brautjungfer.

Ach und übrigens: Bereits mit fünf machte ich erste Erfahrungen mit den Ritualen der Vermählung. Treibende Kraft war fast gleichen Alters der Blondschopf Ulrike von den Hermanns gegenüber. Ein Spiel stand nach vielen vorangegangenen Umarmungen über allem: Hochzeit machen, das war ihr Liebstes. Karin, die ältere Schwester, half hierbei, wo sie nur konnte. Sie kostümierte die strahlende Braut ganz in Weiß, kümmerte sich um ein schickes Jäckchen, damit der Bräutigam seiner Schönen in nichts nachstand. Brautjungfer Karin schließlich alarmierte die Mütter, damit sie sich des (Kinder-)Bundes fürs Leben erfreuen mochten und das im fotografischen Bilde festzuhalten. Bemerkenswert allemal meine Miene zum Geschehen – ernst, sehr ernst, vielleicht auch nur verdrossen.

Des Schlingels Kameradschaft

Die ersten Schuljahre, sie waren ganz und gar nicht erhebend. Eher dem Spiel- und Streichetrieb eines so genannten „Spätentwicklers" zugetan, stand das zu Erlernende hintenan. Damit nun nicht allein, wenn es um heftig gescholtenen Unfug ging. So fand es der in Ehren ergraute Klassenlehrer gar nicht lustig, wenn das Pult auf dem Podest ins Rollen kam, kaum dass er sich darauf gestützt hatte. Schlingel Ulrich und seine Kameradschaft hatten Bleistifte unter die vier Ecken der hölzernen Erhöhung gelegt, damit ebendiese möglichst krachend zu Boden stürze.

Häufig vorgegebenes „Unwohlsein" verschaffte mir den geplanten Abstand vom ungeliebten Schulbetrieb. Dafür begab ich mich lieber zum Runterrutschen im Sandbruch am Schmöllner Weg. Oder ich fing Schlammbeißer in einem Ausfluss der Horkaer Teiche der zur Elbe strömenden *Wesenitz*. Die im Marmeladenglas eilends nach Hause gebrachten Fischlein, im Volksmund auch

An Einfällen kein Mangel.

Fischlein fangen in der Wesenitz.

„Gewitterfurzer" genannt, durfte ich allerdings gleich wieder zurückbringen. Dass sich manchmal ein Krebs für meinen großen Zeh interessierte, sei nur am Rande vermerkt. Wie auch immer, meine Ausflüge endeten an dem Tage, als mich eine misstrauisch gewordene Lehrkraft persönlich bis zu Großvaters Haus heimbringen wollte. Fortan erfreute ich mich wieder bester Gesundheit.

Abseilen aus dem Klassenzimmer

Da Nachsitzen nicht selten war, wegen der Störungen im Unterricht oder nicht erledigter Hausaufgaben, gehörte jeweils ein nicht zu kurzes Seil zur Grundausstattung unserer Ranzen. Benötigt wurde es zum Abseilen aus dem Klassenzimmer. Wer sich nicht traute, der blieb zurück, um das „Tauwerk" nach gelungener Flucht der Kameraden vom Fensterkreuz zu lösen und in der eigenen Schultasche verschwinden zu lassen. Keine Frage, dass das auf Dauer nicht gut ging. Schließlich musste der Hausmeister als Aufschließer des Klassenzimmers unseren Schulmeistern vom Phänomen der verringerten Schülerzahl Meldung machen. Davon einmal ganz abgesehen, wir übten uns auch gern im Unterricht als vorwitzige „Spottdrosseln", wenn mal wieder das „große Brudervolk der Sowjetunion" gerühmt wurde. Fast alles, so hieß es, wäre doch schon einmal im Reich der sozialistisch-kommunistischen oder sozialistischen *Räte,* gleich *Sowjets,* erfunden worden. Das brachte mich zum Geistesblitz, dass da wohl ein gewisser *Iwan Chlorodontowitsch* garantiert auch „die Zahnpasta erfunden haben müsse". Fällig damit der Eintrag ins Klassenbuch ob der subversiven, der aufrührerischen Äußerung.

Irgendwann war es doch der Lehrerschaft zu viel. Sie ahndete meine Vergehen und die manch anderer Mitschüler mit dem Hammerschlag der Benotung, mit der sehr bedenklichen *Note Vier.* Zudem noch in meinem

Grundschule: Vom Nachsitzen und Entkommen.

Anno 1942: Großvater und sein Enkel.

Falle verziert in Schönschrift die erhellende Erläuterung: „Ulrich fiel des Öfteren aus dem Rahmen."

Mit der Fanfare auf dem Dach

Daheim allerdings herrschten unter Großvaters Oberbefehl geordnete Verhältnisse. Sperriges Verhalten, Unlust oder Widerworte, gleich in welchen Bereichen, alledem pflegte er unmissverständlich mit dieser Botschaft zu begegnen: „Wer eines Tages befehlen will, der muss erst mal gehorchen lernen." Das bezog sich beispielsweise auf das Ruhegebot während der Mittagsstunden, nicht nur der Nachbarschaft zuliebe. Zum Hintergrund: Ich war in einen Fanfarenzug eingetreten; allerdings gewünscht als einer der Trommler. Doch vergeben alle Plätze fürs Schlaginstrument. Nur bei der Fanfarengruppe fehlte noch einer, und der war dann ich. Nach Schulschluss und Mittagessen wanderte ich über die Dachleiter auf den First, da bislang ungeübt am Blechblasgerät und intonierte drauflos, was die Lunge hergab. Und das so schrecklich schön, weil kaum einen Ton treffend. Die älteren Nachbarn riss es aus ihren Ruheräumen, Großvater auch. Er nun zitierte den bereits genannten Wilhelm Busch: „Musik wird oft nicht schön gefunden, weil stets mit Geräusch verbunden." Übersetzt hieß das: Fanfarenverbot; oder aber nur dort, wo es niemanden stört. Empfehlung: Mich am besten auf Bischofswerdas Höchsten zu begeben, auf den *Butterberg* mit seinen 385 Metern. Ich folgte fast aufs Wort, verweilte übend lieber auf einem näheren Feldweg und pflegte ansonsten meine geschmetterten Tongeräusche in den Fanfarenzug einzubringen, was dem zweifellos einen besonderen „Klang" verliehen haben muss.

Großvaters Arbeitsdienst

Zum Gehorchen zählte die Hilfe bei der Gartenarbeit. Nach der Methode *Zappzarapp* organisiertes Holz zersägen, Holz zerspalten. Apropos Zappzarapp: Tarnwort russischen Ursprungs: Im Volksmund für mal eben *etwas unauffällig mitgehen lassen.* Äpfel oder Kirschen pflücken, Fallobst einsammeln. Bei Trockenheit die Baumkessel wässern. Laub im Garten und rund ums Haus zusammenfegen. Mit dem Großvater in die Pilze gehen, das war dann schon wieder ein Erlebnis und lehrreich zugleich. Zudem standen den Sommer über Himbeeren, Heidelbeeren und Brombeeren, genau in dieser Reihung, hoch im Kurs. Der „Arbeitsdienst" umfasste auch am Waldrand das schweißtreibende Ausgraben von Wurzeln abgestorbener Kiefern. Brennholz war Mangelware. In den ersten Jahren

Bischofswerda: Große Töpfergasse und die Christuskirche im Advent.

nach Kriegsende wie leer gefegt der Waldboden, weggesammelt jedwedes Geäst. Auf Anweisung der sowjetischen Militäradministration war das Fällen von Bäumen und hochgewachsenen Sträuchern strengstens verboten: Schusswaffengebrauch bei Zuwiderhandlung!

Zu einer nahenden Weihnacht war es, dass unsere bewunderte Mutter im noch jugendlichen Leichtsinn von 25 Jahren auf ein Fichtenbäumchen nicht verzichten wollte. Also zog sie los, begleitet vom Erstgeborenen. Fand bald das Gesuchte und hatte gerade den Fuchsschwanz zum Absägen angelegt, als plötzlich Schüsse peitschten. Auf allen Vieren, flach auf den Boden geworfen, warteten wir ab, ob das Schießen uns galt. Doch es ging gut. Offensichtlich waren noch weitere Verwegene unterwegs. Und das mit Lametta behängte Bäumchen strahlte bald im Glanz der Kerzen und Kugeln. Heiligabend war gerettet, die Familie war zufrieden, und ich hatte mein erstes Abenteuer heil überstanden.

Pfarrers Weihnachtschristen

Vor der Bescherung war der Gang zur Christuskirche schöner Brauch, gleich um die Ecke zum Altmarkt, dem höchsten Punkt des Städtchens. Kamen die Erwachsenen in erster Linie des Glaubens wegen ins protestantisch-lutherische Gotteshaus, so waren wir Heranwachsenden von einer ganz besonderen Vorfreude beseelt. Sehr speziell, was wohl die beiden Seelsorger diesmal der Gemeinde um die Ohren hauen würden. Der eine, der asketisch wirkende Pfarrer Jäckel, hielt sich da eher zurück. Nicht jedoch der wohlbeleibte Pfarrer Heinze, der donnerwetternd von der Kanzel herab auf die feierlich gestimmten Gemüter wortreich eindrosch: „Das ganze Jahr lasst ihr euch nicht sehen, aber Heiligabend könnt ihr gar nicht schnell genug in die Kirche kommen!" Was das denn für eine Haltung zum Glauben sei, schob er zürnend nach. Martin Luther, ihm vom Aussehen irgendwie ähnlich, hätte das gefreut. Uns Kinder sowieso, da mal zur Abwechslung die Erziehungsberechtigten „eins abbekamen". Der Großvater, übrigens, er fehlte bei Kirchengängen, gehörte nicht zu den „Weihnachtschristen", was sich im Kapitel zur *Gottgläubigkeit* erschließt.

Was in schöner Erinnerung blieb, das war das riesige Altargemälde in seiner farblichen und fast märchenhaften Anmutung, geschaffen 1888 von Erhard Ludewig Winterstein aus dem Bischofswerda nahen Radeberg. Es zeigt den gleichsam auf einer Wolke schwebenden „Erhöhten", zu ihm aufblickend Markus, Lukas, Johannes und Matthäus, die vier Evangelisten. Darunter das Bild „Der Auferstandene und die Emmausjünger" von Karl Gottlob Schönherr aus dem erzgebirgischen Lengefeld nahe der Bergstadt Pockau an der Silberstraße. Die Werke der beiden Professoren entstanden im Zeitraum von 1888/89.

Die Begeisterung fürs Wintersteingemälde erklärte sich damals (und bis heute) aus dem Gegensatz zum Kruzifix. Schon im Schulkindalter verschreckte es. Das milderten auch die Lobpreisungen nicht. Jesus, der so gnadenlos ans Kreuz

Genagelte, war in dieser beängstigenden Schrecklichkeit nur schwer zu ertragen. Das war nicht *das,* was ich mir von Gottvater und Sohn vorstellen wollte.

Wie es der Zufall will, stieß ich in meinem späteren Leben, Lesen war schon immer meine Leidenschaft, in der Gedichtesammlung „West-östlicher Divan" von Johann Wolfgang von Goethe (1749-1832) auf dieses zitatverdächtige Wort: „Mir willst du zum Gotte machen, solch ein Jammerbild am Holze!" Zum Hintergrund: Der Dichterfürst sah vermutlich die Darstellung des Heilands als durchaus problematisch an, was wohl einer Distanz zur christlichen Lehrmeinung gleichkam.

Heiland, übrigens, abgeleitet von *Heliand,* stammt aus einer altsächsischen Niederschrift des 9. Jahrhunderts. Es handelt sich um eine so genannte Lehnübertragung von *salvator,* lateinisch Erlöser. Der Name Heiland war im Verlauf der Missionierung leichter zu vermitteln als der fremd klingende von Jesus Christus. Die Bekehrung der Sachsen erstreckte sich übers 8. und 9. Jahrhundert. Unter *Karl dem Großen* (747-814) vollzog sie sich gewaltsam, was ihm den Ruf als „Sachsenschlächter" einbrachte. In einer seiner Vorschriften hieß es unmissverständlich: „Sterben soll, wer Heide bleiben will und unter den Sachsen sich verbirgt, um nicht getauft zu werden."

Statt Karpfen Kartoffelsalat mit Würstchen

Themenwechsel, wenn auch weiterhin beim Fest verweilend. Denn Heiligabend stand in der Familie Karpfen an. Mir war die die Verantwortung des Besorgens übertragen worden. Also begab ich mich zum Fischgeschäft an der Dresdner Straße. Mit einem Schlag vom Leben zu Tode befördert, in Zeitungspapier gewickelt und in die Einkaufstasche versenkt, beeilte ich mich, nach Hause zu kommen. Kaum den Laden verlassen, rumorte der eigentlich längst in den Jagdgründen des Fischehimmels Vermutete und drohte aus der Tasche zu springen. Wie von Furien gehetzt, rannte ich in rekordverdächtiger Zeit nach Hause, um das Flossentier loszuwerden. Gewährt wurde die Bitte, mich künftig vom Beschaffungsdienst dieser Art zu befreien. Das übernahm dann Großmutter Otte. Sie beschaffte ihn lebend und setzte ihn in der Badewanne aus, wo er ruhig, hin und her, seiner Bestimmung entgegenschwamm.

Vom als „moddrig" im Geschmack empfundenen Fisch waren wir Kinder befreit. Dafür freute am „Katzentisch" stets aufs Neue ein Hochgenuss: Kartoffelsalat mit kleingeschnittenen Spreewälder Gürkchen und gewürfelten Apfelstückchen nebst dem Wichtigsten, den Bockwürstchen. Einzunehmen war das Festmahl in „feiertäglicher Haltung", was früher aufrecht sitzend bedeutete. Woran sich diese Erinnerung rankt: Großvater wusste, wie das ehemals „krumme" Erscheinungsbild des Enkels zu beheben war: Auf dem Kopf balancierend ein Buch und jeweils eines mit den Armen an den Körper geklemmt. Ansonsten hieß es unmissverständlich: Gerade gehen „wie ein Spazierstock".

Übrigens zum Thema Genuss noch ein Wort. Kam nach der Schule etwas Grätenreiches auf den Tisch, was vom Anblick her allein schon nicht gemocht war, „schlug" die Erziehung zu: Teller abgeräumt und abends wieder vorgesetzt. Der Hunger trieb's dann endlich rein. Herrlicher Ausnahmezustand allerdings an den Geburtstagen. Da konnte sein, was wollte: Dann war es für mich der feiertägliche Makkaroni-Auflauf, mein Lieblingsgericht, leicht überbacken mit Schinken, Käse und Tomatenstückchen.

Wilde Jagd, Rauhnächte, die Anderswelt

Die frühen Abende vor und nach dem 24. Dezember waren eigentlich die schönsten. Dann standen sie ganz im Zeichen von Großvaters Erzählungen, wohlig umfangen von der Wärme der im Kamin aufgeschichteten, der knisternden und knackenden Holzscheite. Unvergessen die Vielzahl der Geschichten, beispielsweise die von den zwölf *Rauhnächten*. Sie beginnen der germanischen Überlieferung nach zur Wintersonnenwende am 21. des Monats oder erst am 25. „Rauh", entlehnt vom mittelhochdeutschen Wort „rûch" für haarig, lässt Rückschlüsse auf in Fellen auftretende Dämonen und deren Unwesen zu. Zudem für Pelze, die Rauchware in der Kürschnerei. Einst auch das traditionelle Beräuchern der Ställe auf dem Lande, wie schon im 16. Jahrhundert von Johannes Boemus und Sebastian Franck in deren *Weltbuech:* Spiegel und Bildtniß des gantzen erdbodens" beschrieben: „Die zwoelf naecht zwischen Weihenacht ynd Heyligen drey Künig tag ist kein hauß das nit all tag weiroch rauch in yr herberg mache/ für all teüfel gespenst ynd Zauberey." All das ist nachzulesen in „Bräuche und Feste im fränkischen Jahreslauf", zitiert von Josef Dünninger und Horst Schopf. Kulmbach, 1971.

Der Mythologie nach war es der Zeitraum, in dem sich die „Anderswelt", eine Gegenwelt, öffnete. Naturgesetze schienen außer Kraft gesetzt. Nicht zu vergessen *Jacob Grimm,* der die „Wilde Jagd" in seiner „Deutschen Mythologie" von 1835 aufgriff. Volkssagen in ganz Europa wissen von über den Himmel jagenden Übernatürlichen zu erzählen; von Vorboten für Katastrophen und Ereignissen der unterschiedlichsten Art. Umspielte liebliche Musik den Geisterzug, dann wurde das als gutes Zeichen für Künftiges verstanden.

Großvaters eindrucksvolle, vermutlich ganz eigene Erzählung, war die von Odin, von Wod(t)an, althochdeutsch Wuotan, der Germanen Gott der Götter, wie Thor, sein Sohn, der „Donnerer" mit dem Hammer und Herr der Blitze. In den rauen Nächten steigt Odin von seinem magischen Thron in Asgard und erscheint alsbald auf Erden, begleitet von den Raben Hugin und Munin. Sie sind es, die ihm tagtäglich nach Flügen durch die Welten berichten, was sie gesehen und gehört haben. In der Gestalt eines Wanderers also, mit langem Stock und tief ins Gesicht gezogenem Hut, stapft er sturmumtost bei klirrender Kälte über Eis und Schnee. Und das bis in die entlegensten Winkel seiner Untertanen, um zu erfahren, wie es um deren

Der Wanderer im Dezember bei Eis und Schnee: Odin, auch Wotan genannt. Spinnend und webend: die Nornen Urd, Schicksal; Verdandi, das Werdende, und Skuld, Schuld – für das, was sein soll. Die wilde Jagd, ein Gemälde von Johann Wilhelm Cordes (1824 - 1869).

Nornenbrunnen im Münchner Stadtteil Maxvorstadt.

Nächstenliebe steht. Dann klopft er mit dem Stock an Tür und Tor, ersucht um Einlass, um Essenswertes und Unterkunft, was stets gewährt wird. Denn der Unbekannte könnte ja Wotan sein. Wer es je verweigerte, so die Überlieferung, erfuhr manches Ungemach. In meiner Kindheit hinterließ all das einen tiefen Eindruck. Klingelte oder pochte es, eilte ich an die Tür. Man konnte ja nie wissen.

Webende Wesen an der Weltenesche

Nicht minder beeindruckend Großvaters *Nornen* aus der nordischen Mythologie, die faszinierende Schilderung von drei weiblichen Wesen namens *Urd,* Schicksal, *Verdandi,* Werdendes, und *Skuld,* Zukunft. Webend und spinnend verweilen sie seit urdenklichen Zeiten an den Wurzeln der Weltenesche *Yggdrasil* neben einer nie versiegenden Quelle. Selbst von Elfen und Göttern abstammend, bestimmen sie deren Schicksale wie das eines jeden Menschen auch. *Richard Wagner* (1813-1883), der Komponist, Dramatiker und Dichter, wusste von den Schicksalsfrauen. In der Opern-Tetralogie „Der Ring des Nibelungen" sind sie im Vorspiel zur „Götterdämmerung" von tragender Bedeutung. Berückend die Szenerie, als sie von den Runen das nahe Ende der Götter ablesen, zugleich der Schicksalsfaden reißt und das Vergehen der bislang Allgewaltigen einsetzt. In Münchens Mitte übrigens, in der Eschenanlage am Maximiliansplatz, erinnert der im Jugendstil errichtete *Nornenbrunnen* aus Muschelkalk an die unsterbliche Sage von der Dreiheit der mit den Schicksalen der Welt Verwobenen. Zu finden auch in den Mythologien anderer Völker. Im alten Griechenland sind es die *Moiren* in den Epen des *Homer* (Ilias und Odyssee), vermutlich entstanden im vorchristlichen 8. Jahrhundert Die Sagenwelt der Römer benennt die *Parzen:* Nona spinnt den Lebensfaden, Morta durchtrennt ihn, Decima verantwortet das Lebensgeschick. Bei den *Etruskern* stehen sie über den Göttern. Bei den slawischen *Zorya* ist es die Dreieinigkeit von Himmels- und Lichtgöttinnen. Sie öffnen mit dem Morgenrot die Pforten des Universums und schließen sie bei anbrechender Dunkelheit wieder. Danach treten sie als Abend-, Mitternachts- und Morgenstern auf.

Der Blümchen-Express. Signal auf Halt. Mundräubereien von Äpfeln und Kirschen. Das Brüderchen als Geisel. Schlafwandeln bei Vollmond.

Udalrich und die nachwirkenden Erfahrungen

Wenn anderswo in der weithin vom Krieg zerstörten Heimat viele Familien ums Überleben kämpften, fanden wir Kinder vom grünen Hügel vor der unbeschadet gebliebenen kleinen Kreisstadt die Welt einfach schön und hoch spannend. Das bestätigte in der jüngeren Vergangenheit stets von Neuem Ulrike, das Nachbarsmädel von einst, das so gern „Hochzeit" spielte. Ein Wildfang hingegen die kesse Dagmar, zwei Häuser weiter. An ihr war ein Junge verloren gegangen. Immer gegenwärtig, wenn wir Hallodris eben mal etwas auszuhecken hatten. Furchtlos hielt sie mit, ging es um Streiche, die manchmal schon keine mehr waren – und zum Glück gutgingen, zumal mit Blick auf die Urheberschaft unentdeckt geblieben.

Der Bummelzug ohne Gegenverkehr

Da war das Beispiel von der einspurigen Bahnstrecke von Bischofswerda nach Kamenz, keine 20 Kilometer kurz, befahren täglich einmal hin und zurück *ohne* Gegenverkehr; das hatten wir herausgefunden. Ein Bummelzug, der so langsam war, dass wir ihn als „Blümchen-Express" verspotteten. Gemeint das Nebenherlaufen, um ebendiese noch pflücken zu können. Das entsprach nicht ganz den Tatsachen. Was aber stets gelang, das war das Auf- und Abspringen, hatten doch die alten Waggons vorn und hinten Treppchen zum Einsteigen. Wir mussten natürlich höllisch aufpassen, dass der Schaffner nicht einen von uns dingfest machte. Und da gab es noch ein Signal, das uns magisch anzog. Eigentlich überflüssig. Freie Fahrt war ja stets gegeben, da die Strecke eingleisig und lediglich nur von diesem einen Zug befahren wurde. Kurz und spannend: Wie es uns gelungen ist, das mechanisch funktionierende Signal auf Halt zu stellen, ist in Vergessen geraten. Nicht aber der Schaffner, der zum nahen Bahnhof eilte, um nachzufragen. Wir jedenfalls machten uns aus dem Staub. Nach geraumer Zeit an den Ort der Schandtat zurückgekehrt, es muss das schlechte Gewissen gewesen ein, stand das Signal auf Freie Fahrt – und dabei ist es fortan geblieben. Wie gesagt, es gab ja nur diesen einen Zug für den eingleisigen Schienenstrang.

Die Diebestat des Enkels

Unter Beobachtung unsererseits standen in den Sommerferien die Schrebergärten der tüchtigen Kleingärtner. Fast ein jeder hegte und pflegte ein Obstbäumchen. Darunter einer mit dem früh reifenden Weizenapfel, der am besten schmeckt, wenn frisch geerntet. Der Verlockung nicht widerstehend, pflückte ich zwei von den

wenigen und wurde im nächsten Moment auf frischer Tat gesichtet, konnte aber entkommen. Das herrliche Obst war auf dem Heimweg genussvoll verzehrt. Doch der wohlschmeckende Mundraub sollte noch ein Nachspiel haben. Stand doch unverhofft der zu Recht erboste Schrebergärtner vor der Tür, um dem Großvater die Diebestat mitzuteilen: „Ich glaube, Herr Doktor, ihr Enkel hat sich an meinen Äpfeln vergriffen."

Die Entgegnung: „Kaum zu glauben, wir haben doch selber genügend davon." Und verwies auf unsere reich tragenden Apfelbäume. Dem armen Mann blieb nichts anderes, als unverrichteter Dinge wieder von dannen zu ziehen.

Kaum aus Sichtweite, der Ruf in scharfem Ton: „Udalrich!" Da ich alles am offenen Fenster im Obergeschoss mitbekommen hatte, war klar, dass mir etwas blühte. Maßnahme eins: Schallend die Ohrfeige. Die zweite: „In Sparta hätten sie dir die Hand wegen Diebstahls abgehackt." Diese Nachhilfe „saß". Die dritte: Hinweis auf die strenge Erziehung der Jugend zu Zeiten des militärisch geprägten Stadtstaats Sparta im alten Griechenland. Und dann die Entwarnung: „Das nächste Mal lass dich nicht erwischen!"

Das Brüderchen und der Kirschen-Zwischenfall

Die Apfel-Episode wirkte nach. Künftig hielten wir uns von Gärten fern. Dafür gab es andere Möglichkeiten. Tatort diesmal eine Kirschenallee, die Ende Juni vor Früchten nur so strotzte. So galt uns als gegeben, dass sie frisch gepflückt am besten schmecken. Also machten wir uns auf, kletterten flink ins schwer behangene Geäst und konnten ob des besonderen Wohlgeschmacks kaum genug bekommen. Mit uns

der kleine Bruder Reinhard, der unterm Baum die heruntergefallenen Früchtchen sammelte. Doch dann nahte unversehens wild gestikulierendes Unheil: „Meine Kirschen! Meine Bäume!" schrie der Unbekannte. Was wir nicht wussten, es war der Pächter der Kirschenpracht. Wie Fallobst waren wir von den Bäumen und fluchtartig von dannen, die Beute in unseren zugeknoteten Hemden. Zurück blieb ausversehen Reinhard, ein paar

Tage zuvor erst sechs geworden, und war ganz ins Sammeln der vom Baum gefallenen Kirschen versunken. Längst in ungeahnter Schnelle entkommen, fanden wir uns auf der flachen Böschung vor Großvaters Garten zum Genuss des Diebesgutes, gekrönt von der Disziplin des Kirschkern-Weitspuckens. Wenig später traf Reinhard ein – als vom Pächter genommene Geisel, gleichsam als brüllendes Bündel unterm Arm arrestiert. Ob er zu uns gehöre, verneinten wir mit dem Hinweis, dass er wohl in der Bahnhofstraße wohne. Außerdem hieße er nicht Metzner oder Lange mit Nachnamen. Das stimmte, war er doch Mutters Kind aus zweiter Ehe. Nach heftigem Schelten ließ der gute Mann schließlich vom verheulten Brüderchen ab und ging seiner Wege. Aufatmen allerseits.

Dem Meister Lampe auf der Lauer

Vom Großvater ist zu berichten, dass er uns durchaus mit einem Streich in Bewegung zu halten wusste. Hatte er doch überzeugend versichert, dass ein Hase, von denen es damals viele gab, sehr einfach zu fangen sei. Man müsste ihm nur Salz aufs Schwänzchen streuen. Also begaben wir uns, bewaffnet mit entsprechenden Streubüchsen, auf die Wiesen vorm nahen Wald und lauerten *Meister Lampe* auf. Doch vergeblich.

Die Hasenjagd: Streich des Großvaters.

Kaum auf allen Vieren schleichend dem flinken Tier auf wenige Meter genähert, sprang es auf und fand hakenschlagend das Weite. Großvaters hatte uns mal richtig reingelegt. Der Streich blieb unvergessen, zumal wir ihn unverdrossen zur Nachahmung weitergaben. Ursprünglich war des Hasen Name *Lamprecht*, norddeutsch, bevor zu Lampe verkürzt. Das beruhte auf der Beobachtung, dass beim flüchtenden Hasen der weiße Fleck unterm Hinterteil sichtbar wird und wie ein Licht wirkt.

Der Schlafwandler bei Vollmond

Ein Licht der besonderen Art muss mir allerdings bei manchem Vollmond aufgegangen sein, wenn auch nicht selbst bewusst erlebt, hatte ich doch dafür den Großvater als Berichterstatter. Saß er doch noch zu sehr später Stunde am Schreibtisch, noch vergleichend über den altgriechischen Urtext des Neuen Testaments mit der deutschen Fassung des Reformators von 1522 („Da hat der Luther doch wieder etwas falsch übersetzt!"), tat sich wie von Geisterhand die Tür auf: Herein wandelte der Zweitklässler Uli mit dem Ranzen auf dem Rücken, um sich offensichtlich auf den Schulweg begeben zu wollen. In einem anderen Fall hatte er es bis aufs Dach geschafft.

Die Erklärung für die nächtlichen Ausflüge bis etwa zum 12. Lebensjahr: Ich war dem Phänomen der Somnambulie (lateinisch von somnus/Schlaf und ambulare/umherlaufen) erlegen. Auslöser für die früher „Mondsucht" genannten Exkursionen können bei Kindern emotionale Belastungen sein, erwachsen aus der Gefühlswelt *vor* dem Einschlafen. Die Quelle: The Twenty-Four Hour Mind. Von D. Cartwright. Hrsg. Oxford University Press.

Eine Erläuterung noch zum Vornamen Ulrich, stammend aus dem Germanischen: Udalrich, auch Uodalrich, latinisiert zu Uodalricus. Althochdeutsch die Wortteile: *uodal,* Erbgut, und *richi* für mächtig, auch Herrscher. Die *Uodalrichinger* waren ein fränkisch-alemannisches Adelsgeschlecht in den Bereichen von Bregenz und Winterthur vom 8. bis zum 11. Jahrhundert. Der Namensgeber: Graf Uodalrich I., Sohn von Gerold von Anglachgau und Bruder der Hildegard, Gemahlin von Kaiser Karl dem Großen (747-814).

Eine Dachfigur in Guntersblum.

Blank und bloß durchs Städtchen. Großvaters Ritterschlag. Zwischenfall im Gondelteich. In der Klinik ohne Narkotikum: Glück im Unglück.

Die Mutprobe und der Kniesturz im Freibad

Dreh- und Angelpunkt der Freizeit das schon 1928 großzügig angelegte Freibad, allerdings noch übertroffen vom heutigen an der Dresdener Straße mit weitläufigen Liegewiesen. Ganz unterschiedlich die Erinnerungen. Die eine unter den frühen hat lange geschmerzt. War mir doch die unterm Handtuch abgelegte kurze Lederhose geklaut worden. Da nun ohne diese mit Nichts drüber Bedeckendem unterwegs, rannte ich wie von Furien gehetzt und hochgradig verschämt durchs Städtchen nach Hause – überaus „sportlich" im kurzen Hemd und auf ledernen Sandalen. Als der Großvater mich kommen sah, lediglich ein kurzes Auflachen und gemurmelt: „Eine wahrhaft altgriechische Tragödie!"

Der Sprung vom Drei-Meter-Brett

Hin und wieder begleitete er mich, um selbst die Bahnen abzuschwimmen. Das war noch zur Zeit, als ein diesbezüglicher Unterricht noch nicht gegeben wurde. Was er sehen wollte, war, inwieweit ich mich über Wasser hielt. Immerhin hatte ich mit meinen Schwimmkünsten ziemlich angegeben. In Wahrheit tauchte ich sicherheitshalber nur längs des Beckens, ansonsten erschöpften sie sich mit so genanntem „Hundepaddeln", auch als „Hundekraul" bekannt, wie die sich im Wasser fortbewegenden Vierbeiner. Großvater schien mit dem zufrieden, was ich ihm vorgeführt hatte, um mich dann umgehend auf den Sprungturm zu beordern, aufs Drei-Meter-Brett.

Aus der Froschperspektive sah das nicht gerade sehr hoch aus. Diese Einschätzung änderte sich ins Gegenteil, kaum dass ich oben stand. Womit ich, noch keine neun, nicht gerechnet hatte, war, dass ich per Fußsprung hinunter „hüpfen" sollte, wie er es verniedlichend nannte. Für den Augenblick war ich eher ein vor Angst schlotterndes Etwas. Doch dann Augen zu, hinunter und dann mit einem unsagbaren Glücksgefühl aufgetaucht, eben noch umperlt von unzähligen Luftbläschen: Ich platzte fast vor Stolz, dieses Wagnis bewältigt zu haben. Und der Großvater, er sorgte für die Krönung: „Großartig, mein Junge!" Das war wie ein Ritterschlag.

Rettungsruf am Gondelteich

Der Attraktion des Kahnfahrens wegen, das war uns Kindern der „Gondelteich" direkt am Freibad. Mutter kam, wie schon so oft, meinem Drängen nach. Ich könnte schon mal vorgehen, sie hatte eben noch eine Bekannte getroffen, und ich rannte los. Am Steg angekommen, sah ich den Ein- und Aussteigenden zu und wartete ungeduldig auf ein freiwerdendes Boot. Als es soweit war, Mutter war noch nicht in Sicht, wollte ich es vorsorgend schon mal für uns beschlagnahmen. Doch der Sprung vom Steg ins Ruderboot war zu kurz und endete im Wasser. Die Leute lachten, als ich wild paddelnd in den rettenden Kahn kommen wollte und brüllte denen entgegen: „Will mich denn hier keiner retten?" Der Schreckens- und Hilferuf in einem wurde erhört. In meiner Kindheit war er in der Familie fast zur Redensart geworden, wenn etwas nicht nach Wunsch, nicht sofort zustande kam oder aus einer verzwickten Situation zu befreien war.

Zwischenfall am Schwimmbecken

Ein Zwischenfall aus sommerlichen Tagen der Freibadfreuden zeichnet noch heute mein rechtes Knie. Alles begann, wie so oft schon, mit dem Fangenspiel übers Eck des Beckens. Sprung, eintauchen, auftauchen, hoch zum Beckenrand. Immer und immer wieder. Bis auf den Moment, als ich im nassen Gang zum Sprung ansetzte, ausrutschte und mit dem Knie auf die Randkante knallte. Mit einem Ruck aus dem Wasser. Blickte fassungslos auf die Kerbe im Knie, aus der im nächsten Moment das

Blut schoss. Mutter im Badeanzug, ganz in der Nähe, eilte herbei. Sie hatte Rufe nach einem Arzt oder Sanitäter gehört. Dass sie mir „eine geklebt", eine Ohrfeige verpasste, muss die ungewollte Reaktion auf den Schreck gewesen sein. Umstehende Ältere jedenfalls ließen sie ihren Unmut darüber spüren.

Wie ich in die nahe Klinik an der Stolpener Straße am Park gekommen bin, das weiß ich nicht mehr. Sehr viel genauer allerdings, was mich dort erwartete. Die klaffende Wunde musste genäht werden. Das Problem: Es war kein Narkotikum verfügbar. Bevor Chefarzt Dr. Czerwionka, den Namen werde ich nie vergessen, mit der Prozedur am Knie begann, erklärte er bedauernd, dass es auch ohne Betäubungsmittel sein müsse. Dann schob er mir ein hölzernes Rundstück zwischen die Zähne, auf das ich beißen solle, wenn der Schmerz übermächtig werde. Seitdem wusste ich, was „Zähne zusammenbeißen" bedeutet, übrigens ein Wort von *Martin Luther*, dem Reformator: Dass man tapfer durchhalten müsse, so schwer und so schmerzhaft es auch sein möge. So war es dann auch.

Alarm: 41 Grad Fieber, Blutvergiftung!

Die Einweisung auf ein Zimmer bekam ich nicht mehr mit; Schmerz- und Schlafmittel hatten gewirkt. Die Überprüfung meines Zustands gegen Mitternacht: Alarm! Über 41 Grad Fieber. Diagnose: Blutvergiftung! Umgehend wurde meine Mutter in die Klinik gebeten. Die Information: Zu weit fortgeschritten sei die Sepsis. Erwogen die Amputation. Das lehnte meine Mutter vehement ab. Was blieb, war der Einsatz von Antibiotika, vorhanden Penicillin. „Verabreichen Sie so viel Sie davon haben!" forderte sie nach eigener Erzählung. Der Widerstand gegen das für sie Unvorstellbare zeitigte die allmähliche Genesung. Die weitere ambulante Behandlung übernahm die Poliklinik. Ich hatte mich bereits an den Gedanken gewöhnt, dass das Knie steif bleiben könnte. Doch diese Annahme trieb mir der zuständige Arzt der Chirurgie auf bemerkenswerte Weise aus: Das ausgestreckte Bein auf den Stuhl gestellt, mit einem nicht angekündigten Ruck nach hinten „gerissen", kurz der Schmerz – und von einem steifen Knie keine Spur mehr. Kurz hierzu auch der Kommentar: „So, junger Mann, das wär's dann." Fazit: Es hatte sich für alle Zeiten ausgehumpelt. Dafür geblieben war die Narbe.

Übermut tut selten gut

Bereits früher hatte ich schon einmal einen, wenn auch nicht unbedingt vergleichbaren Unfall. Dort, wo die Fallobstbäume auf einer großen Wiese besonders dicht an dicht standen, gefiel uns an einem Sommertag mal wieder ein Fangenspiel der anderen Art: Was bedeutete, von Baum zu Baum zu springen. Im fröhlichen Übereifer einmal unachtsam zu kurz gesprungen – beide Arme angebrochen und eingegipst. Und das zu Ferienbeginn regelrecht außer Gefecht gesetzt. Immerhin dazugelernt: Übermut tut selten gut.

Die exklusive Begegnung mit einer Erscheinung, die mit einem explosionsartigen Knall am Waldesrand verschwand.

Der Kugelblitz, das einmalige Erlebnis

Wetterleuchten, Donner und Blitze, deren Einschläge in die spitz zulaufenden Wipfel hoch aufragender Pappeln, somit schützend das Haus, wie so oft schon. All das zog mich an, von Furcht keine Spur. So und nicht anders auch er, der Großvater, der seine Freude an der Gewalt des Wetters nicht verbarg. Mutter und Großmutter, Brüderchen Reinhard mitnehmend, zogen sich dann eilends in die Küche zurück, wo sie sich offensichtlich sicher fühlten. Die „Otte" soll sogar gebetet haben.

Es war an einem schwülen Nachmittag, als sich der Himmel von grau bis zu dramatischem Schwarz verdunkelte. Vom Balkon aus sahen wir die noch in der Ferne zuckenden Blitze. Allmählich näherkommend, schienen sie sich in meiner kindlichen Einfalt geradewegs auf uns zuzubewegen. Aus dem Grollen des Wetters waren längst krachende Donnerschläge geworden. Blitz folgte auf Blitz. Und dann

Die eindrucksvolle Darstellung eines Kugelblitzes aus dem 19. Jahrhundert.

Kaiser Karl der Große.

geschah das für mich bis dahin Unvorstellbare, als mich Großvater an die Hand nahm und fast flüsternd befahl: „Rühr' dich jetzt nicht mehr! Nicht bewegen!" Und beruhigend: „Das geht vorbei." Das Unfassbare, das da silbrig wabernd, etwa in der Größe eines Fußballs, auf uns zu schwebte, das war ein Kugelblitz. Im nächsten Augenblick, vielleicht keine zehn Meter von uns entfernt, wechselte er die Richtung, entschwand ostwärts aus dem Blickfeld, um sich nach wenigen Minuten irgendwo am Waldrand mit einem explosionsartigen Knall zu verabschieden. Mit einem wissenden Lächeln sah mich der Großvater an: „Jetzt hast du nun wirklich etwas Großartiges erlebt." Das Phänomen dieser seit Jahrhunderten bekannten Lichterscheinung ist bis heute naturwissenschaftlich nicht schlüssig geklärt. Die Existenz jedoch wird nicht mehr bestritten und auch nicht länger als Sinnestäuschung abgetan. Laut Wikipedia ist es weiterhin eine „eine besondere Herausforderung, die für das anhaltende Leuchten notwendige Speicherung von Energie mit der Leichtigkeit der Bewegung zu verbinden".

Von nichtelektrischer Natur

Es waren im Jahr 2000 die neuseeländischen Wissenschaftler John Abrahamson und James Dinniss, die davon ausgingen, dass Kugelblitze von „nichtelektrischer Natur sind, jedoch durch Blitzschlag ins Erdreich entstehen". Quelle: Ball lightning caused by oxidation of nanoparticle networks from normal Lightning strikes on soil. In: *Nature.* Nr. 403. Im Jahr 2012 stützten Forscher in China diese Hypothese. Sie hatten zufällig während eines Gewitters einen Kugelblitz von fünf Metern Durchmesser beobachten und aufzeichnen können. Was sie im Spektrum des Faszinosums fanden, waren Silicium, Calcium und Eisen, davon reichlich in der Erde vorhanden. Quelle: Jianyong Cen, Ping Yuan, Simin Xue: Obervation oft he Optical and Spektral Characteristics of Ball Lightning. In: *Physical Review Letters.* Band 112, Nr. 3, 2014. Dass Großvater und ich nun zu den ungezählten Zeugen eines Kugelblitzes gehörten, das war, das blieb bis heute erhebend. Und das insofern schon, da keinem Hirngespinst erlegen.

Wenn ich damals davon erzählte, zeigte man mir den „Vogel", von kränkender Verspottung ganz abgesehen: „Uli, der Märchenerzähler!" Nachzutragen noch einige unter den Berühmtheiten, die einen Kugelblitz durch eigene Wahrnehmung bekunden konnten: Seneca, der römische Philosoph, Politiker und Naturforscher (!), Kaiser Karl der Große, König Heinrich II. von England, die Physik-Nobelpreisträger Niels Bohr und Pjotr Kapitza.

Des Kindes fordernde Frage
WANN KOMMT MEIN VATER?

Unvergessen der Tag, als der Großvater nach Kriegsende heimfand. Wo aber blieb *mein* Vater? Wann wird er kommen? Ob er noch lebte, das war für mich keine Frage, Vom Großvater war nichts erfahren, merkwürdigerweise. Von der Mutter schon gar nicht, trug sie doch inzwischen einen anderen Nachnamen, nicht mehr Metzner. Das Warum und Wieso, ein neuer Mann, das kam mir als mittlerweile Neunjähriger allerdings nicht in den Sinn. Auch nicht, dass Bruder Reinhard, gerade eingeschult, einen Vater haben musste. Der Meinige konnte es wohl kaum sein. Letztendlich dann die Erkenntnis, dass der Großvater mein fester Fels in der Brandung aufkommender und abebbender Fragen blieb, die unmittelbare, die geachtete Bezugsperson des täglichen Zusammenseins – und des Erziehens.
Dessen ungeachtet, damit kein schiefer Eindruck entsteht, war Mutter nach meinem kindlichen Empfinden die Schönste weit und breit. Dann auch immer erkennen lassen, aus vollem Herzen oder um etwas zu erreichen, zugegeben. Das änderte sich auch nicht, als ich längst kein „Männlein" mehr war. Sie genoss es strahlend mit leichtem Hüftschwung, wenn sie sich zum Ausgehen „aufgebrezelt" hatte. Noch in der Tür drehte sie sich um, bat um einen Blick auf die Nylons, ob wohl auch die Nähte rückwärtig richtig säßen und keine Laufmasche zu sehen sei. Die wenigen geruhsamen Stunden in guter Stimmung nutzte ich für Nachfragen. Dann gelang es, wenn auch bruchstückhaft, einiges über den Vater zu entlocken. Dass er in den Weiten Südrusslands verschollen sei. Zuletzt auf der Krim und am Kaukasus vermutet. Vom Gefreiten habe er es bis zum Tapferkeitsoffizier gebracht. Wie es dieserhalb tatsächlich um ihn stand, das sollte sich erst zu Beginn der 1960er Jahre herausstellen. In einem ihrer Nachforschung dienenden Schreiben ging sie davon aus, dass er sich in russisch-sowjetischer Kriegsgefangenschaft befinden müsste. Das Hauptmeldeamt des Volkspolizeipräsidiums in Dresden beschied sie 1950, fünf Jahre nach Kriegsende, innerhalb weniger Tagen mit dieser Antwort, bezugnehmend auf die Karteikarte der Mutter Helene Metzner, Hüblerstr. 57, Dresden: „Heinz Metzner. Von der ehemaligen Wehrmacht noch nicht zurück."

Deutsche Soldaten auf der Halbinsel Krim.

Vom eigentlich zu groß geratenen Kindlein in den Gnadenbund Aufgenommenen am 11. November 1951 in der Christuskirche.

Die Taufe erst mit zehn

Gleichsam ins Gedächtnis eingebrannt, inzwischen zehn Jahre und zwei Tage auf dieser Welt, hat sich der Sonntag vom 11. November 1951. Angetreten zur Taufe in der Christuskirche von Bischofswerda, war ich am Ort der Handlung umringt von drei Müttern mit ihren Babys; eines brüllte zum Steinerweichen. Am liebsten hätte ich mich ganz klein gemacht, um nicht als zu groß geratener Täufling zu erscheinen. Immerhin stand die Zeremonie am Taufbecken im Zeichen dieses Jesus-Wortes: „Lasset die Kindlein zu mir kommen und wehret ihnen nicht, denn solchen gehört das Reich Gottes. Wahrlich, ich sage euch: Wer das Reich Gottes nicht empfängt

Auf der höchsten Stelle der Stadt das alles überragende evangelische Gotteshaus.

wie ein Kind, der wird nicht hineinkommen." Also, da stand ich nun, ich, das Kindlein, um „in den Gnadenbund Gottes und in die Gemeinschaft der christlichen Kirche aufgenommen" zu werden. Taufpaten waren Mutter, Großmutter (die „Otte") und Onkel Erich, der Konditormeister. Nicht zugegen der Großvater, wie schon bei den Kirchgängen zum Heiligabend. Der Herr der evangelischen Handlung am Taufbecken war Pfarrer Jäckel.

Gegen des Vaters Willen

Zum Hintergrund des Einbringens des „Heidenkindes" Ulrich in den „Gnadenbund". Vater wie auch Großvater, ebenso die Dresdner Großeltern väterlicherseits, waren der Konfession der Gottgläubigkeit zugehörig, wie im Stammbuch der Familien vermerkt. Dass ich nicht getauft werden solle, habe wiederum mein Vater verfügt, falls er den Krieg nicht überstehe. Da nun sechs Jahre nach der Kapitulation des Reiches mit seiner Rückkehr nicht mehr zu rechnen war, so die Annahme von Mutter und Großmutter, fühlten sich beide nicht mehr an Vaters Wunsch gebunden.

Die Vorstellung vom Einzigen

Während der Großvater gottgläubig blieb, fand die Gemahlin ihr neues Seelenheil in der katholischen Kirche, allein schon wegen der Marienverehrung, was für die Protestanten, die Evangelischen, nicht statthaft ist. Meiner Mutter zum anderen wurde nicht gerade freundlich nachgesagt, dass sie den Kirchgang gern vom Aussehen des jeweiligen Geistlichen abhängig machte, gleich ob evangelisch oder katholisch. Ein rechtes Bild von alledem konnte ich mir verständlicherweise damals nicht machen. In meinen zwanziger Jahren dann der Abschied von der einstigen Eingliederung in den „Gnadenbund". Durchgesetzt hatte sich die Vorstellung von Gott als Einzigem – ohne den Jesus-Mythos bis hin zum Stellvertreter Christi auf Erden im Vatikanstaat zu Rom.

Jeder nach seiner Fasson

Ansonsten halte ich es nach wie vor mit dem *Alten Fritz*, dass jeder nach seiner Fasson selig werden möge. Sinngemäß hatte Friedrich II. (1712-1786), der Preußen-König, eben so eine Anfrage beschieden. Es ging um römisch-katholische Schulen, die wegen „ihrer Unerträglichkeit" abgeschafft werden sollten. Der Wortlaut der Entgegnung im Original: „Die Religionen Müßen alle Tolleriret werden und Mus der fiscal nuhr das auge darauf haben das keine der anderen abruch Tuhe, den hier mus ein jeder nach Seiner Faßon Selich werden Fr." So belegt im deutschen Zitatenschatz „Geflügelte Worte" des Philologen Georg Büchmann (1822-1884). Grundsätzlich galt das Seligwerden auch für alle, die sich an die Gesetzmäßigkeiten hielten. So auch von der Majestät höchstpersönlich zu Gunsten eines katholischen Kaufmanns gegen den Willen der Stadtoberen entschieden, der im protestantischen Frankfurt an der Oder ansässig werden wollte.

Friedrich der Große (1812 – 1886).

Der katholische Hitler

Gottgläubig. Das Stichwort. Es galt im Nationalsozialismus des Dritten Deutschen Reiches (1933-1945) als eine Religionsgemeinschaft. In ihr fanden sich all jene wieder, die aus den anerkannten Kirchen ausgetreten waren, ohne allerdings *glaubenslos* geworden zu sein. Gottgläubigkeit, erhoben in den Rang einer religiösen Weltanschauung, war von besonderem Stellenwert. Der in den Personalpapieren diesbezüglich vermerkte Hinweis wurde als ideologische Hinwendung zum NS-

Regime gewertet, ohne kon-
fessionell-kirchlich gebunden zu
sein. Adolf Hitler, übrigens, war
bis zu seinem Freitod 1945
Mitglied der katholischen Kirche.
Papst Pius XI. kritisierte 1937 den
Begriff „Gottgläubigkeit" in der
Enzyklika *Mit brennender Sorge*.

Die Deutung
des Nobelpreisträgers
Max Planck

Geist und Gott

Im Verlauf eines Vortrages, 1944
gehalten vor Wissenschaftlern in
Florenz, versah er der Thematik
vom Urgrund aller Materie eine

Max Planck in seinem Göttinger Arbeitszimmer.

aufsehenerregende Deutung. *Dr. Max Planck* (1858-1947), der Nobelpreisträger für
Physik von 1919, im Wortlaut: „Meine Herren, als Physiker, der sein ganzes Leben
der nüchternen Wissenschaft, der Erforschung der Materie, widmete, bin ich sicher
von dem Verdacht frei, für einen Schwarmgeist gehalten zu werden. Und so sage ich
nach meinen Erforschungen des Atoms dieses: *Es gibt keine Materie an sich.* Alle
Materia entsteht und besteht nur durch eine Kraft, welche die Atomteilchen in
Schwingung bringt und sie zum winzigsten Sonnensystem des Alls zusammenhält.
Da es im ganzen Weltall aber weder eine intelligente Kraft noch eine ewige Kraft
gibt (…) so müssen wir hinter dieser Kraft einen bewussten intelligenten Geist
annehmen. *Dieser Geist ist der Urgrund aller Materie.* Nicht die sichtbare, aber ver-
gängliche Materie ist das Reale, Wahre, Wirkliche – denn die Materie bestünde *ohne
den Geist* überhaupt nicht, sondern der unsichtbare, unsterbliche Geist ist das Wahre!
Da es aber Geist an sich ebenfalls nicht geben kann, sondern jeder Geist einem
Wesen zugehört, müssen wir zwingend Geistwesen annehmen. Da aber auch
Geistwesen nicht aus sich selber sein können, sondern geschaffen werden müssen,
so scheue ich mich nicht, diesen geheimnisvollen Schöpfer ebenso zu benennen, wie
ihn alle Kulturvölker der Erde früherer Jahrtausende genannt haben: *Gott!*
Damit kommt der Physiker, der sich mit der Materie zu befassen hat, vom Reiche
des Stoffes in das Reich des Geistes. Und damit ist unsere Aufgabe zu Ende, und wir
müssen unser Forschen weitergeben in die Hände der Philosophie."

Quellen: Max Planck, Vorträge und Erinnerungen. S. Hirzel Verlag, 1949. – Archiv zur Geschichte der Max-Planck-Gesellschaft, Abt. Va, Rep. 11 Planck, Nr. 1797.

Der aus Kiel stammende und zuletzt in Göttingen wirkende Max Planck forschte auf dem Feld der theoretischen Physik und gilt als Gründer der modernen Quantenphysik. Die Würden eines Ehrendoktors verliehen ihm die Universitäten Frankfurt am Main, München (TH), Rostock, Berlin (TH) Graz, Athen, Cambridge, London und Glasgow. Zeitlebens war er von evangelischer Konfession. Kritisch sah er die *Absolutsetzung* von „religiösen Symbolen" durch die Kirchen nebst deren mythologischer Aussagen. Planck bejahte die geglaubte Wirklichkeit Gottes. Ein Kritikpunkt war ihm die Pseudo-Metaphysik, die aus der Quantentheorie Gottesbeweise abzuleiten suchte. *Quelle*: Erich Dinkler. Planck, Max. In: Die Religion in Geschichte und Gegenwart. Neun Bände. Verlag: wbg academic.

GOTT IN ZITATEN

Friedrich von Hardenberg (1772-1801), bekannter als *Novalis*, frühromantischer Dichter und Philosoph, befreundet mit Friedrich von Schiller und Johann Wolfgang von Goethe: „Der Stoff aller Stoffe ist Kraft. Die Kraft aller Kräfte ist Leben. Das Leben des Lebens ist Seele. Die Seele der Seelen ist Geist. Der Geist aller Geister – ist Gott."

Voltaire (1694-1778), französischer Philosoph der Aufklärung, in einem Brief vom 28. November 1770 an Prinz Heinrich, den jüngeren Bruder des Preußen-Königs Friedrich II.: „Wenn Gott nicht existierte, so müsste man ihn erfinden; aber die ganze Natur ruft uns zu, dass er ist." Aus: Voltaire. Leben und Briefe. Joachim G. Leithäuser, Phaidon Verlag. *Friedrich,* Kronprinz von Preußen (1712-1786), zwei Jahre vor der Inthronisation zum König (1740), vermittelte in einem Schreiben an Voltaire vom 19. April 1738 seine exakte Vorstellung: „Mein Begriff von Gott ist der eines allmächtigen, allgütigen, unendlichen, im höchsten Grade vernunftbegabten Wesens." *Dr. Christiane Voopen,* die Vorsitzende Europäischer Ethikrates, im Gespräch mit Media Pioneer Publishing, Berlin: „Ich bin im Gespräch mit Gott. Das ist eine lebende Beziehung. Glaube geht nicht ohne Vernunft."

Emanation als Quelle des Lichts in der Philosophie und Religionswissenschaft: Das Hervorgehen aller Dinge aus dem unveränderlichen, vollkommenen göttlichen Einen.

Freiwillig der Kriegseinsatz. Fördermaschinistin im erzgebirgischen Uranbergbau. Unterstützung der Eltern in Bischofswerda.

Das Blitzmädel und die sowjetische Wismut AG

In den Nachkriegsjahren, auch noch nach 1950, sah ich *Mutti*, „Mama" mochte sie nicht, eher selten. Sie hatte sich im Erzgebirge bei der sowjetischen *Wismut AG* im Uranbergbau verdingt. Einsatzgebiet war Schwarzenberg und Umgebung, Objekt 08/103. Was ich bruchstückhaft aufschnappte, war eine Tätigkeit unter Tage; auch von „Geophysik" war die Rede. Damit wusste ich nichts anzufangen. Erst in den 1990er Jahren erfuhr Bruder Gisbert, ihr jüngster Sohn, von der klar umrissenen Tätigkeit: Als Fördermaschinistin war sie gleichsam über und unter Tage unterwegs, verantwortlich für den reibungs-losen Transport der Bergleute im Förderkorb.

Grundsätzlich muss ihr bescheinigt werden: Sie war sich für nichts zu schade. Selbst in den Kriegsjahren meldete sie sich zwischenzeitlich freiwillig (!) als Helferin bei der Flugabwehr an Scheinwerfern und an Flakhilfsgeräten bei Luftangriffen. Einsatzort Naumburg an der Saale im Süden Sachsen-Anhalts. Sie zählte zu den über 500 000 „Blitzmädels", die im Reich wie im besetzten europäischen Ausland unterwegs waren. Der Spitzname leitete sich ab vom Blitzemblem an Krawatte und Uniform, wie auch bei der Nachrichtentruppe von Wehrmacht und Waffen-SS. Um mich übrigens musste sie sich nicht sorgen, dank der Otte.

„Übertage" daheim und Untertage im Uranbergbau.

Rohstoffbasis der Russen

Nirgendwo in der Sowjetisch besetzten Zone (SBZ), noch in der 1949 gegründeten DDR verdiente man so enorm viel mehr, von den Vergünstigungen und Gefahrenzulagen ganz zu schweigen. In den der AG

Der Förderturm Schacht Aue.

eigenen Läden stellte die Militäradministration ziemlich alles zur Verfügung, wovon im Land nur zu träumen war. Wohnungsähnliche Unterkünfte wurden aus dem Boden gestampft; kurz die Wege zum Einsatz. All das war der Förderung von Uranerz als Rohstoffbasis für die russische Atom- und die Rüstungsindustrie geschuldet. Die Wismut AG, ein Staat im Staate – und hermetisch abgeriegelt. In dieser Zeit begann der Aufstieg der UdSSR (Union der Sozialistischen Sowjetrepubliken) dank der reichen Vorkommen im

Flakhelferinnen am Horchgerät 1943.

Erzgebirge zum drittgrößten Produzenten nach den USA und Kanada. Allerdings unterlagen die Bergleute Anforderungen höchsten Ausmaßes. Wer diesen gerecht wurde, der war *wer.*

Das Wort zur Bewunderung: Vorgenanntes müssen auch meine Großeltern empfunden haben. Schließlich brachte Tochter Regina, meine Mutter, die Familie über die Runden, was auch den Erhalt des Hauses in Bischofswerda einschloss.

Immerhin hatten die Sowjets in der SBZ, ihrem mitteldeutschen Herrschaftsbereich, alle Konten gesperrt beziehungsweise damit auf null gestellt

Die Stichworte. *Bismut* beziehungsweise *Wismut.* Der Name erschien erstmals um 1390. Chemisches Element. Als Erz Wismut, lateinisch wismutum, bekannt. Geringe Radioaktivität. – *Uran.* Benannt nach dem 1781 entdeckten Planeten Uranus im Sternbild Widder. Chemisches Element. Symbol U. Ordnungszahl 92. Metall mit ausschließlich radioaktiven Isotopen. Primärträger von Kernkraftwerken und Kernwaffen.

Der Schutzengel in der Nacht. Undicht der Gasherd. Unter Dampf ins Gebirge. Mutters dritter Ehe-Aspirant. Zur Schule in Annaberg-Buchholz.

Der gute Bekannte von Bermsgrün

Wie oft habe ich am Schmöllner Weg auf der Brücke über den Schienenstrang gestanden, um mich vom dichten Dampf der Lokomotiven umnebeln zu lassen. Dann sah ich den von Dresden über Bischofswerda nach Bautzen enteilenden Schnellzügen nach und schickte ihnen mein Fernweh hinterher. Eines Tages dann, Mutter war, von der Wismut kommend, auf „Heimaturlaub" und überraschte mich mit der Ankündigung einer für mich damals großen Reise – mit ihr ins Erzgebirge. Und das nicht nur für ein paar Wochen, sondern mindestens ein halbes Jahr, wo ich in Annaberg-Buchholz auch zur Schule gehen sollte. Da wir mitten in noch stockdunkler Nacht gegen drei Uhr zum Bahnhof aufbrechen mussten, schlief ich auf einem aufgestellten Feldbett in der zur Küche hin offenen Kammer, Mutter im Wohnzimmer auf dem Sofa. Schließlich wollte sie die Eltern im oberen Stockwerk nicht stören. In dieser Nacht muss ein Schutzengel zugegen gewesen sein, hatte er doch tödliches Unheil verhindert.

Unter Volldampf bei ansteigenden Strecken.

Reinhard und die Otte

Als Mutter mich wecken wollte, waberte ihr Gas entgegen. Aus unerfindlichem Grund war der Herd undicht geworden. Das Wunder: Es hatte mir nichts anhaben können. Bewusst soll mir die Gefahr nicht gewesen sein. Und wenn doch, dann habe ich sie auf dem Fußweg zum Bahnhof wunderbar bewältigt. Schmetterte ich doch voller Vorfreude auf die Reise das zuvor in der Schule erlernte Lied „Auf, auf zum fröhlichen Jagen, auf in die grüne Heid! Es fängt schon an zu tagen, es ist die schönste Zeit."

Um Bruder Reinhard, inzwischen sechs geworden, kümmerte sich in unserer Abwesenheit die Otte. Der Kleine war ihr ganzes Glück. Merkwürdigerweise habe ich aus dieser Zeit kaum eine Erinnerung an ihn. Vielleicht war es meine uneingeschränkte Ausrichtung auf den Großvater. Oder das gute Gefühl, mich nicht um ihn kümmern zu müssen. Da störte es auch nicht, dass unsere Mutter oft auf seiner Seite stand. Gab es etwas zu gestehen, höre ich noch heute: „Der Uli war's!" Gleich ob es stimmte oder nicht: Der Ältere zu sein, ist nicht immer die reine Freude. Viel wichtiger war, was wohl meinem Vater im Krieg widerfahren sein könnte, und wann er denn endlich käme. Wenn ich groß bin, schwor ich mir, dann werde ich nach ihm fahnden. Und *das* trotz anderweitiger Aussagen, dass mit ihm nicht mehr zu rechnen sei. Dafür stand allein schon die in Aussicht stehende Todeserklärung, die mich letztlich zum Halbwaisen werden ließ. Ein Jahrzehnt weiter sollte dennoch die Spurensuche beginnen.

Der Abbau von Schienen

An den Verlauf der Reise ins westliche Erzgebirge erinnere ich mich so genau, als sei es erst vor Kurzem gewesen. Alle Züge, in die wir umgestiegen waren, fuhren unter Dampf. Oft hielten sie auf freier Strecke, wenn zweigleisige Strecken eingleisig geworden waren. Oder um Militärtransporte mit Panzern und Geschützen passieren zu lassen. Der Grund hierfür war der Abbau von Schienen. Sie gehörten zu den Reparationsleistungen an die Siegermacht Sowjetunion. Das galt für manch anderes auch, was nicht niet- und nagelfest war, wusste zumindest der Großvater. Egal und was auch immer, ich genoss meine erste große Reise in *vollen* Zügen – und das im doppelten Sinne des Wortes inmitten des Aus- und Einsteigens an jedem Bahnhof. Es war, als wäre die ganze Welt unterwegs. Ich hing förmlich am Fenster, einen Sitzplatz brauchte ich nicht. Ich wollte nichts verpassen. Auch nicht die Bahnpolizei in ihren schwarzen Uniformen, die zu zweit Fahrkarten und Ausweise kontrollierten. Manchmal musste einer der Fahrgäste mitgehen.

Bahnhof Bischofswerde. Ein historisches Foto von 1912.

Der Duft der großen weiten Welt

Umsteigen in Dresden. Ein Kopfbahnhof mit vielen Bahnsteigen. Am Ende der Halle einer quer. Während der Wartezeit auf den nächsten Schnellzug bin ich ihn auf- und abgerannt, um sie zu zählen, die Einstiege zwischen den Schienensträngen; um die 12 bis 14 müssten es gewesen sein. Weiter dann in Richtung Chemnitz, damals noch

Der Dresdener Hauptbahnhof mit den Doppelstockzügen in den 1950er Jahren.

nicht umbenannt in Karl-Marx-Stadt (bis 1990). Wieder ein Sackbahnhof. Auch dampfte es aus den Essen mehrerer abfahrbereiter Lokomotiven. Für mich war es der Duft von der großen weiten Welt, auch wenn sie sich eben mal nur auf ein Stück Sachsen beschränkte. Auf der Weiterfahrt nach Zwickau vorbei an Hohenstein-Ernstthal. Das war ich einem gewissen *Karl May* ganz nahe, dem Autor von Old Shatterhand und Winnetou. Den ersten Band über den edlen Häuptling hatte ich vor Kurzem noch in Großvaters Bücherschrank entdeckt und geradezu „verschlungen". Und das nicht nur einmal.

Umdampft auch in Zwickau, selbst noch in der Unterführung von der Empfangshalle zu den Bahnsteigen. Der letzte Umstieg in den langsameren Personenzug mitten hinein ins Erzgebirge. Verheißungsvoll die Haltepunkte, wie da neben anderen waren: Silberstraße, Wiesenburg, Fährbrücke, Hartenstein mit der Burg und dem legendären *Kasper* aus dem Figurentheater mit Handspielpuppen, Poppenwald mit dem Förderturm (Wismut-Schacht 371), Bad Schlema, Aue, Lauter und schließlich Schwarzenberg mit dem nahen Bermsgrün, dem Ziel unserer Reise.

Ein gütiger Mensch

Vor Beginn der Reise hatte mir Mutter einen „guten Bekannten" angekündigt. Überraschendes solcher Art war bislang nicht vorgekommen. Also ahnte oder schwante mir eine interessante Begegnung, immerhin hatte ich noch nie einen Mann an ihrer Seite gesehen. Das musste nach meinem (noch) kindlichen Gemüt ein ganz Besonderer sein, gemessen an ihrem blendenden Aussehen, wie ich sie empfand. Auf den ersten Blick erkannte ich keinen, der mir als passend erschien. Die aus dem Zug Gestiegenen waren längst außer Sichtweite – bis auf einen mit Schlapphut und langem Mantel. Kurz und nicht gut, ich war enttäuscht, letztlich ungerechterweise. Im Nachhinein erwies er sich mir als ein durch und durch gütiger Mensch. Das muss Mutter sehr beeindruckt haben, schließlich nahm sie ihn 1952 zum Ehemann. Sein Name: Otto L. Der im Jahr darauf geborene Sohn Thomas, ein echter Wonneproppen, war in seiner Kindheit zudem eine Art Friedensapostel. Schon im Sandkasten ging er jedem Streit aus dem Weg, mochte ihm ein kapriziöses Herzchen namens Evi K. noch so oft neckend begegnen. Gütig lächelnd ertrug er so gut wie alles, auch wenn sie ihn nach Herzenslust mit Sand bewarf.

Fremdling und Platzhirsch

Von Mutters Wohnung in der Bermsgrüner Wismut-Siedlung ging's per Bus zur Grundschule im nahen Annaberg-Buchholz. In meiner Klasse musste sich der Fremdling aus Bischofswerda erst einmal durchsetzen. Niederzuringen war der Hauptkontrahent, der Platzhirsch, in zweifacher Hinsicht: Unerschrocken bleiben und wichtiger noch der sportliche Zweikampf vor den Klassenkameraden – und das nach Schulschluss und Schulterwurf auf einer Wiese. Danach war ich in der neuen Gemeinschaft aufgenommen.

Da einen Winter erlebt, war in der Gegend im Umkreis von unter zehn Kilometern „Ski und Rodel(n) gut"; am schönsten am rund 800 Meter hohen Scheibenberg. Weniger gut zwei Zwischenfälle, die bis heute nicht vergessen sind. Beide Male in Bermsgrün. Auf dem Weg zur Wohnung fiel mich, wie aus dem Nichts heranjagend, ein Schäferhund an. Biss ins Bein, dann verschwand er wieder. Seitdem gehe ich solchen Vierbeinern in damals erlebter Größe bis heute aus dem Weg. Nicht minder unangenehm ein sehr dringender Besuch beim Zahnarzt. Was in dessen Ein-Zimmer-Praxis auffiel: Es roch stark nach Schnaps. Die Behandlung ging gründlich daneben. Gezogen worden war der falsche Zahn.

Südlich von Schwarzenberg: Bermsgrün, im Erzgebirge.

Das Unheil verkündende Vorzeichen: Stalins Bildnis. Panzer gegen den Aufstand. Ausnahmezustand. Androhung des Kriegsrechts.

Der 17. Juni 1953 in Cottbus

Heimkehr aus dem Erzgebirge nach Bischofswerda. Wieder in der alten Klasse. Nichts hatte sich in meiner Abwesenheit geändert. Nahtlos der Anschluss an alle Fächer. Lehrinhalte und Schulbücher waren die gleichen wie in Annaberg-Buchholz. Das galt für die gesamte DDR von der Ostsee bis nach Thüringen, vom Harz bis zum Spreewald. Es war ein Schulsystem, das seinerzeit dem aus meiner Sicht fernen Finnland zur Anregung diente, wenn auch ohne die teilweise ideologisch beeinflusste Pädagogik. Ein immergrünes Thema geblieben ist die „Einheitsschule": Im Gegensatz hierzu regeln in der Bundesrepublik nach wie vor die Kultusministerien der Länder das variantenreiche Schulwesen.

Aus den letzten Tagen vor dem Umzug nach Cottbus ist ein Vorzeichen für Unerfreuliches, einem Menetekel gleich, in Erinnerung geblieben. Ort des Geschehens war die Aula der Grundschule. Anlass eine der üblichen sozialistisch-kommunistischen Feiern zur Lobpreisung der „ruhmreichen Sowjetunion". Die Huldigungen konzentrierten sich vor allem auf den „Stählernen", auf *Josef Wissarionowitsch Stalin,* Diktator der Sowjetunion und Generalissimus der Roten

Chöre auf einer Bühne mit einem Porträt von Josef Wissarionowitsch Stalin.

Bilder, die sich in vielen Städten glichen, wie hier in Leipzig vor dem Dimitroff-Museum.

Armee. Uns Schüler hatte er irgendwie stets im Blick, so auch diesmal, wenn mal wieder Staatstragendes anstand. Allerdings nicht persönlich leibhaftig, sondern mit einem verhaltenen Lächeln auf uns herabblickend – aus einem großen, golden gerahmten Porträt an der Wand. Und dann passierte es. Mitten in der flammenden Rede eines hohen SED-Parteigenossen rauschte das Bildnis krachend zu Boden, gebrochen der Rahmen, zersplittert das Glas. Stille. Kaum einer wagte sich zu rühren. Ein Warnzeichen drohenden Unheils?

Mancher hat es damals *so und nicht anders* empfunden. Der Vorfall vom Bildersturz soll sich wie ein Lauffeuer herumgesprochen haben. Wochen später, ich lag gelbsüchtig im abgedunkelten Wohnzimmer darnieder. Mich langweilend, vertrieb ich die Zeit mit Radiohören. Es war der 5. März 1953, ein Donnerstag. Wiederholt Unterbrechungen im Programm. Bedenklich sei Stalins Gesundheitszustand, so die übereinstimmenden Kommentare. Vier Tage zuvor ein Schlaganfall. Jetzt Gehirnblutung. Tod am Abend. Es war der Anfang vom Ende des Stalinismus.

Warnschüsse im Zentrum

Dann der 17. Juni 1953, ein Mittwoch. Nach Schulschluss sah ich, inzwischen von Bischofswerda nach Cottbus „umgesiedelt" (was mir gar nicht gefiel), sahen wir russische Panzer auffahren und die großen Kreuzungen blockieren. Für uns eine Mischung aus Spannung und Bedrohung. Erst allmählich begriffen wir, dass Großes im Gange sein musste. So war von zum Altmarkt Eilenden zu hören: „Volksaufstand!" Oder: „DDR am Ende!" Und das nach vier Jahren seit der Gründung. Als wir im Zentrum ankamen, hatte ein Aufgebot der Volkspolizei Absperrungen eingerichtet. Warnschüsse waren zu hören.

Ausgelöst war die Erhebung von Streikenden des Reichsbahn-Ausbesserungswerkes (RAW), die jetzt durch die Straßen zogen. Ihnen folgten Angehörige von über 20 Unternehmen. Ein Panzer stand zum Schutz der SED-Parteizentrale quer auf der Bahnhofstraße. Im Bezirk Cottbus sollen um die 40 000 Streikende gezählt worden sein. Brennpunkte waren neben anderen Lübben, Lübbenau, Lauchhammer und Finsterwalde.

Der Befehl von Oberst Protassow

Das Aufbegehren gipfelte in diesen Forderungen, verfasst vom RAW-Streikkomitee der 2500 Mitarbeiter: Rücktritt der Regierung, Senkung der Arbeitsnormen (gegen gesteigerte Leistung zum gleichen Lohn) und 40-prozentige Senkung der Lebensmittelpreise in den Läden der HO, der staatlichen Handelsorganisation, Freilassung politischer Häftlinge, Wegfall der Zonengrenze, Abzug aller Besatzungsmächte, Abschluss eines Friedensvertrages mit Deutschland.

Dem begegnete der Militärkommandant des Bezirkes Cottbus, *Oberst Protassow*, mit dieser weithin plakatierten Verfügung: „Erklärung des Ausnahmezustandes zur Aufrechterhaltung der Ordnung und Sicherheit der Bevölkerung wird befohlen: 1. Ab 21 Uhr des 17. Juni 1953 wird im Bezirk Cottbus der Ausnahmezustand verhängt. 2. Alle Demonstrationen, Versammlungen, Kundgebungen und sonstige Menschenansammlungen über drei Personen werden auf Straßen und Plätzen wie auch in öffentlichen Gebäuden verboten. 3. Jeglicher Verkehr von Fußgängern und der Verkehr von Kraftfahrzeugen und Fahrzeugen wird von 21 Uhr abends bis 5 Uhr morgens verboten. Das Betreten der Straßen ist in der angegebenen Zeit nur mit Passierscheinen gestattet. 4. Die gesamte Bevölkerung des Bezirkes Cottbus wird aufgefordert, den Staatsorganen und der Volkspolizei bei der Feststellung und der Festnahme von Provokateuren und anderen, die öffentliche Ordnung gefährdenden Elementen Hilfe zu leisten. 5. Diejenigen, die gegen diesen Befehl verstoßen, werden nach den Kriegsgesetzen bestraft."

All das betraf gleichermaßen die Aufständischen von mehr als einer Million in über 700 Städten und Gemeinden sowie in 167 von 217 Kreisen. Aus Bischofswerda, dem beschaulichen Städtchen, ist nichts aktenkundig, dann eher schon im nahen Dresden, auch in Leipzig, Erfurt und Görlitz. Der Ausnahmezustand währte bis zum 11. Juli des Jahres. Danach übergab die sowjetische Militärmacht die Regierungsgewalt wieder an die damals im Westen noch „Ostzone" genannte DDR.

Schnitzlers Kommentar, Barthels Scham, Brechts Lösung

Die staatlich gelenkten Medien versahen die Ereignisse vom 17. Juni als „vom „Westen gezielt provozierte Ereignisse". Bezeichnend hierfür die „Einschätzung" des Rundfunk und Fernseh-Journalisten *Karl-Eduard von Schnitzler* (1918-2001):

„...unter Missbrauch des guten Glaubens eines Teils der Berliner Arbeiter und Angestellten, gegen grobe Fehler bei der Normerhöhung mit Arbeits-niederlegungen und Demonstrationen antworten zu müssen, wurde von bezahlten Provokateuren, vom gekauften Abschaum der Westberliner Unterwelt ein Anschlag auf die Freiheit, ein Anschlag auf die Existenz, auf die Arbeitsplätze, auf die Familien unserer Werktätigen versucht."

Karl-Eduard von Schnitzler, Chefkommentator von Rundfunk und Fernsehen.

Bemerkenswert war am 20. Juni der Beitrag „Wie ich mich schäme" im „Neuen Deutschland", Zentral-organ der DDR-Staatspartei, nach der gewaltsamen Niederschlagung des Aufstandes durch sowjetisches Militär und Kasernierte Volkspolizei. Gerichtet an die am Streik beteiligte Ost-Berliner Bauarbeiter, hieß es unter anderem: „Da werdet ihr sehr viel und sehr gut mauern und künftig sehr klug handeln müssen, ehe euch diese Schmach vergessen wird. Zerstörte Häuser reparieren, das ist leicht. Zerstörtes Vertrauen wieder aufrichten ist sehr, sehr schwer." Verfasser des Artikels war *Kurt Barthel* (1914-1967), bekannt als KuBa, Erster Sekretär des DDR-Schriftstellerverbandes und Nationalpreisträger.

Das wollte der aus Augsburg stammende und seit 1950 in Buckow am Schermützelsee

Das Logo der Sendung im Fernsehen der DDR.

nahe Berlin residierende *Bertolt Brecht* (1898-1956) nun wirklich nicht unkommentiert lassen. Er, der Dramatiker, Librettist und Lyriker, machte aus seiner Haltung zum „Vertrauen" keinen Hehl, was sich im Gedicht „Die Lösung" manifestierte: „Nach dem Aufstand des 17. Juni /Ließ der Sekretär des Schriftstellerverbandes /In der Stalinallee Flugblätter verteilen /Auf denen zu lesen war, daß das Volk /Das Vertrauen der Regierung verscherzt habe /Und es nur durch doppelte Arbeit/Zurückerobern könne. Wäre es da /Nicht doch einfacher, die Regierung /Löste das Volk auf und /Wählte ein anderes?"

Eine Empfehlung an die Regierung: Bertolt Brecht.

Quellen: Lausitzer Rundschau LR online, 17.6.2017: Warnschüsse, Panzer und Ausnahmezustand. Erich Schutt, Fotograf. – Robert Büschel, Stadtmuseum Cottbus. – Karl-Eduard von Schnitzler: Der Anschlag auf die Freiheit ist gescheitert. DDR-Rundfunk, 18.6.1953. – Bert Brecht. Gedicht: Die Lösung. In: Buckower Elegien, 1953. In: Ausgewählte Werke in sechs Bänden. 3. Band: Gedichte 1. Suhrkamp Verlag, Frankfurt am Main, 1997. – KuBa: Wie ich mich schäme! In: Neues Deutschland, 20.6.1953, S.3.

Schnaps für die russischen Rotarmisten. Buntmetall à la Zappzarapp. Sammeln der „Zehnstreifen-Leichtfüße".

Aktion Taschengeld: Flachmänner und Kartoffelkäfer

Schon sehr früh war ich angehalten, mir ein Taschengeld selbst zu verdienen. Ausnahmen eher bescheidenen Ausmaßes waren bestenfalls besondere Anlässe, wie beispielsweise ein erfreuliches Zeugnis. In der Summe reichte das gerade für die Erfüllung kleiner Wünsche. Als jedoch hoch erfreulich erwiesen sich für mich und meine Freunde die im Volksjargon genannten „Muschkoten" von der Kaserne an der Hermann-Löns-Straße, Ecke Dresdener Straße. Es waren die ranglosen, die einfachen Soldaten der Roten Armee, die im Gegensatz zu den Offizieren keinen Ausgang hatten. Wenn die „Iwans", wie wir sie nannten, am umzäunten Bereich der Garnison erschienen und winkten, dann war unsere Hilfe vonnöten. Durch den Maschendraht schoben sie voller Vertrauen das nötige Geld für die Beschaffung schnapsiger „Flachmänner"; dabei auch gleich das Trinkgeld. Wir haben sie nicht enttäuscht und umgehend vom nahen Kiosk für Getränke, Tabakwaren und Zeitungen gegenüber vom Sportzentrum beschafft und geliefert.

Schrott von besonderem Wert

Um bei der Kaserne zu bleiben, irgendwann hatten wir im unübersichtlichen hinteren Bereich, wo die Panzer parkten, eine Art Schrottplatz entdeckt. Mal sortiert, mal kreuz und quer. Und der Schrott war teilweise farbig. Mit einem Wort: Buntmetall! Wir wussten: Das war von Wert und dafür gab's richtig Geld. Für die Annahmestelle, vergleichbar mit dem Wertstoffhof von heute, war das die reine Freude, weil dringend

Kinder sammelten Papier, Glas und Buntmetall.

benötigt in der devisenarmen DDR. Und für uns sowieso. Hin und wieder patrouillierte ein Rotarmist durchs Gelände. Wenn wir uns an den Metallhaufen wagten, musste einer „Schmiere" stehen, damit wir nicht aufflogen, mit dem Gewehr im Anschlag gestellt zu werden und nach Verhören bei der Volkspolizei zu landen. Die Folgen wollten wir uns erst gar nicht ausmalen. Doch es ging ein paar Tage gut. Was wir akquirieren konnten, Methode Zappzarapp, war nicht sonderlich viel vom so genannten „Sekundärrohstoff" aus Blei, Zink, und Kupfer beispielsweise, oder Legierungen, wie Messing und Bronze. Ein Hilfsmittel zum Transport hatten wir (noch) nicht, also blieb nur das mühsame Wegtragen im Eiltempo. Die Idee dann: Ein Leiterwagen musste her, mittelgroß, nicht zu auffällig. Einer von uns konnte damit dienen. Umgehend im Einsatz. Voll beladen, den Beutezug für gut befunden, doch letztlich zu gut – das hölzerne Vehikel brach krachend zusammen. Damit des Ungemachs nicht genug: In Sicht zwei herbeieilende Soldaten. Blitzschnell aus dem Staub gemacht, wussten wir, dass das Schrott-Eldorado womöglich künftig besser bewacht werden dürfte. Und so kam es dann auch.

Ranglose russische Soldaten in den historischen Uniformen von 1945.

Ganz nach dem Motto „Schließt sich eine Tür, öffnet sich eine andere" entdeckten wir eine andere, nicht ganz so erlösreiche

Variante der Altstoff-Beschaffung: Papier in jeglicher Art, Pappen, Kartons und manch anderes mehr. Die Idee erwuchs zur täglichen guten Tat: Wir boten, im Besonderen älteren Leuten, das unentgeltliche Wegbringen des nicht mehr Benötigten an. Das funktionierte, florierte und war zudem noch versehen mit herzlicher Danksagung von den so unverhofft beglückten Mitbürgern.

Zwickauer Schulklasse in Aktion.

Den schwarzgelben Schädlingen auf der Spur

Ein paar Groschen und manche Mark fielen beim Teppichklopfen ab. Auch beim Einschaufeln der vor den Kellerluken abgeladenen Kohle. Erfreulich, wenn auch mühsam, das waren im September die einwöchigen Kartoffelferien bei den Bauern, später vereinigt in den Landwirtschaftlichen Produktionsgenossenschaften (LPG). Fürs Sammeln der Knollen pro Korb waren 50 Pfennig verdient. Da kam schon etwas zusammen. Die Verpflegung konnte sich sehen lassen. Herrlich das frische Butterbrot, belegt mit Schinken oder nicht gerade dünnen Wurstscheiben. Auch die Übernachtung in den Heuscheunen vor Ort, das war das pure Vergnügen mit einem Hauch von Abenteuer.

Für einen Zugewinn sorgte auch der Kartoffelkäfer, der Leptinotarsa decemlineata, der „Zehnstreifen-Leichtfuß", mit dem die DDR-Landwirtschaft im Verlauf der

1950er Jahre zu kämpfen hatte. Schüler und Studenten wurden ins Feld abkommandiert, um fleißig der fressgierigen Schädlinge in Gelb mit schwarzen Längslinien Herr zu werden. Pro gesammelten Käfer gab es ebenfalls 50 Pfennig.

Für die Plage machte die Staatsführung in Ost-Berlin aus Propagandazwecken die USA verantwortlich. „Begründet" wurde das mit dem angeblichen Abwurf aus deren Air-Force-Transportmaschinen. Hierzu eine Titelzeile der Zeitung „Neues Deutschland", dem SED-Zentralorgan: „Außerordentliche Kommission stellt fest: USA-Flugzeuge warfen große Mengen Kartoffelkäfer ab." Verstärkt wurde die Wirkung der „Nachricht" mit diversen Kampagnen, die den „Amikäfer" als „Saboteur in amerikanischen Diensten" benannten, als „biologische Waffe zur Sabotage der sozialistischen Landwirtschaft". Ob der dem Regime damals zugeneigte Bertolt Brecht dieser Legende erlag, ist nicht schlüssig belegt. Dafür zumindest sein Gedicht *Für den Frieden,* in dem es heißt: „Die Amiflieger fliegen/silbrig am Himmelszelt/Kartoffelkäfer liegen/in deutschem Feld."

Quellen: Halt, Amikäfer. Dokumente zum Kartoffelkäferabwurf. Amt für Information der Regierung der Deutschen Demokratischen Republik. Ost-Berlin 1950. – Monatszeitschrift G/Geschichte Nr. 6/2020. Artikel: Eine gefräßige Biowaffe des Westens. – Die Käferwaffe. Stimmt's? Christoph Drösser. Die Zeit Nr. 33/2002.

Als Pedalritter zum Großvater. Die Fußball-Weltmeisterschaft 1954: Bischofswerda, ein Städtchen im Freudentaumel. Unsere Helden des Sports.

Mit dem Fahrrad frei wie ein Vogel

Es müssen gut zwei Jahre gewesen sein, wenn nicht noch ein weiteres, bis ich endlich vom Ersparten den bis dahin größten Wunsch Wirklichkeit werden

Blick auf Bautzen: St. Petri und Wasserturm.

lassen konnte – ein Touren-Sportrad (Fabrikat *Möve*), blitzblank und nagelneu. Der Preis: um die 350 DDR-Mark. Vom Erlebnis her war das im späteren Leben in Westdeutschland vergleichbar mit dem Kauf des ersten Autos, eines gebrauchten. Das allerdings gab nach kurzer Zeit den (Motor-)Geist auf. Mit um die 1200 DM hatte ich als Jungredakteur ein strammes Lehrgeld bezahlt.
Mit dem Rad fühlte ich mich frei wie ein Vogel, unternahm von Mal zu Mal immer größere Touren im Umkreis von 40 Kilometern, trainierte für den großen Ausflug nach Bischofswerda zum Großvater. Mit dreizehn dann zum ersten Mal mit der

Mutter Erlaubnis, wenn auch nicht ohne Bedenken. Sommer, Sonne, Ferien. Aufbruch in Cottbus am frühen Morgen. Nach 12 Kilometern die erste Überwindung des Schäferbergs vor Spremberg, ohne abzusteigen.

Eben die Strecke über Hoyerswerda und Königswartha bis Bautzen. Von dort an eine Berg- und Talfahrt um die noch 20 Kilometer im Vorgebirge des Lausitzer Berglands über Göda und das steinreich florierendem Dorf Demitz-Thumitz, aus dem die Großmutter stammte, Tochter des Unternehmers Greiner in Sachen

Glas und Granit. Die letzte Steigung dann hoch zur Kaserne und schließlich noch fünf Minuten über einen Feldweg zum Ziel, wo mich der Großvater schon am Gartenzaun erwartete. Wann immer ich in den Ferien anradelte, das Willkommen war stets begleitet mit diesen Worten: „Jetzt hast du wieder einmal seit Cottbus 230 Höhenmeter auf fast hundert Kilometern bewältigt." Ein schönes Kompliment, auf das ich jedes Mal von Neuem ziemlich stolz war.

Täve Schur und Helmut Recknagel

Es war die Zeit, als wir einen ganz Großen im Sport, einem Helden gleich, glühend verehrten. Es war der Radrennfahrer *Gustaf Adolf Schur,* Jahrgang 1931, aus Biederitz-Heyrothsberge, Keis Jerichow im Magdeburger Land. Ihm fühlten wir uns verbunden. Ihm, dem „Täve" (als Spitzname von Gustav abgeleitet), der von Sieg zu Sieg fuhr. Sei es auf den internationalen „Friedensfahrten" über Berlin, Prag und Warschau oder die gewonnene Weltmeisterschaft der Amateure. Nicht zu vergessen die neunmalige Ehrung zum „Sportler des Jahres". Und nicht zu schweigen von seiner gewinnenden Ausstrahlung, wie es sich unsereins von einem Idol nur wünschen konnte.

Ein Weiterer am Himmel unserer Helden, das war *Helmut Recknagel,* der Skispringer, geboren 1937 im thüringischen Städtchen Steinbach-Hallenberg. Der gelernte Werkzeugmacher flog mit nach vorn

Berühmt geworden mit der „Superman"-Pose.

ausgestreckten Armen, der damals übliche Stil in der so genannten „Superman"-Pose. Lang ist die Liste seiner Erfolge. Ein Auszug: Dreimal Sieger der Vierschanzentournee, Sportler des Jahres, Gold bei den Olympischen Winterspielen in Innsbruck, zweimal bei den Nordischen Skiweltmeisterschaften und dreimal bei den nationalen Meisterschaften. 2011 die Aufnahme der Einzug in die *Hall of Fame des deutschen Sports.* Seit 2015 im Sport- und Seminarzentrum Glockenspitze im Westerwälder Altenkirchen. Ursprünglich wollte er, der erfolgreichste Sportler in der Disziplin des Skisprungs, Fußballer werden. Einer wie *Fritz Walter,* der Weltmeister vom FC Kaiserslautern.

Das Wunder von Bern

Der 4. Juli 1954. Bern, das Wankdorfstadion. Endspiel der Fußball-Weltmeister-schaft: Die bundesdeutsche Nationalmannschaft gewann als Außenseiter unter der Führung des 34jährigen Fritz Walter mit 3:2 gegen die favorisierten Ungarn. Es war das in die Geschichte eingegangene „Wunder von Bern". Selbst damals kein sonderliches Interesse am Fußballgeschehen, wusste ich an diesem späten Nachmittag auch nichts vom Finale in der Schweiz. Das änderte sich schlagartig, als ich am frühen

Die Kaiserslauterer Helden der Weltmeisterschaft von Bern (von links): Werner Liebrich, Fritz Walter, Werner Kohlmeyer, Horst Eckel und Ottmar Walter.

Abend in Bischofswerda auf dem Heimweg war. Menschenleer die Straßen, dafür volle Radio-Lautstärke aus geöffneten Fenstern. Und dann der nicht enden wollende Jubel über den Sieg. Die Leute eilten aus den Häusern, versammelten sich auf den Straßen und Gassen, fielen sich in die Arme und sangen die in der DDR streng untersagte erste Strophe vom *Lied der Deutschen:* „Deutschland, Deutschland über alles, über alles in der Welt, wenn es stets zum Schutz und Trutze brüderlich zusammenhält, von der Maas bis an die Memel. Von der Etsch bis an den Belt – Deutschland, Deutschland über alles, über alles in der Welt."
Das Gedicht verfasste *August Heinrich Hoffmann von Fallersleben* (1798-1874) anno 1841 auf der Nordseeinsel Helgoland. Ausdrücklich versah es der Hochschullehrer für Germanistik, Dichter und Sammler alter Schriften mit der

Eines der Wahrzeichen des Saarlandes: Die berühmte Saarschleife bei Mettlach.

Melodie von „Gott erhalte Franz, den Kaiser". Die Komposition stammte von *Joseph Haydn* (1732-1809). Er zählte mit Wolfgang Amadeus Mozart und Ludwig van Beethoven zur Wiener Klassik. Erhoben wurde das Lied mit allen drei Strophen 1922 zur Nationalhymne der Weimarer Republik. Im Dritten Reich (1933-1945) blieb es bei der ersten, in der Bundesrepublik seit 1952 und 1991, ein Jahr nach der Wiedervereinigung Deutschlands, bei der dritten: „Einigkeit und Recht und Freiheit für das deutsche Vaterland! Danach lasst uns alle streben brüderlich mit Herz und Hand! Einigkeit und Recht und Freiheit sind des Glückes Unterpfand. Blüh´ im Glanze dieses Glückes, blühe deutsches Vaterland." Das Absingen der ungeschützten ersten Strophe ist übrigens nicht verboten. Es gilt aber als unerwünscht ob der negativen Reaktionen im In- und Ausland.

Eine kleine Wiedervereinigung

Nach dem Zweiten Weltkrieg (1939-1945) war das Saarland französisch geworden. Die Volksabstimmung von 1955 führte am 1. Januar 1957 zur Eingliederung in die Bundesrepublik Deutschland als elftes Bundesland, gefeiert als die „kleine Wiedervereinigung". Das forderte die Kritik der 1949 gegründeten DDR heraus. Im Zentralorgan der Staatspartei „Neues Deutschland" hieß es, dass das Saarland zu ganz Deutschland gehöre. Außerdem sei die DDR weder informiert noch gefragt worden. Interessant in diesem Zusammenhang der Hinweis auf den Text der Nationalhymne, verfasst von Johannes R. Becher (1891-1958): „Auferstanden aus Ruinen und der Zukunft zugewandt, lass uns dir zum Guten dienen, Deutschland *einig* Vaterland." Mit der „Einigkeit" war es allerdings ab 1970 vorbei. Gesungen wurde von da an nicht mehr. Es blieb bei der Instrumentalfassung von Hanns Eisler (1898-1962). Mit der Wiedervereinigung Deutschlands am 3. Oktober 1990 war dann *diese* Hymne Geschichte.

Bill Haley und Elvis Presley. Rock `n` Roll. Die Idole vom Film:
James Dean und Marlon Brando, Brigitte Bardot und Gina Lollobrigida.

Sound der Rebellion und die Helden der Leinwand

Nach einem wilden Rock-Star sah der leicht zur Korpulenz neigende Sohn sehr
musikalischer Eltern, Vater spielt Banjo, die Mutter Klavier, im amerikanischen
Bundesstaat Michigan nun gerade nicht aus. Eher geschniegelt und gestriegelt. Kurz
und ordentlich frisiert das Haar, kennzeichnend die Stirnlocke, die „Schmalztolle",
die erst durch ihn Berühmtheit in der Nachahmung erlangte. Mit Schlips und Kragen
war er unterwegs. Auf der Bühne trat er mit karierter Jacke und Fliege auf. Kurz und
gut: Er, *Bill Haley* (1925-1981), er war es, der den Rock `n` Roll aus der Taufe hob.
Das gelang ihm mit „Rock Around The Clock": Gleichsam wie ein Komet schlug
der Titel ein, erschaffen in der hämmernden und entfesselnden Mischung aus Rythm

and Blues der Farbigen
nebst Country und Dixie-
land. Befördert hatte den
Hit der amerikanische
Kinofilm „Die Saat der
Gewalt" (1955), eingebun-
den im Vorspann und als
Hintergrundmusik   am
Ende. Ein Jugenddrama
die Handlung. Das war
auch im westdeutschen
Schwarz-Weiß-Streifen
„Die Halbstarken" im Jahr
darauf mit *Horst Buchholz*
und *Karin Baal* der Fall.
Die Kritik würdigte ihn als
einen der größten Nach-

Bill Haley und Ehefrau.

kriegserfolge. Das galt zudem für *James Dean* (1931-1955), den Jungen aus Indiana,
der wie aus dem Nichts in den Himmel unserer Helden aufgestiegen war, damals *das*
Filmidol überhaupt, international. Ein jeder von uns wollte so sein wie er – lässig in
Lederjacke und Jeans, die Zigarette im Mundwinkel. Aufbegehrend und wenn
aufgebracht, keinem Streit aus dem Weg gehend. Sein gewinnendes Lächeln, ein Teil
seiner Ausstrahlung. Es war der Film „Denn sie wissen nicht, was sie tun", der den
Nachruhm begründete und er somit als ewig jung in Erinnerung blieb. In die Kinos
kam der Streifen erst ein Jahr nach seinem Tod mit 24; auf einer Kreuzung war ihm
in seinem Porsche die Vorfahrt genommen worden.

Ausbruch vom Alltagsleben

Schlagartig war den „Halbstarken" eine Musik zum bislang unterdrückten Aufgebehren beschert worden. Sie hatten ihren ganz eigenen Sound gefunden, gleich einem Ausbruch vom Alltagsleben. Zudem ein Aufbäumen gegen die starren Regeln der Elterngeneration, die Rock `n` Roll als „Buschmusik" verachtete. Mehr noch im DDR-Land: Der staatstragenden SED (Sozialistischen Einheitspartei Deutschlands) ging es vorsorglich um das Nachstellen von kritischen Geistern und Andersdenkenden. Der junge Mensch sollte hingegen fleißig, lernbe-

James Dean.

gierig, diszipliniert, sportlich sein, sozialistisch leben eben und sich führen lassen. Da grüßte schon mal die 1956 gegründete Nationale Volksarmee (NVA). Und das immer eingedenk trotz des doch so wunderbaren Schutzschirms, aufgespannt vom „heroischen Brudervolk" der Sowjetunion. Es stand übrigens mit etwa 500 000 Mann unter Waffen auf ostdeutschen Grund und Boden, parat für den Fall der Fälle. Die Staatsführung wollte sich einen 17. Juni von 1953 nicht noch einmal leisten.

Der neue Zeitgeist

Der Sound der Rebellion begann sich Bahn zu brechen. Was da außer Rand und Band geschah, belächelt oder verurteilt, das war ein neuer Zeitgeist. Die jungen Leute, die Oberschüler, Studenten, die Auszubildenden, nahmen nicht mehr alles für bare Münze. Manches war der pure Widerspruchsgeist, wider den Stachel der Bevormundung löckend. Kaum zu ertragen die hohlen Phrasen auf Parteitagen, Transparenten, auf Wänden und Dächern. Beispiele: „Glühende Patrioten für unsere Heimat sollen wir sein – für den Aufbau des Sozialismus." – „Der Sozialismus, das ist die glückliche Zukunft der Menschheit." – „Lernt von Lenin und Stalin, wie man arbeitet, kämpft und *siegt.*" Das war unlängst noch am 17. Juni 1953 bei der Niederschlagung des Arbeiteraufstands unter Beweis gestellt worden, mit Panzern und scharfen Schüssen. – „Mein Arbeitsplatz, mein Kampfplatz für den Frieden."- „Die Sowjetarmee, die unbesiegbare Hüterin des Friedens." – „Wir gehören zu den Siegern der Geschichte." – Am Strand von Zinnowitz dieser Appell: „Völker der Ostsee! Seid wachsam! Der westdeutsche Militarismus bedroht die Sicherheit unseres Landes." – „Die Jugend des Kreises der Steinkohle verwirklicht den Zwickauer Plan und schreitet zum Aufbau des Sozialismus voran."

Der bittere Nachtrag, der Schicksalsschlag zum Zwickauer Grubenunglück am 22. Februar 1960, dem schwersten in der DDR-Geschichte: Schlagwetter und Kohlenstaubexplosion mit nachfolgendem Grubenbrand in 1000 Metern Tiefe. 123 Bergleute kamen ums Leben, 40 konnten gerettet werden. Ausrufung der Staatstrauer, einhellig getragen von der Bevölkerung.

Fürs Leben lernen

Gegen diese Feststellung in der Flut der sozialistischen Parolen war allerdings nichts einzuwenden: „Nicht für die Schule, sondern für das Leben lernen wir." Ebendie stammte übrigens vom römischen Philosophen und Schriftsteller *Lucius Annaeus Seneca* (1-65 der neuen Zeitrechnung), wenn auch in der umgekehrten Version: „Non vitae sed scholae discimus – Nicht fürs Leben, sondern für die Schule lernen wir." Damit prangerte er im Briefwechsel mit einem seiner Schüler den Missstand des damaligen Lehrens am praktischen Leben an. Ein Schelm, wer da an verordneten sozialistischen Gleichschritt denkt. *Quelle:* Annaei. Senecae epistularum moralium ad Lucilium liber septimus decimus et octavvs decimvs. The latin library.

Veränderung im Aussehen

Marlon Brando, der Rebell.

Das neue Lebensgefühl von und mit Rock ̀n` Roll veränderte uns Halbstarke im Aussehen, abwertend auch Rowdys oder Rabauken, im Westen nach amerikanischem Vorbild längst Teenager (13 bis 19 Jahre) genannt. Lederjacke und Jeans, damals hießen sie noch Niethosen, waren jetzt zum persönlichen Erscheinungsbild geworden. Selbst hatte ich mir eine aus West-Berlin mitbringen lassen, per Ratenzahlung „abgestottert" – eine schwarze mit rotem V auf dem Rücken. Mein ganzer Stolz. Dann war ich meinem Idol sehr nahe: *Marlon Brando* mit dem Film „Die Faust im Nacken". Blue Jeans besorgte ich mir während meines ersten West-Ausflugs in die geteilte Berliner Metropole. Frisiert jetzt das Haar mit viel Pomade, auf-gebürstet und bis zum Hinterkopf zum

Brigitte Bardot.

Gina Lollobrigida.

„Entenschwanz" geformt. Zur Erhellung des Hintergrunds: Seinerzeit war der ungehinderte Grenzübertritt von Ost nach West noch möglich: West-Berlin, das war die von der DDR und Ost-Berlin abgeschottete Insel, für Millionen das „Tor zur Freiheit". Das sollte sich schlagartig über Nacht am 13. August 1961 mit dem Mauerbau für fast drei Jahrzehnte schließen.

Pony und Pferdeschwanz

Bei den Mädels war die Zeit der Zöpfe weitgehend vorbei. Angesagt Pony und Pferdeschwanz. Figurbetont die modische Ausrichtung. Anregungen lieferten Frankreichs *Brigitte Bardot* („Und immer lockt das Weib"), ebenso Italiens *Gina Lollobrigida* („Liebe, Brot und Fantasie"), atemberaubend in ihren Kinofilmen. Eine Renaissance erlebten die Petticoats, schon im 16. Jahrhundert weit verbreitet. Abfallend von der eng gehaltenen Taille und hüftbetont, dienten sie formunterstützend den weiten Röcken, verziert mit Spitzen und Rüschen. 1947 kreierte der französische Modeschöpfer *Christian Dior* die berühmt gewordene „Blütenkelchlinie". Sie passte aufs Schönste zum Rock `n` Roll, hervorgegangen aus dem flotten Boogie-Woogie, mit all seinen Tanzbewegungen bis ins Artistische; allemal überaus sportlich, vom Überschlag ganz abgesehen.

Umzingelt von der Konkurrenz

Rocking und Rolling. Ein Höhepunkt jagte den anderen. Bill Haley schien geradezu von der singenden Konkurrenz umzingelt, auch wenn es nicht wirklich eine war. Ein jeder der Protagonisten konnte kaum als Kopie gewertet werden, da ganz eigen, unverwechselbar. Und das allein schon vom Äußeren her, von der Stimmlage sowieso. Zu erleben waren sie übers weit in die DDR hineinreichende Westfernsehen, sofern man eines der sündhaft teuren TV-Geräte besaß. Kein Empfang jedoch im Elbkessel von Dresden, dem „Tal der Ahnungslosen", auch in der Oberlausitz. Bestens bedient

Durchbruch 1956: Jailhouse Rock.

wurden wir jedoch von den Radiosendern AFN (American Forces Network), RIAS (Rundfunk im amerikanischen Sektor) und SFB (Sender Freies Berlin). Nicht zu vergessen seit 1957 das deutschsprachige Programm von Radio Luxemburg. Hochkonjunktur hatten der Handel „unter der Hand" mit Schallplatten, begehrt seit 1956 dann auch das Jugendmagazin *BRAVO*.

Elvis im Kirchenchor

Der zur Vielfalt aufzunehmenden Faden zur neuen Sangeskultur ließe sich aus der Erinnerung mit *Chuck Berry* („Roll over Beethoven", „Back in the USA") aufnehmen. Unvergessen *Little Richard* („Tutti Frutti", „Good Golly Miss Molly") und *Buddy Holly* („Peggy Sue", „That`ll be the day"). Und dann schon kam *er*, der 1935 in East Tupelo, Mississippi, Geborene, aufgewachsen inmitten des Südstaaten-Schmelztiegels von Schwarz und Weiß: *Elvis Presley,* Sohn eines Baumwollpflückers und Fabrikarbeiters und einer Näherin. Bescheiden die Verhältnisse, noch ohne Radio. Gospel-Gesang mit Freunden tröstete über den Mangel an Unterhaltung hinweg. Und der Kleine, eher von etwas schüchterner Natur, sang dann fröhlich mit. Schon in der Grundschule ob seiner Neigung zur Musik auffällig geworden, war der Kirchenchor gerade richtig. Irgendwann kratzten die Eltern Vernon und Gladys das letzte Geld zusammen und schenkten ihm eine Gitarre. Erster Platz auf einem Talentwettbewerb. Da konnte er noch nicht ahnen, dass er einmal zum Idol und Symbol eines Lebensgefühls einer ganzen Generation werden sollte. Erfreulich der Schulabschluss: High-School-Diplom. Danach der erste Job bei einem Reparaturservice für Maschinen. Dann Nachwuchs-Trucker, Leben mit dem Lkw. Zu Mutters Geburtstag besang er eine Schallplatte auf eigene Kosten. Der Titel: „That`s Allright Mama".

Elvis und der Durchbruch

Es dauerte nicht mehr lange, bis Elvis nach vielen kleinen Auftritten entdeckt wurde. Schwarz jetzt das Haar, lang die *sideburns,* die Koteletten, körperbetont Hemden und Hosen; gewandet oft in Schwarz, auch ganz in Leder. Und bis dahin Sensationelles, was ihm den Spitznamen „Elvis the Pelvis" (Elvis, das Becken) einbrachte: Hüft-

und Beinbewegungen im Rhythmus seiner Songs im Vier-Viertel-Takt – dynamisch-erotisch und voll der Emotionen. Der Durchbruch gelang unter anderem mit „Heartbreak Hotel", „Hound Dog", „Jailhouse Rock" und „Teddy Bear". Elvis war angekommen, am 8. Januar 1956 gerade erst 21 geworden Er, der „King of Rock `n` Roll", getragen von der Begeisterung einer Jugend, die ihren Helden und symbolischen Fahnenträger gefunden hatte. Ich gehörte dazu.

Im Kriegsfall an die Front

Der Mutter gefiel`s ganz und gar nicht. Ihr Entsetzen fand Ausdruck in einer außergewöhnlichen Aktion: Sie warf meine kleine Plattensammlung aus dem Fenster. Zum Glück fielen sie auf einen Rasenstreifen vor dem Haus. Eingesammelt und fortan versteckt. Herausgeholt und immer aufgelegt, wenn allein. Volle Lautstärke. Weit geöffnet dann die Fenster mit Blick auf die Kaserne gegenüber. Das freute unsere „Iwans", die sich alsbald am Zaun versammelten. Und das begeistert von dem, der einmal gestanden hat: „Ich singe aus dem Bauch heraus, aus den Schuhsohlen." Zitiert nach Adam Victor, The Elvis Encyclopedia, Seite 558. Overlook Duckworth, Illustrated Edition, 2008.

Der Großvater, den ich beim nächsten Besuch in Bischofswerda mit Elvis beglücken wollte, meinte nur trocken nach dem Abspielen der dritten Scheibe: „Diesen Super-Ami sollte man im Kriegsfalle an den Fronten singen lassen; die Kampfhandlungen würden dann sicher auf beiden Seiten eingestellt." Und wieso? „Der musikalischen Verbrüderung wegen." Was war ich stolz auf ihn, noch heute!

Mutter übrigens wandelte sich einem Chamäleon gleich: Jahre später fand sie diesen doch ehemals so „unerträglichen" Elvis einfach großartig. Besonders angetan hatte ihr 1969 „In the Ghetto". Im „Lexikon der berühmten Popsongs" würdigen die Autoren Fischer und Prescher den außergewöhnlichen Hit: „Die Gefahr, dass der Song kitschig oder gefühlsduselig klingt, ist groß; doch Presleys warme, soulige Stimme ist voller Einfühlungsvermögen; sie zeigt Zuneigung für den unweigerlich kriminell werdenden ‚angry young man', den zornigen jungen Mann, der mit dem Gesicht nach unten auf der Straße liegend stirbt."

Rückfahrt und Abschied

Es war der 16. August 1977. Rückfahrt von Küssaberg am Hochrhein an der Schweizer Grenze nach Düsseldorf nach einem Besuch bei *Peter O. Gern*, meinem väterlichen Freund. Es muss irgendwann am späten Nachmittag gewesen sein nahe Karlsruhe, als im Radio die Meldung kam: „Elvis Presley ist tot. Mit 42. Verstorben 13.30 Uhr auf seinem Anwesen Graceland in Memphis, Tennessee." Wie von einem Schlag gerührt, runter von der Autobahn auf den nächsten Parkplatz. Fassungslos verharrend, der Südwestfunk hatte das Programm ausschließlich auf Elvis umgestellt, ließ Hit auf Hit erklingen. Erst nach etwa einer Stunde fuhr ich weiter.

Rätselhaftes im Zeugnis und um ein Gotteswort. Die aufrüttelnde Predigt. Tröstliches an der Spree. Erinnerung an das Bombardement auf Cottbus.

Schulabschluss, Konfirmation und der Superintendent

Zurück ins Jahr 1956. Die erste große Hürde im Schulleben war genommen. Abschluss der achten Klasse Grundschule I b mit „Sehr gut" bestanden. Jahre zuvor sah das nicht so erfreulich aus. Das änderte sich allmählich zum Besseren, als Mutters geniale Idee in mein kultiviertes Spätentwickler-Verhalten, Motto „Schule ist langweilig", auf die Sprünge half: An einem heißen Sommertag führte sie mich zu einer nahen Baustelle, wo schweißüberströmte Männer mit freiem Oberkörper im Lärm ohrenbetäubender Presslufthämmer schufteten. Das blühe mir auch, so der als Drohung durchaus verstandene Hinweis. Zugegeben, ich war irgendwie beeindruckt und gelobte Besserung. Auch im Betragen, nunmehr „Gesamtverhalten" benannt. War es ehemals eine Vier („Ulrich fiel des Öfteren aus dem Rahmen!"), nun immerhin eine befriedigende Drei. Georg Wachholz, mein Klassenleiter, wusste mir zudem „Selbstständiges Urteil" zu bescheinigen. Das war nun wirklich eine freundliche Umschreibung des Widerspruchs, wenn der Schüler mit dem Lehrer nicht immer übereinstimmte. Der schöne Vermerk „Zuverlässigkeit und Sauberkeit" war dann fast schon des Guten zu viel. Ein Weiteres dann im Zeugnis die

Arbeiter mit dem Presslufthammer: Mutters Warnung zum Thema „Schule ist langweilig."

Berufsangabe meines Vaters: „verm.(isst) Musiker". Im Familienstammbuch, Eintrag 11.11.1941, war als kaufmännischer Angestellter aufgeführt, „zur Zeit Gefreiter". Mutters Erklärung hierzu eher sibyllinisch geheimnisvoll: Ich sei nun mal kein bevorzugtes Arbeiterkind, was Nachteile bewirken könne, daher die unverfängliche Angabe. Mit dem Notenschnitt von 1,3 hätte ich es ja erfreulicherweise geschafft, in die Oberschule aufgenommen zu werden. 1,8 sei ihres Wissens Bedingung bei den „Bürgerlichen" wie mich, bei den Arbeiterkindern um die 3,0. Übrigens, mit den „Einsern" im Zeugnis war es im ersten Oberschuljahr schnell vorbei. Und damit der Dünkel, locker an die Benotungen des

Die Lutherkirche von 1911. Zerbombt 1945. Wiederaufbau Pfingsten 1951.

Abschlusszeugnisses abknüpfen zu können. Dieser Hochmut zerstob bereits in der Deutschstunde von Dr. Mewes beim Diktat. Schrieb ich doch beispielsweise das Wort Original verkürzend *Orginal.* Ich habe es nie vergessen. Auch nicht, dass keiner eine Eins erzielte. Schließlich dann noch dieser warnende Hinweis: In der Klasse oder vor Lehrern sollte ich künftig angeberische Hinweise auf „Luftwaffe", „Russland-Feldzug" und „Vater, der Tapferkeitsoffizier" dringend vermeiden. Das sei gefährlich in der nach wie vor in der DDR präsenten Militärmacht der Sowjetunion, beschied sie mich. Ich beließ es dabei. All das stärkte letztlich meinen unerschütterlichen Glauben, dass er am Leben ist und bald wiederkommen werde. Hatte doch *Konrad Adenauer* (1876-1967), der 1949 gegründeten Bundesrepublik Deutschland erster Kanzler, auf diplomatischen Wegen 1955 Erlösendes bewirkt: Sensationell dann Zug um Zug die Entlassung von Tausenden an Kriegsgefangenen aus sowjetischen Arbeitslagern.

Das Zitat von Timotheus

Im selben Jahr, mit vierzehn, die so genannte Segenshandlung zum Übertritt ins kirchlich-protestantische Erwachsenenalter, zugleich als Bestätigung der Taufe, in der Cottbuser Lutherkirche an der Thiemstraße: die *Konfirmation* zu Exaudi am 13. Mai, dem sechsten Sonntag nach Ostern. Überschrieben war die Urkunde mit „Das Wort Gottes ist nicht gebunden", was mir damals Rätsel aufgab. Der Großvater, wieder einmal, wusste aufzuklären: Es ginge um ein Zitat von *Timotheus*, einem der Wegbegleiter des Apostels Paulus, mit der Botschaft „von der freien Gnade Gottes an *alles* Volk". Er interpretierte das als *gottgläubig* Gebliebener als ein Wort gegen den Alleinvertretungsanspruch einer Kirche. Einem Erbitten gleich zudem der Denkspruch von *Jeremia,* einer der Schriftpropheten des Alten Testaments: „Herr, gedenke doch und lass deinen Bund mit uns nicht aufhören." Handschriftlich ausgefertigt und gezeichnet war der Konfirmationsschein von Superintendent *Paul Schüler* (1910-1986).

Im Verlauf der Predigt rügte der von uns Konfirmanden sehr gemochte Gottesmann die versammelte Elternschaft. Im Kern der wortgewaltigen Rede stand die unangebrachte Feierlust, die in ihrer Üppigkeit kaum zu überbieten sei. Der Tadel galt vornehmlich den überbordenden Schlemmereien. Sinn der Konfirmation sei doch wohl mit vierzehn der würdige Übergang in den neuen Lebensabschnitt, der den Jugendlichen während der nächsten Jahre den Weg ins künftige Berufsleben wiese. Oder den Übergang zur Oberschule. Wie auch immer von den Anwesenden empfunden oder gewertet, flocht der Superintendent in seiner aufrüttelnden Rede die Begegnung tags zuvor mit einem seiner Konfirmanden ein. Den Namen nannte er nicht, gemeint war ich.

Die Sache mit dem Sauerkraut

Getroffen habe er mich auf dem Altmarkt an der Haltestelle der Straßenbahn. In missmutiger Stimmung sei ich unterwegs gewesen, da abarbeitend einen Einkaufszettel für die Feier tags darauf mit Bekannten der Familie. Auf die sich wölbende Einkaufstasche zeigend, hätte ich über das noch zu beschaffende Sauerkraut gemurrt. Fazit von Paul Schüler: Das könne doch wohl nicht die rechte Einstimmung auf die „Befestigung, die *confirmatio*", des Glaubens sein. Spätestens nach dieser Gardinenpredigt, milde formuliert, muss meiner Mutter klar gewesen, wer da wohl gemeint war. Ich jedenfalls konnte mir das Frohlocken kaum verkneifen. Die Feier der Tafelfreuden im trauten und kräftig zulangenden Kreis daheim konzentrierte in den Gesprächen übers Alltägliche, nur nicht um mich. Nachdem den Tisch abgeräumt und zum Geschirrspülen abkommandiert, sinnierte ich über die Konfirmation, die „Bekräftigung des Glaubens", nach. Zu keinem rechten Schluss gekommen, folgte ich dafür einer spontanen Idee, ganz den leidlich bekannten skorpionischen Eigenschaften meinem Sternzeichen entsprechend: Also hob ich nach lustloser Erfüllung des Auftrags die Abwaschschüssel samt stark getrübtem Spülwasser aus der Halterung und marschierte wohlgemut ob

Die Wilhelmsmühle am Uferweg der Spree in Cottbus.

69

meiner Eingebung ins Wohnzimmer. Wie ich da in der Tür stand, das muss ein Bild für die Götter gewesen sein. Weniger nach der Frage, „ob Mutter das Spülwasser noch brauche". Das „Klima" war an den nächsten Tagen unter dem Nullpunkt.

Der Wiederaufbau der Lutherkirche

Dass Paul Schüler nicht in Vergessenheit gerät, dafür sorgte 2006 am 26. November, dem 20. Todestag, die Zeitung vor Ort, die „Lausitzer Rundschau" (LR). Sie rief in Erinnerung, dass der zu allen Zeiten unerschrockene Pfarrer, im Amt seit 1949, auf seine Herkunft besonders stolz war, als Sohn einer Bergmannsfamilie aus dem Dorf Bückgen, „später verschlungen vom Bergbau" nahe Senftenberg. Eine seiner ersten Aufgaben war der Wiederaufbau der zur Ruine zerbombten Lutherkirche am 15. Februar 1945. An diesem frühlingshaften Tag hatte die 8. US-Luftflotte mit 435 Maschinen des Typs B 17 den Bahnknotenpunkt Cottbus ins Visier genommen. Das war zeitgleich mit dem Angriff auf Dresden und Umgebung vom 13. bis 15. Februar, der bis zu 25 000 Todesopfer zur Folge hatte. Luftlinie zwischen den beiden Städten: 90 Kilometer.

Mit fröhlichem Herzen Schulden machen

Den Cottbuser Hauptbahnhof, blockiert von liegengebliebenen Zügen ohne Lokomotiven, traf die volle Wucht des Bombardements im Umfang von rund 1100 Tonnen. Desgleichen Munitionstransporte, Lazarett- und Flüchtlingszüge. Zu beklagen waren über 1000 Tote und 2500 Verletzte auf einer Fläche von 25 Quadratkilometern. Auch die nahe Umgebung ein Trümmerfeld. Das betraf mit dem Gotteshaus, die einschiffige Saalkirche im Jugendstil von 1911, unter anderem einen Industriehof, eine Kaffee-, und Möbelfabrik und das Operationsgebäude des Krankenhauses. Von den Schwestern und Ärzten überlebte niemand.

Zu Pfingsten 1951 nach rund zwei Jahren Bauzeit die Neueinweihung der Lutherkirche, zu verdanken den Spenden der Gemeinde und Krediten. Zitiert wurde der geistliche Bauherr, im Jahr zuvor ins Amt des Superintendenten eingeführt, von der LR: „Mit fröhlichem Herzen Schulden machen." Verbunden war der Name Paul Schüler in starkem Maße mit der Seelsorge. Auch meine Mutter suchte seinen Rat – in eigener Sache wie in meiner. Ihr war es nicht gelungen, meine als „Verstockheit" ummanteltes Verhalten aufzulösen, das einer beginnenden Entfremdung gleichkam. Mit Spaziergängen auf den mit hohen Bäumen dicht an dicht bestandenen Uferwegen der Spree nahm er sich einfühlsam meiner an. Manches blieb unter uns. Im Nachhinein erst ist mir bewusst geworden, dass er in Vielem wegweisend war, was über manche Turbulenz der nächsten Jahre hinweghalf.

Quellen: Lausitzer Rundschau (LR), Cottbus. – Stadtmuseum, Städtische Sammlung: Kultur.Geschichte.*erleben.*

Der ungarische Volksaufstand. Die Begegnung mit der Staatsmacht.
Das Verhör und die angekündigte Überwachung.

Im Schatten des Unerfreulichen

Zunehmend „politischer" geworden, vornehmlich auf Grund der so unterschiedlich vermittelten Nachrichten, die so konträr in Ost- und Westsendern dargestellten Ereignisse, gleich ob über Zeitung oder Rundfunk, es war eine Zerreißprobe im Begreifen der Dinge. Im Ergebnis allerdings gipfelnd im beginnenden Aufbäumen gegen alles, was uns im Besonderen in der Schule und im Alltag vor Ort „vorgesetzt" wurde. Alles hatte längst Zweifel am sozialistischen Tun und Lassen genährt. Die permanente Propaganda verkehrte sich je nach Nachrichtenlage ins Gegenteil, wenn die Sowjetarmee, DDR-getreu, als wahre Hüterin des Friedens gerühmt wurde. Mit dieser bewundernswerten Friedfertigkeit war es im Oktober und November 1956 unübersehbar beziehungsweise unüberhörbar mittels der westlichen Radiostationen vorbei – mit dem Volksaufstand der Ungarn. Sie hatten offensichtlich genug von der kommunistischen Diktatur unterm Schutz der UdSSR. Genug auch von der Sowjetarmee, der Besatzungsmacht. Als die unter demokratischen Vorzeichen neue Regierung unter *Imre Nagy* aus dem Warschauer Pakt, dem Gegenpol zur NATO, austrat, die Neutralität ausrief und den Abzug aller Truppen forderte, kam es zur Verstärkung ebendieser, einer Invasion gleich. Die dramatische Bilanz: 2500 Aufständische fanden den Tod, ebenso 700 russische Soldaten. Hinzu kamen weit über 20 000 verletzte Zivilisten. 210 000 flohen in westliche Länder, die meisten von ihnen in die Bundesrepublik Deutschland.

Denkmal zu Ehren der Jugendlichen, die am 23. 10. 1956 am Corvin-Mozi-Kino-kämpften. Mit einem Film (Plakat oben) wurde 2006 daran erinnert.

Wir Schüler, ein Teil der Klasse zumindest, wir tauschten damals auf dem Pausenhof unsere Kenntnisse übers Geschehen aus. Ich kann mich an die Aufrufe des Ministerpräsidenten erinnern, der in mehreren Sprachen mit gebrochener Stimme an die Völkergemeinschaft der UNO, an die USA und an die Bundesrepublik appellierte: „Helft uns! Bitte helft uns!" Nach der Niederschlagung des Aufstands die Verhaftung, Deportation nach Rumänien, Isolationshaft, Geheimprozess, Verurteilung wegen „Landesverrats und versuchten Sturzes der volksdemo-

Standfest: Imre Nagy.

kratischen Staatsordnung". Seine letzten Worte vor der Hinrichtung: „Ich bitte nicht um Gnade." Das war am 16. Juni 1958. Imre Nagy, ein ungarischer Nationalheld.

Die schwärzesten Reaktionäre

Unser aktuelles Wissen behielten wir damals für uns. Hatten wir doch längst begriffen, dass unsere Staatsmacht den Volksaufstand völlig anders interpretierte. Darüber in der Öffentlichkeit zu reden, war nicht ratsam. So brandmarkte das SED-Zentralorgan am 25. Oktober 1956 die Erhebung als den „Putsch konterevolutionärer Elemente". Und kommentierte: „Kein Wunder, dass die schwärzesten Reaktionäre, wie Adenauer und die imperialistischen Kreise Westdeutschlands, besonders laut heulen." DDR-Präsident *Wilhelm Pieck* erklärte am 6. November 1956: „Der Versuch, in Ungarn eine neue faschistische Herrschaft zu errichten, war nicht nur eine große Bedrohung für die Werktätigen Ungarns, sondern zugleich eine unmittelbare Gefahr für den Frieden und die Sicherheit in Europa."

Quellen: Heinrich Böll Stiftung, Berlin. Parteiinterne Stiftung der Grünen. – Kathrin Lauer, Süddeutsche Zeitung, 16. Juni 2008.

Die paramilitärische Organisation

Wie schnell ein Schüler mit der Staatsmacht aneinandergeraten konnte, das erwies sich an einem 1. Mai, dem „Kampftag für Frieden, Einheit, Demokratie und Sozialismus", so der einem Tagesbefehl gleichende Aufruf zu Umzügen mit Transparenten und Aufmärschen von „Betriebskampftruppen". Nach dem 17. Juni 1953 von der SED gegründet, waren sie nach dem ungarischen Volksaufstand in der DDR-Öffentlichkeit auffällig präsent. Die paramilitärische Organisation diente nach der Maxime, die „Herrschaft des Proletariats auch militärisch zu festigen". Freiwillig die Mitgliedschaft. Mindestalter 25 Jahre, was für Männer wie Frauen galt. Letztere dienten im Funk- und Sanitätsdienst, außerdem nahmen sie an Schulungen und militärischen Übungen mit der Waffe teil. Im Ernstfall sind sie der Nationalen Volksarmee (NVA) unterstellt. *Quelle:* DeWiki. Kampftruppen der Arbeiterklasse.

Die flotten Flintenweiber

Es war in Cottbus. Tatort die Karl-Liebknecht-Straße unweit des Spremberger Turms. Auf dem Bürgersteig mit Freund Manfred mitten in die Zweier- und Dreierreihen der Zuschauer begeben, zog der Zug an uns vorbei. Eigentlich nichts Besonderes, da an solche sozialistischen Aufmärsche gewöhnt. Doch dann kam im Einerlei der Fähnchen schwingenden Demonstrierenden eine kleine Gruppe von uniformierten jungen Frauen in Sicht – mit Maschinenpistolen quer vor der Brust. Manfred begann spontan den Gassenhauer „Tipitipitipso" von der damals 26 Jahre jungen Caterina Valente zu trällern. Heißt es da doch: „…Coco zielt, schießt sogar Loch in Wand von Billys Bar. So entsteht ganz nebenbei schöne Schießerei."

Als die wehrhafte Weiblichkeit in Augenhöhe vorbeiparadierte, bedachte ich sie, Manfred zugewandt, ganz spontan, mit der „halbstarken" Bemerkung als „flotte Flintenweiber". Gedacht hatte ich mir dabei nichts. Kaum gesagt, folgte gleichsam auf dem Fuße die Bekanntschaft mit einem hinter uns Stehenden, der sich als Beamter der Kripo ausgab, wahrscheinlich aber von der Stasi, der Staatsicherheit: „Mitkommen!" Widerspruch zwecklos. Wie ein ertappter Sünder, schweigsam geworden, folgte ich ihm. Manfred immerhin war froh, dass er außen vor blieb, nicht gefragt war.

Die wertvolle Erfahrung

Was sich dann zutrug, erinnerte an die in den 1950er Jahren DDR gezeigten Streifen aus der „Schwarzen Serie" *(Film noir)* französischer Regisseure. Düster die Handlungen zwischen grellem Licht und dunklen Bildern, wie im „Schatten des Bösen". Und in den Kinos waren sie Kassenschlager. Geführt in einen abgedunkelten Raum zum Verhör. Die Schreibtischlampe voll ins Gesicht. Schemenhaft der Mann dahinter. Und dann Fragen über Fragen: Gesinnung, Westverwandtschaft, Freunde, Bekannte der Mutter und so weiter. Kurzum, letztlich rettete ich mich aus der Affäre, dass ich künftig von den „Genossinnen Kämpferinnen" sprechen wolle – ehrerbietig

Neben den Betriebskampfgruppen warb die SED-Partei zunehmend für den freiwilligen Eintritt in die NVA. Im Bild: Staatsratsvorsitzender Erich Honecker.

vorgetäuscht, versteht sich. Diese Formulierung war mir noch rechtzeitig eingefallen. Was nichts daran änderte, dass man mich im Auge behalten wolle. So viel zum Thema der ersten Überwachung.

Unterm Strich eine wertvolle Erfahrung zu mehr Vorsicht. Dessen ungeachtet zudem die Erkenntnis, dass ich wieder einmal „aus dem Rahmen gefallen" war, wie schon zu Grundschulzeiten im Zeugnis vermerkt. Was blieb, war die Frage, wie viele der politischen Sittenwächter à la Stasi an diesem 1. Mai unterwegs waren. Doch mancher lernt es nie so ganz. Das sollte mich eines Tages die Direktion der 1. Oberschule (Abiturklassen) an der Cottbuser Puschkinpromenade lehren.

Nachtrag zum Ausdruck „Flintenweiber": Es handelt sich um eine veraltete Sicht auf die Geschlechter. Hierbei ist es von Männern unerwünscht, dass Frauen Waffen nutzen oder damit kämpfen. Allgemeiner sei damit gemeint, dass sie dominant sind und sich für ihre Ziele unbeirrt einsetzen; auch dass sie „Haare auf den Zähnen" haben. *Quelle:* Pierre Kurby, Magdeburg. Bedeutung online.

Fluchthilfe und Denunziation. Aufforderung zu Spitzeldiensten. Der Weg ins Notaufnahmelager Marienfelde und die Heimführung.

Nichts wie weg nach West-Berlin!

Meine jugendlich ungestüme Umtriebigkeit, mein Widerspruchsgeist grenzte an trotziger Angriffslust. Allein war ich allerdings mit dieser Haltung nicht. Rock `n` Roll, im gewaltfreien Rhythmus der Rebellion, die Welt der Eltern erschütternde, sie befeuerte alles noch. Geflissentlich nahmen wir zur Kenntnis, dass ein Teil der Klassenkameraden aus so genannten DDR-linientreuen Familien stammte; also mit dieser Diktatur durchaus etwas anfangen konnte. Schließlich wollte man ja eines Tages studieren *dürfen*. Uns interessierte das nicht weiter, frei nach dem Motto „Jedem das Seine", lateinisch *suum cuique*. Selbst die indirekten Warnungen unseres gutmeinenden Englisch-Lehrers, es nicht zu weit zu treiben, verfingen nicht. Die Formel der Philosophen des antiken Griechenlands für Recht und Gerechtigkeit ziert übrigens noch heute die Decken vieler deutscher Gerichtsgebäude.

Der Kudamm, Kranzler und Aschinger

Mit dem „Nicht zu weit treiben" waren die Ausflüge nach West-Berlin mit kleinen Einkäufen vom Buch bis zur Schallplatte. Klein allein schon des Umtauschs wegen: Für eine Westmark, DM, waren vier Ostmark fällig. Da war dann die Bekanntschaft mit dem in der Kinowerbung erlebten, dem zu Wutanfällen neigenden *Bruno,* dem „HB-Männchen". Die damalige Zeichentrickfigur gilt bis heute in der Welt der

Werbung als eine der erfolgreichsten, die besonders junge Leute ansprach: „Halt, mein Freund! Wer wird denn gleich in die Luft gehen? Greife lieber zur HB. Dann geht alles wie von selbst." Für mich war es die erste Zigarette. Und nicht die letzte. Erst 1988 mochte ich den blauen Dunst nicht mehr. Immer ein Erlebnis die Spaziergänge über den „Kudamm", den Kurfürstendamm. Die oft vorgesehene Einkehr ins berühmte „Café Kranzler" habe ich mir letztlich noch verkniffen. Von den Preisen her, Stichwort Wechselkurs, der pure Luxus. Dann doch lieber ins riesige „Aschinger", dem legendären Wirtshaus am Bahnhof Zoo, wo die Leute dicht beinander saßen, schmausten, tranken,

Der berühmte Kurfürstendamm in den 1950er Jahren mit dem legendären Café Kranzler und im Hintergrund die Kaiser-Wilhelm-Gedächtniskirche.

rauchten, redeten, über sich und andere, über Gott und die Welt. Für uns das reine Wohlgefühl, hier bekamen wir was fürs kleine Geld, vor allem herrliche Suppen.

Das Verpfeifen: Nicht ehrenrührig

Zu dieser Zeit fand sich eine Vierergruppe zusammen, Verschworene, wie wir uns nannten, die anderen dabei halfen, den Weg nach West-Berlin zu finden. Wir kannten uns ja bestens aus. Bis zum Ziel der Wünsche vom Cottbuser Bahnhof über die Station Friedrichstraße (Ost) bis zum Bahnhof Zoo (West) waren es um die 100 Kilometer. Was wir da organisierten und teilweise begleiteten, das wurde als „Republikflucht" bei „krimineller Hilfeleistung" gebrandmarkt. Im Fall des Auffliegens drohten laut DDR-Passgesetz von 1957 bis zu drei Jahren Gefängnis. Vom Hörensagen als nicht gerade als sonderlich erträglich empfohlen, wie beispielsweise die beiden bekanntesten Vollzugsanstalten in Bautzen und Cottbus, im Volksmund „Stasi-Knast" genannt. Mutter muss von der Nebenbeschäftigung ihres ältesten Sohnes aus erster Ehe, Bruder Reinhard stammte aus zweiter, Thomas aus dritter, geahnt haben. Warnende Andeutungen, es könnte ja mal einer der Verschworenen Unbedachtes verplaudern, auch aus „Angeberei", wurden in den Wind geschlagen. Dann kam ebendas doch. Ich war „verpfiffen" worden. Vom wem, das weiß ich bis heute nicht. Das Denunzieren war für die Stasi nichts Ehrenrühriges. Im Gegenteil. Es wurde belohnt im Sinne eines Vorteils. Dann die Überraschung: Nicht nachweisbar die Beihilfe zur Republikflucht. Die Vermutung: Der Denunziant war anonym geblieben.

Die Vorladung zur Polizei

Zur Vorgeschichte gehören die Versuche zur „Mitarbeit", zu Spitzeldiensten. Um Ausreden nicht verlegen, ließ sich das verhindern. Doch der auf mich Angesetzte ließ nicht locker. Immer sonntags fand er sich ein, wenn ich als Hilfsschaffner der Cottbuser Straßenbahn unterwegs war – zur Aufbesserung meiner „Finanzen". Klar war, dass ich auf Dauer der allmächtigen Institution Staatssicherheitsdienst nicht entkommen konnte. Die am 6. Juni 1959, ein Sonnabend, per Post eingetroffene Vorladung zur Polizeibehörde an der Karl-Liebknecht-Straße führte zur Konsequenz: Nichts wie weg nach West-Berlin! Und das quasi von einem Tag auf

Damals wie heute: Historischer Kiosk am Kudamm an der Ecke Uhlandstraße.

Notaufnahmelager Marienfelde für die Bürger der DDR.

den anderen. Am Montag darauf, am 8. Juni, am Vormittag per Schnellzug Richtung Berlin-Ost, offiziell *Hauptstadt der DDR.* Unterwegs ganz ohne Gepäck, um nicht aufzufallen. Bei mir lediglich der Personalausweis, das war Pflicht. Wenn ohne, dann waren 50 Ost-Mark fällig und zudem eine peinlichst genaue Überprüfung. In den Hosen- und Jackentaschen versenkt 200 Mark, gestückelt in 10- und 20-Mark-Scheine, vorgesehen zum Umtausch in DM. Durchdacht war der Seitenwechsel nicht. Ich hätte eigentlich in der Oberschule sein müssen. Schon im Zug kontrolliert, dann noch einmal am Grenzkontrollpunkt Bahnhof Eichwalde am südlichen Berliner Stadtrand. Alles ging gut. Umstieg in die S-Bahn. Das Ziel: West-Berlin, Stadtteil Marienfelde, Notaufnahmelager für DDR-Flüchtlinge.

Die Heimführung nach Cottbus

Im neuen Leben angekommen, so glaubte ich zumindest, fühlte ich Erleichterung im Wechsel von Sicherheit und Vorfreude auf das, was mich nach der Lagerzeit an der Marienfelder Allee unweit des Flugplatzes Tempelhof im Westen Deutschlands erwarten würde und das ganz ohne Illusionen. Doch ich hatte die Planung ohne meine Mutter gemacht. Mitten im Aufnahmeverfahren zur Ausreise in die Bundesrepublik, das war sieben Tage nach dem Übertritt von Ost- nach West-Berlin, es war der 15. Juni, stand sie plötzlich vor mir; an ihrer Seite Alfred S., der vierte Ehemann. Da noch nicht volljährig, in der DDR mit 18 (zum 9. November des Jahres), Bundesrepublik mit 21, nutzten sie die Möglichkeit der Heimführung nach Cottbus. Auf der Rückfahrt kein Wortwechsel. Vorhaltungen und bohrenden Fragen begegnete ich mit eisigem Schweigen. Weitere Entfremdung die Folge. Verziehen habe ich deren Vorgehensweise erst nach Jahren. Jetzt blieb erst einmal abzuwarten, was mir im Sozialismus-Staat auf Ortsebene widerfahren würde.

Der verräterische Eintrag im Ausweis. Verbaut der Weg zum Abitur. Das neue Leben bei der Cottbuser Straßenbahn.

Der Rauswurf von der Oberschule

Wieder auf dem harten Boden der verfahrenen Umstände gelandet, zog das Volkspolizei-Kreisamt Cottbus den alten Personalausweis ein und stattete mich mit einem neuen aus, gekennzeichnet als „I. Ersatzstück" mit der Nummer VI 0808381. Unter *Erlernter Beruf* stand „ohne", unter *Familienstand* „ledig". Der verräterische Schönheitsfehler fand sich allerdings auf Seite 7 des Dokuments, wo unter *Ummeldung* vermerkt war: „Am 15.6. 1959 von Berlin-Kladow zurück." Das Datum stimmte, nicht aber die Geografie. Kladow, mir bis dahin kein Begriff, liegt als südlichster Ortsteil des West-Berliner Bezirks Spandau unmittelbar an der Grenze zur DDR-Hauptstadt Ost-Berlin. Dass der Ortsteil Marienfelde, Stadtbezirk Tempelhof-Schöneberg, nicht genannt war, lag vielleicht an dem hohen Bekanntheitsgrad des Aufnahmelagers. Für DDR-Grenzkontrolleure dürfte allerdings der Hinweis auf Kladow genügt haben, um den Besitzer des Ausweises gründlich in Augenschein zu nehmen.

Übrigens, der gescheiterte Seitenwechsel war unvergesslich mit einem einfühlsamen Lied verbunden, was damals Radio Luxemburg, seinerzeit der einzige deutschsprachige Musiksender, rauf und runter abspielte: „Ich bin bald wieder hier!" Drei Jahre später: „Junge, komm bald wieder". Gesungen vom Wahl-Hamburger *Freddy Quinn*, einem der erfolgreichsten deutschen Schlagerinterpreten.

Altmarkt, Oberkirche – ein paar Schritte weiter die Oberschule Puschkin-Promenade.

Der gestrenge Direktor

Wieder mit dem neuen Ausweis als heimgekehrter DDR-Bürger dokumentiert, wenn auch unfreiwillig, führte am nächsten Tag der erste Weg zur Oberschule. Keine Frage, da illusionslos, dass mit Nachsicht ob meines Handelns nicht zu rechnen war. Und so kam es auch. Der Direktor höchstselbst, dekoriert mit dem SED-Parteiabzeichen am Revers seiner Jacke, eröffnete strengen Blickes, dass „ein Verbleiben an der Schule nicht mehr tragbar" sei. Das gelte zudem für alle vergleichbaren Einrichtungen in der DDR, ausgenommen vielleicht, wenn auch zweifelnd, für den Besuch einer Abendoberschule. Hierzu händigte er immerhin das Zeugnis für die bestandene 11. zum Übergang in die 12., die Abiturklasse, aus. Zugegeben, der Rauswurf traf zutiefst, hatte mich aber nicht am Boden zerstört, weder seelisch noch moralisch. Der Ordnung halber: Anmeldung bei der Abendoberschule. Doch kurz darauf der Widerruf: Die eben noch besuchte Oberschule hatte sich unerwartet dagegen ausgesprochen. Der Leitgedanke nun: Jetzt erst recht! Und es gibt kein Schicksal, das nicht mit Verachtung zu überwinden wäre. Das „Sonderkommando Marienfelde" (Mutter samt Begleitschutz Ehemann) war abgehakt, aber nicht vergessen. Der Skorpion lässt grüßen. Ansonsten galt ein Wort von Österreichs Nationaldichter *Franz Grillparzer* (1791-1872): „Gebeugt erst zeigt der Bogen seine Kraft."

Einstellung bei der Straßenbahn

Die Maximen jetzt: Arbeit finden, Geld verdienen, eigene Unterkunft, Zeit gewinnen für die Planung des Seitenwechsels Nummer zwei. Schließlich war vor Ort und anderswo in der DDR wohl kaum noch ein Blumentopf zu gewinnen. Was hätte wohl mein Vater zu allen Umtrieben meinerseits gesagt?! Ich ging nach wie

Ein Vorkriegswagen der Straßenbahn. Der Fahrer absolvierte seine Schicht im Stehen.

vor davon aus, dass es ihn gibt und nicht umgekommen sei auf den Kriegsschauplätzen Südrusslands. Also, frei nach William Shakespeare, der den König im Drama „Richard II." sagen lässt: „Nicht umzukehren, ist des Schicksals Spruch!" Frei gedeutet: Die Ziele nicht aus den Augen lassen.

Also knüpfte ich da an, wo ich schon an Sonntagen und zuletzt in den Schulferien meine „Finanzen" als Hilfsschaffner bei der Straßenbahn aufbessern konnte. Das war bei den Cottbuser Verkehrsbetrieben. Der so genannte Volkseigene Betrieb (VEB)

hatte kein Problem mit meinem abrupt unter-brochenen Werdegang und mich auch nie darauf angesprochen. Vollzogen war der Schritt in ein selbstständiges Leben, wenn auch so nicht in dieser Form geplant, dafür aber mit ordent-lichem Verdienst. Bereits am 1. Juli war der Arbeitsvertrag von dem neuen „Kollegen Ulrich Metzner" unterschrieben. Bedeutungsvoll der Satz im Vortext der Verein-barung: „Die Arbeits-

Der „Lowa" mit Kabine aus dem VEB-Waggonbau Gotha.

rechtsverhältnisse in diesem sozialistischen Betrieb sind *daher* der kamerad-schaftlichen Zusammenarbeit und der gegenseitigen sozialistischen Hilfe der von Ausbeutung befreiten Werktätigen." Zum besseren Verständnis: Das Wort „daher" bezog sich auf den vorangestellten Hinweis aufs „gesellschaftliche Eigentum" und damit allen Werktätigen gehörend. Im Nachhinein erwuchs dem Hinweis aufs Kameradschaftliche eine besondere Bedeutung.

Vom Schaffner zum Wagenführer

Wie ein heimgekehrtes Familienmitglied war der emsige Jungspund-Kollege Schaffner von der Gallinchener Stra-ße am Südfriedhof aufgenommen worden, einem verlorenen Sohn gleich. Irgendwie ge-borgen fühlte ich mich von Beginn an. Oder anders erklärt: Wir waren uns auf Anhieb sympathisch. Während

der Pausen im Aufenthaltsraum der Schaffner und Wagenführer in einem Haus am Altmarkt, Ecke Sandower Straße, bei belegtem Butterbrot, Brause oder Kaffee ging es gesprächsweise oft lebhaft zu. Manch eher Vertrauliches wurde ausgetauscht; aus dem Privatleben ebenso wie aus den politischen Bereichen. Von größeren und kleineren Nöten des Alltags war zu erfahren, auch von vorsichtig geäußertem Zweifel am DDR-Sozialismus. Selbst zurückhaltend geblieben, war es für mich ein gutes Gefühl, vertrauenswürdig zu sein.

Noch vor der nahen Volljährigkeit mit achtzehn am 9. November überraschte die Direktion mit dem Angebot, mich zum Straßenbahn-Fahrer ausbilden zu wollen. Spontan meine Zusage. Am 13. August dokumentierte der Betriebsarzt nach eingehender Untersuchung die Tauglichkeit zur „besonderen Tätigkeit als Wagenführer". Die Ausbildung in Theorie und Praxis folgte umgehend. Am 5. September war die Prüfung bestanden, alsbald ausgehändigt die Fahrerlaubnis Nr. 141, ausgestellt für die so genannten *Alten Wagen*. Es handelte sich hierbei um geradezu historische Gefährte, die schon in den 1920er Jahren im Einsatz waren; dennoch in bester Verfassung. Die Besonderheit: Der Fahrer im Führerstand absolvierte seine Schicht im Stehen. Zu Stoßzeiten war er umringt von Fahrgästen. Näher konnte man seinem Publikum kaum sein.

Ab dem 29. Februar 1960 war es dann sehr viel bequemer zu. Jetzt vertraute mir der Betrieb die modernen Bahnen an, die „Berliner" und „Lowa" mit der Kabine für den Wagenführer. Das ich anfangs manchmal im Überschwang des reizvollen Fahrgefühls die falsche Richtung nahm, bedingte manches Rangiermanöver. Immer dann, wenn die mit oder ohne Strom zu bewegenden Weichen falsch angefahren worden waren. Stets wachsam, dennoch väterlich wollwollend, hatte mich der Dispatcher, der Fahrdienstleiter Lippert, im Blick. Mild waren die mündlichen Rügen, wenn ich mal wieder zwischen den Haltestellen fröhliche Spätheimkehrer einsammelte. Und das oft bei Nacht, Nebel und strömendem Regen. Die Dankbarkeit der Leute war umwerfend. Oft mit einer noch nicht angerissenen Packung Zigaretten, gleich ob „Turf", „Casino" oder „Juwel". Ich hätte im Laufe der Zeit einen Tabakladen aufmachen können. Die Mehrzahl der Schachteln verehrte ich den Kollegen, einige behielt ich. Bis zum Raucherdasein war es dann allerdings nicht mehr weit.

Freude an der Tätigkeit

Wer mir damals den „Student" verpasst hat, weiß ich nicht mehr. Vermutlich stand das im Zusammenhang mit dem Arbeitsbuch, das ich versehentlich im Aufenthaltsraum vergessen hatte. In diesem war auf Seite 4 vermerkt, dass ich die „Allgemeine Schulbildung von 1948 bis 1959 durchlaufen" habe, mit dem „Abschluss der 11. Klasse der Oberschule". Darauf angesprochen, gab ich lediglich preis, die 12. Klasse zum Abitur nachholen zu wollen. Dass das in Cottbus und

*Gegenwart und Vergangenheit auf einen Blick:
Die eine rollt, die andere „ruht".*

Es war
1692, als die
Reit- und
Fahrpost
von Cölln
bei Berlin
nach
Cottbus
eingerichtet
wurde.
Aus dieser
Zeit stammt
der Zungen-
brecher vom
Putzen der
Postkutsche.

darüber hinaus nicht mehr möglich war, verschwieg ich, um keine schlafenden Hunde zu wecken. Schließlich kam das nur noch in Westdeutschland in Frage. Und Republikflucht war bereits seit 1957 Straftatbestand. Seit Marienfelde, West-Berlin, wusste ich ja Bescheid.

Dass die Erinnerung an die Zeit als jüngster Wagenführer bei der Cottbuser Straßenbahn über Jahrzehnte nicht verblasste, das lag zweifellos an der Freude über die erste verantwortliche Tätigkeit. Dabei war es gleich, zu welcher Stunde die Tages- oder Nachtschicht begann, egal auf welcher Linie. Alle führten über den Altmarkt, wo Dispatcher Lippert die Abläufe dirigierte, da verantwortlich für Lenkung und Kontrolle. Das betraf seinerzeit die Strecken zwischen den Stadtteilen Ströbitz, Schmellwitz, Sandow und Madlow; zudem die Anfahrten zum Hauptbahnhof, zur Thiemstraße (Lutherkirche) und zum Bezirkskrankenhaus. Dort hatte sich der renommierte *Dr. Kurt Molitor,* Chefarzt der Frauenklinik, ob der operativen Methoden zur Heilung von Frauenleiden und Krebsfrüherkennung höchste Anerkennung erworben. Tochter Alexandra war eine meiner Klassen-kameradinnen in der Oberschule.

Dass übrigens der Begriff *Dispatcher* (englisch von dispatch im Sinne von abfertigen, abschicken) in der die Anglizismen ablehnenden DDR dennoch in Gebrauch kam, lässt sich als Ausnahme erklären: Er war aus dem neurussisch-sowjetischen Vokabular „abgeleitet": In diesem heißt der Dispatcher *Dispetscher,* geschrieben wie englisch gesprochen. Schließlich war alles gut, was das „große Brudervolk" für richtig hielt.

Rein russischen Ursprungs hingegen war der *Subbotnik* (von Subbóta gleich Sonnabend). Der Begriff stand für unbezahlte, für freiwillige Arbeit an Wochenenden. Im Hinblick auf den geplanten zweiten „Abflug" in Richtung Westen (im doppelten Sinn des Wortes) war ich bei den Einsätzen mit von der Partie. Die Kollegen, so mein unbedarftes Wunschdenken, sollten mich in guter Erinnerung behalten. Oberbürgermeister Kluge immerhin bedankte sich im Namen des „Nationalen Aufbauwerks" für „die gute Tat beim Aufbau des Sozialismus" mit einer Urkunde und der „Goldenen Aufbaunadel".

Kameradschaft und Anerkennung

Wie im Flug vergangen war die Zeit zwischen dem missglückten Seitenwechsel, der Rauswurf von der Oberschule mit dem Zeugnis der 11. Klasse und das nachhaltige Intermezzo bei der Cottbuser Straßenbahn. Nachhaltig, weil prägend fürs spätere Schul- und Berufsleben in Westdeutschland. Es war die Erfahrung vom Wert der Gemeinschaft, der Anerkennung in noch jungen Jahren. Und die beeindruckende Kameradschaft, die vertrauensvolle Offenheit trotz des in jedem Winkel wabernden Weihrauchs der sozialistischen Umnebelung. Es waren Wahrnehmungen, die den Einstieg des Abtrünnigen in neue Gegebenheiten erleichterten. Beispielsweise als Zeitungsvolontär und Jungredakteur bei der Dortmunder *Westfälischen Rundschau (WR),* in der Außenredaktion unter Lokalchef Hennemann und Stellvertreter Hendrisch. Vor Ort begegnete ich zudem den Reporter *Reiner Pfeiffer* („mit drei Eff"), der 1987 zu den Top-Protagonisten der „Barschel-Affäre" zählte.

Knall auf Fall daheim ausgezogen. Vorladung von der Kriminalpolizei. Vorgetäuscht die Reise nach Rostock. Sonderfall Flughafen Tempelhof.

Des versuchten Seitenwechsels zweiter Teil

Die Absicht der Abkehr von der DDR folgte dem zwingenden Vorsatz zur möglichst perfekten Vorbereitung. Die Marienfelder Erfahrung in West-Berlin saß dieserhalb tief genug, wenn auch nunmehr die Voraussetzungen unter anderen Vorzeichen zu sehen waren, da inzwischen volljährig. Sollte es schief gehen, wäre mein Schicksal im „sozialistischen Staat der Arbeiter und Bauern" endgültig besiegelt. Da mein Verhältnis zum neuerlichen Stiefvater Alfred S. nicht gerade als harmonisch bezeichnet werden konnte, verließ ich Knall auf Fall mit wenigen Habseligkeiten die Wohnung an der Gallinchener Straße und mietete mich am Striesower Weg im Cottbuser Stadtteil Ströbitz ein. In Sichtweite der Flugplatz der NVA-Luftstreitkräfte. Das war der 13. Juni 1960. Wichtiger noch der zweite Grund für den Auszug: Die Mutter sollte nicht in Schwierigkeiten geraten, hätte sie vom Abschied des Sohnes ins angeblich feindliche Westdeutschland wissen müssen. Das erwies sich im Nachhinein als richtig. Sie wurde bis auf eine Vernehmung dieserhalb nicht weiter behelligt.

Der Tag des Abschieds

Noch im Juni hatte ich mich wieder einmal als Fluchthelfer einer Bekannten den Weg nach Westberlin gewiesen. Gemeinsam per Taxi von Cottbus nach Lübbenau. Dann mit dem Zug über Königs Wusterhausen und den Kontrollpunkt Eichwalde.

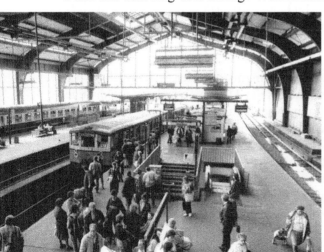

Umstieg in die S-Bahn Richtung Friedrichstraße (Ost-Berlin) und Übergang bis Bahnhof Zoo (West-Berlin). Die Vollzugsmeldung eine Woche später: Sie hatte es übers Aufnahmelager in Marienfelde zur Westverwandtschaft ins Rheinland geschafft.

Zwischenzeitlich beschlossen den 6. Juli 1960 als „Tag des Abschieds". Um nicht in den gründlichen Kontrollen *vor* Berlin aufzufliegen, musste vorgeblich ein Weg *über* Berlin gefunden werden, um den Fluchtverdacht nicht aufkommen zu lassen. Also ersuchte ich beim

Kreuzungsbahnhof Friedrichstraße, Ost-Berlin.

84

Volkseigenen Betrieb (VEB) Deutsche Seereederei (DSR), Rostock, Lange Straße, um ein Bewerbungsgespräch. Klar das vorgetäuschte Ansinnen: Ausbildung zum Matrosen der Handelsmarine mit nachfolgendem Besuch der Marine-Akademie zwecks einer Offizierslaufbahn auf See. Die Antwort kam prompt, der vorgeschlagene Termin (6.7.) war genehm. Treffen am Nachmittag. Eingeplant eine Übernachtung. Der tückische Zufall dann am Tag zuvor: Vorladung von der Kriminal-

Bahnhof Zoo in Berlin-Charlottenburg, 1957.

polizei im Briefkasten zum selben Termin, Uhrzeit 16 Uhr. Mein Verdacht: Die unlängst erfolgte Fluchthilfe musste bekannt geworden sein. Nach Schreck und erhöhtem Pulsschlag signalisierte der Verstand: Längst zu diesem Zeitpunkt vermeintlich in Rostock, wovon überdies niemand wusste.

Die unentdeckte Schwachstelle

Mittwoch, 6. Juli, früher Morgen. Unterwegs zum Bahnhof. Optimal, meiner Meinung nach, in Schale geworfen: heller Sakko, weißes Hemd, schwarze Hose. Bei mir lediglich eine kunstlederne Mappe mit diversen Unterlagen für den „Termin" in Rostock, der Briefwechsel mit der Reederei und Bargeld für den Umtausch.

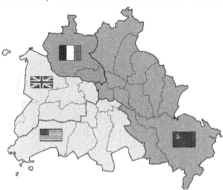

Unproblematisch die Kontrolle in Eichwalde vor Ost-Berlin. Zeigen ließ sich der uniformierte Grenzer das DSR-Schreiben zum Termin am Nachmittag. Prüfend der Blick aufs Konterfei im Personalausweis. In diesem Moment gefror mir fast das Blut: Im Dokument war doch auf Seite 7 vermerkt: „Am 15.6.1959 von Berlin-Kladow zurück". Zum Glück blätterte der Grenzer nicht weiter. Die Schwachstelle blieb unentdeckt. Eine weitere, dann allerdings in West-Berlin, sollte ich überdies noch am selben Tag

Vier-Mächte-Status: Sektoren des von den Siegermächten besetzen Berlins.

Tor zur Freiheit in die andere deutsche Welt auf dem Luftweg: Flughafen Tempelhof.

bewältigen müssen. Luft anhalten dann am S-Bahnhof Friedrichstraße: Kontrolle vor dem Übergang nach West-Berlin, der nächsten Station. Manchmal ist Fortuna an der Seite der Unentwegten: Ich wurde nicht erneut überprüft.

Das Ticket nach Düsseldorf

Ankunft Bahnhof Zoo. Die Anspannung wich dem Erfolgsgefühl, es geschafft zu haben. Die DDR war hinter mir. Geldumtausch und erst einmal eine *HB* geraucht. Spaziergang dann zum Café Kranzler: Die Stimmung „verlangte" nach einem Kaffee mit einem Stück Apfelkuchen. Mit Vergnügen genossen und guter Dinge auf dem nächsten Weg zum Flughafen Tempelhof inmitten der Metropole. Für Flüchtlinge war es das „Tor zur Freiheit", da ein Weiterkommen über den Landweg durch die West-Berlin umschließende DDR nicht möglich war. Kaum in der großen Halle angekommen, eilends zu einem der Schalter, um ein Ticket nach Düsseldorf zu buchen. Ob es eines von der englischen BEA, von Air France oder der US-amerikanischen Pan Am war, ist in Vergessenheit geraten. Nicht aber, dass ich trotz

Ticket und Bordkarte beinahe nicht ins Flugzeug gekommen wäre. Im Weg standen, im übertragenen Sinne, zwei Grenzbeamte, denen ich als Sonderfall erschienen sein muss. Nach eingehendem Studium des Personalausweises befanden sie höflich, dass sie den Zustieg verwehren müssten. Als DDR-Bürger könnte ich nicht mal so eben wie ein Ausflügler in die Bundesrepublik reisen. Als Flüchtling wiederum müsste ich zuerst das Aufnahmeverfahren im Lager Marienfelde durchlaufen. Und das Bedenkliche sei meine Jugendlichkeit: Ich wäre ja mit 18 noch nicht einmal volljährig, bezogen auf 21 in Westdeutschland. Das ließ sich sofort ausräumen mit dem Hinweis auf die Volljährigkeit mit 18 in der DDR.

Die goldene Brücke der Kontrolleure

Fast gefühlsmäßig am Boden zerstört, haderte ich mit dieser Schwachstelle in meiner vermeintlich doch so stimmigen Planung. Doch dann bauten die beiden Kontrolleure unversehens, unabsichtlich oder absichtlich, eine goldene Brücke: Wohin in Düsseldorf ich denn wolle. Und da konnte ich eine verbindliche Adresse nahe der Rhein-Metropole angeben. Es war die einer Cottbuserin, die ich in Richtung West-Berlin auf den Weg gebracht hatte. Versprochen war, dass ich mich bei ihr beziehungsweise bei deren Verwandtschaft melden solle, wenn irgendwann selbst den Seitenwechsel vollziehen sollte. Den Beamten leuchtete ein, dass Aufnahmeverfahren und Einbürgerung dann dort an Ort und Stelle vorgenommen werden könnten. So hatte ich es zumindest behauptet, ohne es wirklich zu wissen. Die Lösung des Problems kam einer Erlösung für alle gleich – für mich, die beiden Uniformierten und für die hinter mir wartenden Fluggäste. Und dann endlich, endlich an Bord. Es war mein erster Flug. Wenn spätestens ab den 1970er Jahren in einem der Flieger unterwegs, denke ich an dieses erhebende Erlebnis. Es war der Flug in ein neues Leben. Dann kommt mir bis heute eines der schönsten Lieder von *Reinhard Mey* in den Sinn: „Über den Wolken muss die Freiheit wohl grenzenlos sein. Alle Ängste, alle Sorgen, sagt man, blieben darunter verborgen, und dann würde, was uns groß und wichtig erscheint, plötzlich nichtig und klein." So und nicht anders, so war es…

Reinhard Mey: Auftritt 1971 in Kiel

Uelzen und Friedland die ersten Stationen. Befragungen der alliierten Geheimdienste. Rede und Antwort vor dem Ausschuss zur Aufnahme.

Angekommen und geprüft auf Herz und Nieren

Flughafen Düsseldorf. Ankunft am späten Nachmittag. Mit dem Bus zum Hauptbahnhof. Weiterfahrt nach Duisburg. Von dort nach Rumeln-Kaldenhausen zur Anverwandtschaft der Bekannten. Umwerfend die Herzlichkeit. Bis tief in die Nacht Gespräche, Erinnerungen und immer wieder die Freude übers Vollbrachte und die Vorfreude aufs Kommende, wenn auch Ungewisse. Um die Gastfreundschaft nicht über Gebühr zu strapazieren, wurde ich nach zwei Tagen im Rathaus vorstellig, um

Nahe Duisburg: Die erste Station in Westdeutschland.

zu erfahren, wo sich der Noch-DDR-Bürger zum Aufnahmeverfahren einfinden müsse. Präzise die Auskunft: Erst in Uelzen, dann in Friedland, die zuständigen Anlaufstellen in Niedersachsen. Und unvergessen: Für die Fahrkarte sorgte die Gemeinde. Das Notauflager Uelzen-Bohldamm war im Wesentlichen für die akribische Überprüfung des Gesundheitszustands verantwortlich, gleichsam auf Herz und Nieren. Und das ganz dieser alttestamentarischen Redewendung entsprechend: „…denn du, gerechter Gott, prüfst auf Herz und Nieren." Das Herz, so der Lüneburger Literaturwissenschaftler *Michael Krumm,* entdeckt im Archiv des Hamburger Abendblattes, stand nach jüdischem Glauben fürs Denken, Planen, Wollen; die Nieren für Emotionen. All das ließe sich damals fast ebenso auf mein Befinden übertragen. Da ohne Befund (Beurkundung o.B./E 15963), umgehend in Marsch gesetzt – diesmal, wie vorgesehen, in Richtung Friedland nahe Göttingen, um die 170 Kilometer von Uelzen entfernt.

Das Lager seit Herbst 1945

Das „Tor zur Freiheit" genannte Grenzdurchgangslager aus Baracken und Wellblechhütten hatte die britische Besatzungsmacht nach Kriegsende im Herbst 1945 eingerichtet. Es war die erste Station auf dem Weg in ein neues Leben. Das betraf Vertriebene aus den ehemaligen deutschen Ostgebieten und dem Sudetenland, Übersiedler aus der 1949 gegründeten DDR, hervorgegangen aus der Sowjetischen Besatzungszone (SBZ). Der Zustrom verstärkte sich noch mit Flüchtlingen aus

Der alte Uelzener Bahnhof von 1888 wurde nach den Vorstellungen von Friedrich Hundertwasser umgebaut. Er trägt seitdem den Namen des österreichischen Künstlers.

Krisengebieten: Die Bundesrepublik nahm Ungarn nach dem Volksaufstand in unbegrenzter Zahl auf oder Verfolgte der chilenischen Pinochet-Diktatur, auch Syrer christlichen Glaubens. Nicht zu vergessen die letzten 10 000 Heimkehrer nach zehnjähriger sowjetischer Kriegsgefangenschaft, damals bewirkt auf diplomatischen Wegen von Bundeskanzler Konrad Adenauer (1876-1967). Unter die Haut gehend für uns im Osten, was nach deren Ankunft in Friedland geschah, verfolgt am Radio: Voller Inbrunst stimmten sie plötzlich den Choral an: „Nun danket alle Gott mit Herzen, Mund und Händen, der große Dinge tut an uns und allen Enden…" Beim nächsten Besuch in Bischofswerda, damals in den 1950er Jahren, war das bewegende Ereignis ein schönes Gesprächsthema. Und wie sooft schon in der Kindheit und Jugend wusste der Großvater auch diesmal Wissenswertes zu vermitteln, immer dem Alter des Enkels entsprechend. So war es ein protestantischer Geistlicher, Dichter und Kirchenmusiker aus dem sächsischen Eilenburg an der Mulde namens *Martin Rinckart,* der den Choral nebst Melodie um 1630 verfasste. Berühmtheit weithin erlangte das Lied im *Siebenjährigen Krieg* (1756-1763). Es war der Abend vom 5. Dezember 1757 nahe dem niederschlesischen

89

Leuthen, heute polnisch Lutynia, als die Preußen unter der Führung ihres Königs *Friedrich II.* der Übermacht der Österreicher, vereint mit Württembergern und Bayern, widerstanden und schließlich siegten. Am Rande der Erschöpfung sangen 25 000 Landeskinder mit ihrem Monarchen das zur Hymne gewordene Kirchenlied, eingegangen in die Geschichte als der „Choral von Leuthen".

Das Sammeln von Informationen

Nach der auch im Lager Friedland obligatorischen Untersuchung folgten Befragungen westlicher Geheimdienste, französischer, britischer und amerikanischer; auch der Bundesnachrichtendienst war zugegen. Es ging offensichtlich um das Sammeln von Informationen der unterschiedlichsten Art über den Herkunftsbereich. In meinem Falle Cottbus. Von besonderem Interesse der Flugplatz der DDR-Luftstreitkräfte nahe dem Striesower Weg, meiner letzten Adresse. Mit Details über den Flugbetrieb konnte ich nun wirklich nicht dienen. Es hatte mich in der kurzen Zeit meines dortigen Daseins auch nicht interessiert. Überraschend hingegen die Frage, ob ich das Hoheitszeichen der Luftwaffe auf einem Blatt Papier skizzieren könne. Konnte ich, wenn auch ziemlich verwundert, wozu das gut sein sollte: Angelegt als Raute, senkrecht verlaufend in Schwarz, Rot, (Gelb) Gold. Auch das Staatswappen war „gefragt". Was denn den Unterschied

zwischen dem alten und dem neuen ausmache? Vage erinnern konnte ich an den gelben Hammer auf den Fahnen. Danach kam Hammer und Zirkel im Ährenkranz, umschlungen im unteren Teil von einem schwarz-rot-goldenen Band. Und dann das der Nationalen Volksarmee (NVA)? Ebenso mit der umgebenden Inschrift „Für den Schutz der Arbeiter-und-Bauern-Macht". Was es mit den Fragen auf sich hatte, das blieb mir allerdings verborgen. Zu vermuten stand, dass die Erläuterungen Rückschlüsse zuließen, ob es sich um als Flüchtlinge getarnte Spione handelte.

Unweit von Göttingen das Aufnahmelager Friedland mit Baracken und Wellblechhütten um 1950.

90

In der Folge war einem dreiköpfigen „Aufnahmeausschuss" Rede und Antwort zu stehen. Im Ergebnis erteilte er die „Erlaubnis zum ständigen Aufenthalt im Bundesgebiet". Und weiter: „Als Land, in dem der Aufgenommene seinen ersten Wohnsitz zu nehmen hat, wird Nordrhein-Westfalen ab dem 25. Juli 1960 bestimmt. Aktenzeichen II Ac4 – 472 416 GI." All das beurkundet unter der „Berücksichtigung der Jugendlichkeit des Antragstellers im Wege des Ermessens". Was irritierte war die Feststellung: „Der Antragsteller hat Beweismittel nicht vorgelegt." Wie sollte er auch?! Bei einer intensiven Kontrolle in Eichwalde vor und danach innerhalb Ost-Berlins wäre ich mit diversen „Belegen" garantiert aufgeflogen. Was bedeutete, für Jahre hinter Gittern zu landen, statt Bundesbürger zu werden und den Schulabschluss mit dem Abitur zu erlangen. Schließlich galt Republikflucht als Straftat. Und die wurde gnadenlos geahndet. Hiervon zeugen zwei Gefängnisse im Besonderen: „Gelbes Elend" (Bautzen), der gelben Klinkerfassade wegen, und „Rotes Elend" (Cottbus) ob der roten Backsteinfassade.

Sozialwerk Stukenbrock nahe Bielefeld, Jugendheimstatt Münster, Zeltlager im Westerwald – und das Grundgesetz.

Die Brücken zur neuen Heimat

Der weitere Weg zur Einbürgerung führte dann nach dem alles entscheidenden Aufenthalt in Friedland in das Flüchtlings- und Auffanglager *Sozialwerk Stukenbrock* nahe Bielefeld und Paderborn. Dort waren im Durchschnitt seit 1948 bis zu 2 500 Personen gleichzeitig untergebracht. Diese „Brücke zur neuen Heimat", erlebt und aufgezeichnet in Udo Plückelmanns gleichnamigem Film, kam einer kleinen Stadt gleich: Schule, Kindergarten, Krankenhaus, Kino, Apotheke, beispielsweise, zudem eine Ladenstraße zum Einkauf, zwei Kirchen (evangelisch und katholisch) und anderes mehr. Gesondert etabliert das Landesdurchgangslager für die Jugendlichen aus der Sowjetischen Be-satzungszone (SBZ), auch „Ostzone", wie die DDR damals noch genannt wurde. Nach

Der imposante Stadthausturm im westfälischen Münster an der Aa.

Die Gesandten aus ganz Europa besiegelten in Münster das Ende des Dreißigjährigen Krieges.

kurzem Aufenthalt einer kleinen Gruppe in etwa Gleichaltriger zugewiesen, „verpflegt und mit Taschengeld abgefunden", ging es Ende Juli 1960 weiter nach Münster zur dortigen *Jugendheimstatt.* Wohl bekannt uns die Stadt des „West-fälischen Friedens", wo 1648 der Dreißigjährige Krieg sein Ende fand. Dazugelernt an Ort und Stelle, dass die blitzblanke Stadt im 6. Jahrhundert aus der sächsischen Siedlung *Mimigernaford* hervor-ging. Zum späteren Namen kam sie durch die Errichtung eines Klosters (monasterium, Münster), 793 vorge-nommen vom Friesen-Missionar *Liudger* an einer Furt der Aa.

Sturm der Eindrücke

Die Zeit nach dem Seitenwechsel, DDR-deutsch „Republikflucht", kam einem nicht nachlassen wollenden Sturm der Eindrücke gleich. Es war, als sollten wir das Land unserer Schülerträume so schnell wie möglich mit seinen phrasenfreien Gegebenheiten kennenlernen. Betreut und einfühlsam geführt, fühlten wir uns zu Beginn nie alleingelassen. Wir waren angekommen. Wir genossen die Freiheit zur Meinungsäußerung. Mit einem Wort: Die „Gedankenfreiheit", wie sie Marquis Posa in Friedrich Schillers Drama „Don Karlos" von Spaniens König Philipp II. fordert. Das war das Befinden, das nun in der Bundesrepublik aufgekommene Hochgefühl. Und das in einem Land, wo dessen demokratisch gewählte Führung eben noch von der DDR-Propaganda als kriegsbedrohend herabgewürdigt wurde: „Adenauer muss weg!" Um einen Vergleich heranzuziehen, auch wenn er vielleicht „hinkt": Wir waren in einer Stimmung, wie sie sich ein gewisser *Armin Hary* im Juni des Jahres befunden haben muss. Es war der Tag, als der Saarländer aus Quierschied in Zürich die handgestoppten 100 Meter in 10,6 Sekunden absolvierte. Weltrekord! *Gesamtdeutsch* war die Begeisterung.

Der Hauch des Exotischen

Andererseits haftete uns Neubürgern der Bundesrepublik ein Hauch des Exotischen an – wir, die aus der Ostzone. Für manchen war sie ziemlich weit weg, bei Erwachsenen und Jugendlichen gleichermaßen. Die Springer-Presse (mit ihren Top-

Meldungen, wie „Schäferhund flüchtete in die Freiheit!") versah den Staat mit „Gänsefüßchen", den Anführungszeichen: „DDR". Irgendwie, so die Meinung, zur Sowjetunion eingemeindet, was nicht ganz falsch war. Blickte doch der kleine Bruder zum großen in Moskau geradezu ehrfürchtig auf und folgte aufs Wort. Mitteldeutsche Landschaften, wie die Lausitz oder die Sächsische Schweiz, waren so gut wie unbekannt. Fehlgedeutet beispielsweise der Begriff von „Sächsisch Sibirien". Er

Unter dem Zeltdach im Westerwald.

war nicht politisch abwertend gemeint. Er bezog sich auf das Erzgebirge zwischen Zwickau und Dresden mit dem besonders im Winter sprichwörtlich rauen Klima. Da kannte ich mich schon als Kind aus, als ich zwischenzeitlich in Annaberg-Buchholz zur Schule ging. Wie auch immer, unserem Selbstbewusstsein tat das keinen Abbruch. Schließlich wussten wir längst vom im Grundgesetz (GG) verankerten Gebot zur Wiedervereinigung. Wichtiger noch, dass der DDR-Bürger kein Ausländer sei, manifestiert in den GG-Artikel 116: Für die Bundesrepublik gilt der Fortbestand der (gesamt-) deutschen Staatsangehörigkeit.

Schloss Hachenburg: Sitz der Adelsfamilie Sayn-Wittgenstein-Sayn seit 1180.

Gespräche über Gott und die Welt

Es war gegen Ende der Schulferien in Nordrhein-Westfalen, als uns eine besondere Freizeit zuteilwurde. Sie sollte auf Kommendes vorbereiten, gleichwohl Kräfte sammeln, wie der Betreuer unterstrich. Allerdings kaum vonnöten. An Tatendrang mangelte es nun wirklich nicht. Fest im Blick der Abschluss auf einem der Gymnasien. Manchen Tag verbrachten wir bei strömenden Regen unterm Zeltdach im Westerwald, dem Mittelgebirge zwischen Köln und Frankfurt, umgeben von Lahn, Rhein und Sieg. Eine gute Gelegenheit, Erhellendes über westdeutsche Gegebenheiten zu erfahren, Zeit für Gespräche über Gott und die Welt. Bei schönem Wetter hinein in die taufrische Natur auf Schusters Rappen. Ein Höhepunkt: *Hachenburg*, das mittelalterliche Residenzstädtchen, gerühmt als des Westerwalds „heimliche" Kulturhauptstadt, oft verglichen mit Rothenburg ob der Tauber. Alles überragend das Wahrzeichen auf dem Hagenberg: das weithin ganz in Gelb leuchtende Schloss, Sitz der Adelsfamilie Sayn-Wittgenstein-Sayn seit 1180.

Hymne auf die Natur

Bei unseren Wanderungen begegneten wir hin und wieder Jugendgruppen, die sich von Weitem durch schmetternden Gesang ankündigten. Es war die Hymne auf die Landschaft der Berge und Täler mit dem einprägsamen Refrain: „O du schöner Westerwald, über deine Höhen pfeift der Wind so kalt. Jedoch der kleinste Sonnenschein dringt tief ins Herz hinein." Entstanden ist das nach den Melodien einiger Heimatlieder aus dem 19. Jahrhundert während eines Unwetters im November 1932, als drei Männer in einer Holzbaracke Schutz gesucht hatten. Es war im Lager des Freiwilligen Arbeitsdienstes (FAD) nahe Daaden im Landkreis Altenkirchen. Die Drei, das waren der Gemeindebaumeister Münker, Lagerleiter Böhmer und Sportlehrer Scharthauer. Dass sich das Lied alsbald wie ein

Heino und das Westerwald-Lied.

Lauffeuer verbreiten sollte, das dürften sie kaum geahnt haben. Dazu beigetragen haben mit Sicherheit die FAD-Stationen im Reichsgebiet der Weimarer Republik (1919-1933), veranlasst von Kanzler *Heinrich Brüning* zur Bekämpfung der Arbeitslosigkeit. Da im Zweiten Weltkrieg auch von den Soldaten der Wehrmacht gesungen, geriet es nach 1945 ins Zwielicht. Längst aber zum Volkslied geworden, fand es 1955 Eingang ins Liederbuch der Bundeswehr. Noch heute singen es auch die Frankreichs Fremdenlegionäre – in deutscher Sprache. Nicht zu vergessen ein gewisser Heinz Georg Kramm, besser bekannt als *Heino*, der 1968 das schönste Lied der Westerwälder in die Hitparaden katapultierte. Radio Luxemburg feierte es euphorisch als „das drittbekannteste Lied der Welt". Landesprachlich gesungen zudem in Chile und Südkorea.

Quellen: Dr. Martin Rehfeldt, Otto-Friedrich-Universität Bamberg: Deutsche Lieder, Bamberger Anthologie. – Ulrich Meyer, Vorsitzender des Arbeitskreises Heimatgeschichte Daadener Land, Marc Rosenkranz, Mitglied.

Die vermeintliche Rückstufung. Der missglückte Aufsatz und die Wiedergutmachung. Der Spitzname „Rote Kapelle".

Als Gastschüler an zwei Gymnasien

Nachdem Westerwald-Intermezzo fand die Odyssee von Cottbus über Berlin Ost und West, Flughafen Tempelhof, Düsseldorf, Duisburg, Rumeln-Kaldenhausen, Uelzen, Friedland, Stukenbrock und Münster in Westfalen ein vorläufiges Ende. In den Vordergrund rückte jetzt das Ziel Nummer eins, der Schulabschluss, das Abitur. Und das leider in der irrigen Annahme, dass dies mit einem Jahr, also mit der 12. Klasse, wie in der DDR, getan sei. Die 11. schien mir ja immerhin per Zeugnis belegt. Irrig deshalb, weil in den Ländern der Bundesrepublik erst die 13. Klasse zum Abschluss führte. Somit fehlte nun die 12. und 13., was als Rückstufung empfunden wurde. Wie dem auch war, die bisherige kleine Gemeinschaft löste sich auf. Selbst nun in Moers am Niederrhein nahe Duisburg angekommen, fand ich Aufnahme als Gastschüler im Staatlichen Gymnasium und der Aufbauschule *Adolfinum,* befristet auf zwei Monate bis Ende Oktober.

Merkwürdigerweise in Erinnerung geblieben ein vermeintlich missglückter Aufsatz mit einer miserablen Benotung, die mir bislang so nicht widerfahren war. Das Thema: „Gaius Iulius Caesar und Marcus Brutus, der Mord. Eine Beurteilung." Der historische Hintergrund: Der römische Senat bestätigte im Verlauf einer Sitzung Caesars Ernennung zum Alleinherrscher, zum *dictator perpetuus.* Trotz der Zustimmung sorgte sich eine Gruppe derselben Versammlung um den weiteren Bestand der Republik. Der Plan: Caesars Beseitigung. Angeführt von Brutus, erdolchte sie ihn am 15. März des Jahres 44 der alten Zeitrechnung. In meiner Beurteilung war es ein schlagendes Musterbeispiel des Verrats am eben noch engen Freund, Vertrauten, Förderer und Lebensretter. Zudem nicht zu schweigen von Brutus' heimtückischen Mordgesellen, die eben noch Caesar gehuldigt hatten. Meiner „Geschichte" aufsässig rebellischer Schluss: Vorlage meines Aufsatzes an

Die „Rote Kapelle" auf dem Gymnasium in Lünen. anderer, an kompetenter Stelle.

Kameradschaft in Lünen-Brambauer mit gemeinsamem Hintergrund: Schulabschluss.

Ergebnis per Zensur: Eins minus. Begründet mit einem durchaus „interessanten anderen Blickwinkel". Und verbunden mit der herzlichen Bitte, es „nicht an die große Glocke zu hängen".

Der Förderkurs für SBZ-Schüler

Nach Moers nun Lünen an der Lippe, nördlich von Dortmund gelegen. Das neue Bildungsangebot firmierte als „Förderkurs für SBZ-Schüler" (FK 12) am Neusprachlichen Geschwister-Scholl-Gymnasium für Mädchen an der Holtgrevenstraße. Untergebracht seit dem 1. November 1960 in einem Heim am Amselweg im Stadtteil Brambauer, war schnell Anschluss gefunden in einer Gruppe Gleichaltriger mit ähnlichem Hintergrund. Schulisch gesehen, ging eingangs alles gut. Wir konnten (oder durften) einiges aus der Zeit der ostdeutschen Oberschulen einbringen, was natürlich schmeichelte. Und dabei stets ausgehend vom von uns nun wahrhaftig bewunderten westdeutschen Demokratieverständnis, gemeint die Meinungsfreiheit im Allgemeinen wie im Besonderen.

Von dürftigen Darstellungen beider Diktaturen

Das schloss manches Mal Kollisionen mit der an sich weltoffenen Lehrerschaft nicht aus. Da traf zunehmend von den Altvordern Erfahrenes mit dem Hintergrund der jüngeren deutschen Geschichte und deren Verzerrungen in der DDR auf eher dürftige Darstellungen unserer Studienrätin. Sie klammerte am liebsten aus, ging es um Hitlers Drittes Reich und Stalins Sowjetunion. Unberücksichtigt blieb, dass *beide* Diktaturen die Hochrüstung vorantrieben, was dann am 21. Juni 1941 den deutschen Überfall, Deckname „Barbarossa", trotz des Nichtangriffspaktes, zur Folge hatte. Damit war das Thema erledigt, der vielleicht nicht gerade unwichtige Hinweis auf die Hochrüstung *beider* Diktaturen auch. Schon mit sechzehn den Großvater darauf angesprochen, meinte er nur emotionslos: „Da ist der Hitler dem Stalin zuvorgekommen."

Meinem Vater wiederum wurde die frühe Erkenntnis nachgesagt, dass „jetzt der Krieg verloren sei". Er wusste, wovon er redete, war er doch selbst in Russland bei der Luftwaffe im Einsatz. Für mich zu erkennen auf einem Foto an den Schwingen auf dem Kragenspiegel der Uniform. Inzwischen genossen wir sechs im jugendlichen Überschwang auch den Spitznamen „Rote Kapelle", verortet auf der hinteren Sitzreihe des Klassenzimmers. „Rot" stand für unsere ehemalige Geografie (für „die aus der Zone") „Kapelle" für „Widerstandsnest", das sich fast immer mit einer Stimme artikulierte. Aus dem Abstand heraus gesehen, muss uns die Lehrerschaft zunehmend als renitent eingestuft haben – im Gegensatz zu den sich über die unverhoffte „Unterhaltung" und „Nachhilfe" freuenden Mitschüler. Wir hatten es offensichtlich zu bunt getrieben. Den Lehrkräften, nicht allen, waren die Widersprüchlichkeiten im häufigen Wechselspiel mit der Studienrätin zu viel geworden. Letzter Schultag am 31. März 1961, ausgestattet mit einem erträglichen Zeugnis mit dem Vermerk „Beteiligung am Unterricht: Gut". Und nach wie vor guter Dinge, da bereits eine nun endlich zum Ziel führende Herausforderung anstand, gleichsam beschlossen von einem Tag auf den anderen.

Nachträge und Quellen
STALIN, LENIN, ROTE KAPELLE

J. W. Lenin.

Stalins Pläne. Die historische Forschung belegt seit geraumer Zeit, fußend auf Aktenfunden in russischen Archiven, dass der Diktator der Sowjetunion im engsten Kreis seiner Genossen mit Angriffsplänen auf den Westen beschäftigt war. Dem Sachverhalt hatte sich 2010 beispielsweise der deutsch-polnische Historiker *Bogdan Musial* angenommen. So vermittelten bislang „unzugängliche Quellen, dass *Stalin* auf einen Krieg in West- und Mitteleuropa setzte, von dem er zu profitieren hoffte". Er verfolgte dabei eine Doppelstrategie: Gegenseitige Schwächung der kapitalistischen Länder bei gleichzeitiger eigener territorialer Expansion. Das entspräche Lenins Leitsatz von 1915 über die Verbreitung der „proletarischen Revolution" mit Waffengewalt. So habe der aus Georgien stammende Josif Wissarionowitsch Dschugaschwili (1878-1953), Kampfname „Der Stählerne" (Stalin), seit 1912 geglaubt, dass „ohne Krieg die Ausbreitung der kommunistischen Herrschaft im großen Stil nicht möglich sei". Dafür rüstete er die Rote Armee auf.

Bogdan Musial: Kampfplatz Deutschland. Stalins Kriegspläne gegen den Westen (2008). – Stalins Beutezug. Die Plünderung Deutschlands und der Aufstieg der Sowjetunion zur Weltmacht (2010). Propyläen Ullstein-Buchverlagen, Berlin.

Wladimir Iljitsch Uljanow (1870-1924). Kampfname „Lenin", entlehnt vom sibirischen Strom Lena beziehungsweise von seinem gleichnamigen Kindermädchen. Kommunistischer Politiker und Revolutionär. Regierungschef der Sowjetunion (1922-1924). Stalins Vorgänger.

Rote Kapelle. Sammelbegriff der Geheimen Staatspolizei (Gestapo) für die im Zweiten Weltkrieg aktiven Widerstandsgruppen gegen den Nationalsozialismus.

Höhere Handelsschule. Familie Szelinski in Lünen. Stippvisite Deutsche Bank in Dortmund. Die Mauer in Berlin.

Nach Lünen der Glücksfall Hamm in Westfalen

Nach den gymnasialen Aufenthalten in den Förderklassen für SBZ-Schüler bot sich in der Stadt Hamm im „Herzen Westfalens" zwischen Dortmund und Münster die Höhere Handelsschule zur Erlangung der Fachhochschulreife an, inoffiziell „Wirtschaftsabitur" genannt. Klar umrissen die Voraussetzung: 11. Klasse Gymnasium. Dann der Abschluss nach zwei Jahren. Das war es, was ich brauchte, und es sollte sich als richtig erweisen. Ein Glücksfall. Fast nahtlos der Übergang vom Geschwister-Scholl-Gymnasium am 13. April 1961 zur Bildungsstätte am Hammer Vorheider Weg. Zuvor umgezogen mit bescheidenen Habseligkeiten nebst

Zwei Jahre zur Untermiete bei der Familie Szelinski in Lünen.

Wecker vom Ortsteil Brambauer zur Mörikestraße in Lünens Stadtmitte, unproblematisch zugewiesen vom zuständigen Amt. Kleines Zimmer bei der Familie *Szelinski*: Tisch, Stuhl, Schrank, Bett; mehr brauchte es auch nicht. Die Chemie stimmte. Mehr noch die Spezialrezepturen der Hausherrin bei Fieber, Erkältung und anderen Ungereimtheiten: Hohes Bierglas, halb gefüllt mit heißem Rotwein, hinein ein rohes Ei, Schuss Weinbrand, ein Esslöffel Zucker und eine Minute umgerührt. Interessant der gewöhnungsbedürftige Geschmack, doch die Mixtur wirkte. Tiefschlaf inklusive. Apropos, der Wecker: Der war dringend vonnöten, da der erste Zug von Lünen nach Hamm in aller Herrgottsfrühe zu nehmen war. Die Fahrstrecke: keine 30 Kilometer. Abfahrt Lünen Hauptbahnhof gegen fünf Uhr, Schulbeginn Punkt acht Uhr.

Die Empfehlung aus Kairo

Das schulische Klima war gut. Reibungsflächen mit der Lehrerschaft, wie auf den erlebten Gymnasien, gab es nicht. Klassenlehrer *Gerhard Haase* gewährte dem Umtriebigen „aus der Zone" Freizeiten für diverse Aktivitäten, wie beispielsweise erste (vor-)berufliche Informationstermine. Unvergessen auch das Mitgefühl bei einem schweren Fußballunfall. Das Jahr, mit anderen Worten, das hatte es in sich. Dazu zählte ein Ausflug in eine Welt, die eigentlich zum Schulischem und dem erstrebten Abschluss passend erschien. So sah es ein ferner Verwandter meines

Großvaters, der in Kairo als Banker (damals schrieb man noch Bänker) für die Deutsche Bank tätig war. Das hielt ich im Grunde nicht für unbedingt erstrebenswert, war doch meine Planung fürs Künftige eine andere. Das sollte sich in der zweiten Jahreshälfte entscheiden.

Dennoch, enttäuschen mochte ich den Gutmeinenden nicht, der den Weg zur Filiale an der Dortmunder Betenstraße zwecks Kennenlernens bahnte. Der nächste Schritt eine Art „Klausur" mit schriftlicher Prüfungsarbeit. Sich dabei nicht gerade wohl fühlend, war ich sicher, sie mit Glanz und Gloria „verhauen" zu haben. Doch nichts von alledem. Was folgte, war die Einladung zum Hospitieren für fünf Tage. Danach wusste ich, das war nichts für mich, auch nicht das vorgeschriebene Erscheinungsbild: Anzug, Schlips und Kragen. Bemerkenswert dieser Hinweis: „Wir stehen in ständiger Verbindung mit den Klassenlehrern und lassen uns von Zeit zu Zeit über Ihre Leistungen berichten." Das war von nun an nicht mehr nötig. Der junge Aspirant hatte „abgedankt".

Alter Markt in Dortmund mit Blick auf die Reinoldikirche.

Twist mit Marianne

In Hamm hatte ich endlich die schulische Heimat gefunden, zugleich in Lünen die ordentliche Unterbringung. In der Freizeit empfahlen sich Jugendtreffs, in denen die Musicbox für Stimmung sorgte; auch manche Band, die zum Tanz aufspielte. Besonders zu einem, der geradezu elektrisierend in Mode gekommen war: Twist im Vier-Viertel-Takt. Ein Paartanz ohne jedwede Berührung im Gegensatz zum Rock `n` Roll. Da waren sogar Preise im Geldwert zu gewinnen. In meinem Falle mit „Mary", Marianne C., ein Mädel von hoch erfreulichem Aussehen: 17 Jahr`, schwarz das Haar, Pferdeschwanz, Ringelpulli à la Brigitte Bardot. Erklang Chubby Checkers „Let`s Twist Again" war sie nicht mehr zu halten. Einer der Tatorte: Gaststätte zum Uhu im Lünen nahen Oberaden bei Bergkamen.

Kennedy im Amt, Gagarin im Weltraum

Das Jahr schien sich erfreulich zu entwickeln. Im Januar trat *John F. Kennedy* mit 43 als jüngster gewählter Präsident der Vereinigten Staaten von Amerika sein Amt an. Für die Jugend eine politische Lichtgestalt, die auf Bewegung in den deutsch-deutschen Gegebenheiten hoffte. Das galt auch dem geteilten Berlin. Im April hielt der sowjetische Kosmonaut *Juri Gagarin* die Welt in Atem: Er war mit dem

Raumschiff „Wostok" (Osten) der erste Mensch im Weltraum. An Anerkennung mangelte es nicht. Da wurde mancherorts fröhlich formuliert: „Da haben es die Iwans den Amis mal so richtig gezeigt."

Was freute, das war das Ergebnis einer Umfrage, dass um die 30 Prozent der Westdeutschen die Wiedervereinigung für möglich hielten. Im täglichen Marschgepäck zwischen Lünen und Hamm hatte ich ein kleines Kofferradio, um nichts aus der Welt der Nachrichten zu verpassen. Eine Leidenschaft, die bis heute währt. Vielleicht war das seinerzeit der erste Fingerzeig auf die künftige Berufswahl, allerdings erst im zweiten Anlauf.

Große Filme kamen in die Kinos, allesamt Kassenschlager. Da begeisterte *Charlton Heston* als jüdischer Prinz im Monumental- und Historienfilm „Ben Hur". Tragisch der Konflikt mit Messala,

Porträt von Juri Aleksejewitsch Gagarin mit aller Ordenspracht.

dem römischen Jugendfreund. Legendär deren atemberaubendes Wagenrennen. Dann *Alfred Hitchcocks* „Psycho", der Thriller mit Horror-Elementen, bei denen einem das Blut gefrieren konnte. *Federico Fellini*, einer der größten italienischen Filmemacher („La Strada – Das Lied der Straße"), nahm sich mit „Das süße Leben – La dolce Vita" der römischen High Society in bewegenden Bildern an. Fast leinwandfüllend die kurvenreiche Schwedin *Anita Ekberg*. Weltberühmt geworden deren Kuss-Szene mit *Marcello Mastroianni* im 50 m breiten und 26 m hohen *Fontana di Trevi*, Roms größten Brunnen.

Ulbrichts Worte von der Mauer

Da per Radio stets nachrichtlich stets auf dem Laufenden, schreckte am 15. Juni eine Erklärung auf, verlautbart während einer internationalen Pressekonferenz in Ost-Berlin. Im Brustton der Wahrhaftigkeit in dem ihm so ganz eigenen sächsischen Wortlaut beteuerte DDR-Staatsratsvorsitzender *Walter Ulbricht* (1893-1973), dass niemand die Absicht habe, eine *Mauer* zu bauen. Das Wort fiel gleich zweimal. Wissen wollte Annamaria

Anita Ekberg.

Doherr (Frankfurter Rundschau) vom DDR-Staatsratsvorsitzenden, ob „die Bildung einer Freien Stadt bedeutet, Ihrer Meinung nach, dass die Staatsgrenze am Brandenburger Tor errichtet wird". Ulbrichts Antwort im vollen Wortlaut: „Ich verstehe Ihre Frage so, dass es in Westdeutschland Menschen gibt, die wünschen, dass wir die Bauarbeiter der Hauptstadt der DDR dazu mobilisieren, eine *Mauer* aufzurichten. Mir ist nicht bekannt, dass eine solche Absicht besteht. Die Bauarbeiter unserer Hauptstadt beschäftigen sich hauptsächlich mit Wohnungsbau, und ihre Arbeitskraft wird dafür voll eingesetzt. Niemand hat die Absicht, eine *Mauer* zu errichten."

Wichtig war ihm offensichtlich auch dieser geografische Hinweis: „Die Staatsgrenze verläuft, wie bekannt, zum Beispiel an der Elbe und so weiter. Und das Territorium West-Berlins gehört zum Territorium der Deutschen Demokratischen Republik." 59 Tage später war die *Mauer* Wirklichkeit.

Der 13. August 1961

Im Juni waren die Flucht-
bewegungen aus der DDR und Ost-
Berlin rasant angestiegen, ebenso
im Juli. Aus der Sicht von US-
Präsident *John Fitzgerald Kennedy*
bestand kein Handlungsbedarf,
bezeugt von Walt W. Rostow,
seinem Berater: „Ostdeutschland
entgleitet Chruschtschow. Das kann
er nicht zulassen (…) Er muss
etwas tun, um den Flüchtlingsstrom
einzudämmen, vielleicht eine
Mauer. Und wir werden nichts
dagegen tun können. Ich kann die
Allianz zusammenhalten, um West-
Berlin zu verteidigen. Aber ich
kann nicht Ost-Berlin offenhalten."

Der Mauerbau in vollem Gang: Aufstellen der Betonblöcke mit einem Kran am 13. 8. 1961.

Ob Ulbricht von Kennedys *Mauer*-Wort wusste, ist nicht belegt, aber anzunehmen, war doch das Regime dem Moskauer Vorbild treu ergeben. *Nikita Sergejewitsch Chruschtschow* (1894-1971), Staatschef der Sowjetunion, hingegen schon, da diesbezüglich informiert worden. Und dann kam sie, die *Berliner Mauer*. Es war der 13. August 1961, ein schöner Sommersonntag. Hermetisch die Abriegelung des Ostteils (Hauptstadt der DDR) auf 160 Kilometern vom Westteil Berlins. Sie umschloss gleichermaßen die drei alliierten Sektoren (USA, Großbritannien, Frankeich). Im Ergebnis die Insel West-Berlin, der Sonderfall im Vergleich zur innerdeutschen Grenze. Sie verlief als so genannte Demarkationslinie von Süd nach Nord vom Dreiländereck Bayern (BRD), Sachsen (DDR), Tschechoslowakei bis zur Ostsee, Lübecker Bucht mit der Halbinsel Priwall.

Quellen: Dokumente zur Deutschlandpolitik IV/6 (1961), 925 ff. – Walt W. Rostow. The Diffusion of Power. An Essay in Recent History. New York, 1972, S. 231. Zitiert nach Manfred Görtemaker: Geschichte der Bundesrepublik Deutschland – Von der Gründung bis zur Gegenwart. Verlag C.H. Beck. München 1999, S. 364.

Worte zum Mauerbau am 13. August 1961
DER BRANDT-APPELL

Treffen im Weißen Haus am 13. März 1961: J. F. Kennedy und Willy Brandt.

Drei Tage nach Beginn des Mauerbaus trat *Willy Brandt* (1913-1992), West-Berlins Regierender Bürgermeister, an die Öffentlichkeit. In seiner Rede vor dem Schöneberger Rathaus wandte sich der spätere Bundeskanzler (1969-1974) mit einem „Appell an alle Funktionäre des Zonenregimes, an alle Offiziere und Mannschaften". Unvergessen dann diese Aufforderung: „Lasst euch nicht zu Lumpen machen! Zeigt menschliches Verhalten, wo immer es möglich ist, und vor allem, schießt nicht auf eure eigenen Landsleute!" Rückblickend gestand der mit dem Friedensnobelpreis Ausgezeichnete, verliehen für seinen Beitrag zur Entspannung zwischen Ost und West: „Der 13. August war der schwärzeste Tag meines Lebens." Er prägte auch das Wort von der „Schandmauer". Walter Ulbricht wiederum brachte den Propagandabegriff vom „Antifaschistischen Schutzwall" international in Umlauf. Verschleiert somit der wahre Zweck, der abrupte Einhalt der Flüchtlingsströme aus dem kommunistischen Osten (DDR) in den freiheitlichen Westen (BRD. Im Spiegel der Zahlen: Von 1. September 1949 bis zum 13. August 1961waren es 2,8 Millionen, die der DDR und Ost-Berlin den Rücken kehrten, allein 47 000 vom 1. bis zum 13. August 1961.
Noch am selben Tag rechtfertigte die DDR den Mauerbau im Rahmen von Flugblattaktionen. Auftraggeber war die „Nationale Front des demokratischen Deutschlands" unter Bezugnahme auf den Beschluss des Ministerrats. Unter der Überschrift „Schluß mit der Menschenfalle Westberlin!" stellte sie klar, dass der Mauerbau für die Sicherung des Friedens notwendig sei und damit auch zum

Schutz der DDR, gleichermaßen für die anderen sozialistischen Staaten. Beendet der „Menschenhandel" und die „Republikflucht". Und: „Seid wachsam gegenüber den Machenschaften des Gegners!"

Der ehemalige Chefredakteur des SED-Zentralorgans „Neues Deutschland" und Mitglied des Zentralkomitees der Partei, *Günter Schabowski* (1913-1992) kennzeichnete die Mauer im Nachhinein: „Ein unmögliches Stück trivialer politischer Architektur, ein negatives Faszinosum, ein Zeugnis der weltweiten Verurteilung unseres Sozialismusversuches." Als Mitglied des Zentralkomitees der Partei war er es, der am 9. November 1989 im Verlauf einer Pressekonferenz in Ost-Berlin neue Reiseregeln für westliche Länder, also auch für die Bundesrepublik, angekündigt hatte. Das löste einen Massenansturm auf die Mauer aus. Der Andrang war so groß, dass die Grenzübergänge nach West-Berlin ungeplant geöffnet wurden.

Der Rockmusiker und Maler *Udo Lindenberg* („Sonderzug nach Pankow"), belegt mit Auftrittsverboten in der DDR, urteilte in unverwechselbarer Wortwahl: „Ich wusste immer, irgendwann spielen wir drüben, und die Scheißmauer bleibt auch nicht ewig stehen. Die ist so was von krank, völlig absurd, geht nicht."

US-Präsident *Ronald Reagan* (1911-2004) forderte am 12. Juni 1987 in der Rede vor dem Berliner Brandenburger Tor: „Herr Gorbatschow, reißen Sie diese Mauer nieder! – Mr. Gorbachev, tear down this wall!"

US-Präsident Ronald Reagan am 12. Juni 1987 in West-Berlin. Ihm zur Seite Bundestagspräsident Philipp Jenninger (links) und Bundeskanzler Helmut Kohl (rechts).

Quellen zum Kapitel:
Die Bundeskanzler-Willy-Brandt-Stiftung, Berlin. – Willy Brandt. Ein Leben, ein Jahrhundert. Von Hans-Joachim Noack, Rowohlt Verlag. Berlin 2013. – Stiftung Haus der Geschichte der Bundesrepublik Deutschland, Berlin. – Günter Schabowski: Wir haben fast alles falsch gemacht. Econ Verlag, 2009. – Magazin *einestages,* Ausgabe 1/2008 vom 1. September 2008.

Nach dem Zusammenprall:
Unterbringung in der Sportbaracke
an der Fußballwiese.

Der Fußballunfall. Die Notoperation in Neuwied. Morphium gegen den Schmerz. Zerstoben Hoffnungen und Wünsche.

Der folgenschwere Zwischenfall

Das dramatische Geschehen am 13. August ist mir an diesem Tag nicht bewusst geworden. Außer Gefecht gesetzt durch einen Unfall, zugestoßen während eines Fußballspiels zweier Jugendgruppen am Westerwald bei Neuwied am Rhein. Als Vorstopper aufgestellt, hatte ich den gegnerischen Mittelstürmer in seinem Lauf zu bremsen. Stabil gebaut, schien ich für diese Manndeckung der Richtige zu sein. Durchdrungen von sportlichem Ehrgeiz und kraftvollem Einsatz, zugegeben, erfüllte ich weitgehend die Erwartungen – bis es zum folgenschweren Zwischenfall kam, dem Zusammenprall mit einem der Anstürmenden. Gleich ob es das Knie oder der Stollenschuh des Gegners war: Wie ein Blitz durchzuckte der Schmerz den Bauchbereich. Schwarz vor Augen und bewusstlos zu Boden gehend, war ich von einer Sekunde zur anderen nicht mehr im Spiel. Wie es dann weiterging, beruht auf Berichten der mit mir Befassten. Zur selben Stunde des Vorfalls hat sich in Cottbus auf Mutters Schreibtisch Unerklärliches zugetragen, bezeugt von Bruder Thomas. Linkerhand befand sich ein gerahmter Aufsteller mit einem Foto vom erstgeborenen Sohn, der sich 1960 nach West-Deutschland „verändert" hatte. Plötzlich ein diagonal verlaufender Sprung im das Bild abdeckenden Glas.

Mutters Blitzbesuch
Getragen in die Sportbaracke mit auffällig weißen Fensterrahmen, mit einer leichten Decke gebettet auf einer Liege, ließ man mich vorerst zurück und fortgeführt das Fußballspiel. Und das im guten Glauben, dass sich der Malträtierte bald wieder berappeln würde. Schließlich war es keine Seltenheit, dass ein angeschlagener

Spieler vom Feld getragen werden musste. Da aber nach der Begegnung noch immer bewusstlos, alarmierte der Sportleiter den Rettungsdienst. Ziel das Neuwieder Rot-Kreuz-Krankenhaus. Diagnose: Milzriss. Tangiert die Bauchspeicheldrüse. Starke Blutungen. Der Eingriff, die Milzextirpation: Notoperation von fünfstündiger Dauer. Mutters Blitzbesuch nicht wahrgenommen, da weiterhin bewusstlos. Sie hatte trotz der verschärften Grenzsituation und dem Berliner Mauerbau ein Visum erhalten. Vorübergehend Unterkunft fand sie für zwei Tage bei einer einfühlsamen Familie, organisiert vom Krankenhaus. Sie berichtete nach ihrer Abreise laufend über das Befinden des Sohnes.

Die Burg Altwied über Neuwied am Rhein.

Vom Erlebnis des Entzugs

Eine Erfahrung fürs Leben, das war die Schmerzbekämpfung mit Morphium. Einerseits ein fast unbeschreibliches Gefühl der Erleichterung, wie auf weißen Wolken schwebend. Andererseits das grauenhafte Erlebnis des allmählichen Entzugs bei fortschreitender Heilung. Es war, als setzte der Verstand aus, der nur noch lautstark nach einer erneuten Injektion verlangte. Fortan Bettlägerigkeit im angeschnallten Zustand. Selbst das Kruzifix an der Wand gegenüber verstörte. Es musste abgehängt werden. Nach geraumer Zeit wieder „entfesselt", das Schlimmste

Apotheker Friedrich Sertürner, Entdecker des Morphiums.

schien überstanden, wagte ich trotz Untersagung erste Schritte im Zimmer. Ich wollte endlich wieder mit aller Macht auf die Beine kommen, zurückkehren ins wahre Leben. Später dann das Wagnis, tief gebeugt zu nächtlicher Stunde über Treppengänge wandelnd. Und dann kam der Tag, als es die Ärzte-Visite erlaubte, aus dem Bett zu steigen und „ein paar Schritte" zu wagen. Stolz wie ein Spanier ging ich hin und her: Die Überraschung war gelungen. Der mich fast täglich betreuende *Dr. Franske,* ein aus der Bischofswerda nahen Stadt

Warnung vor den Drogen: Konstantin Wecker.

Bautzen stammender Oberarzt, kommentierte die noch nicht erwartete Ertüchtigung: „Tüchtig, tüchtig, junger Mann! Noch einmal davongekommen."

Der Nachtrag zum Thema Morphium, auch Morphin, abgeleitet von Morpheus, dem griechischen Gott der Träume. Isoliert wurde es erstmals 1804 aus Opium. Gelungen war das dem Apothekergehilfen *Friedrich Wilhelm Adam Sertürner* in Paderborn. Die Erfahrung mit dem zugelassenen Rauschgift bei stärksten Schmerzen hat in meinem Falle ein Leben lang vor Experimenten mit Drogen bewahrt. *Konstantin Wecker*, der Münchner Liedermacher, Komponist und Schauspieler, brachte in seiner Biografie „Das ganze schrecklich schöne Leben" (Gütersloher Verlagshaus, 2017) auf den Punkt: „Unter Drogen findet man sich nicht selbst, sondern nur den Teufel."

Pechvogel, Grandseigneur, Super-Bandenführer

Nach Wochen des ärztlich verordneten Stillstands zur Beobachtung des Heilungsprozesses endlich die Entlassung. Dr. Franske musste ich allerdings in die Hand versprechen, mich in eine von der Unfallchirurgie vorgesehene Rehabilitation zu begeben, gleich welcher Art auch immer. Ich zog die „private" vor, die Rückkehr nach Lünen zur Familie Szelinski. Aus der narbenbedingt gebückten Gehweise erwuchs allmählich wieder die aufrechte Haltung. Bald des vermeintlichen Müßiggangs überdrüssig, brach ich die diese „Reha" ab. Ausschlaggebend war letztlich ein Brief von Klassenlehrer Gerhard Haase: „Sie sind ein Pechvogel! Ich empfehle Ihnen, möglichst schnell wieder gesund zu werden." Das war wie ein Befehl, gern vernommen, zumal die Mitschüler „herzlich grüßen" ließen.

Apropos Befehl, militärisch gedacht. Stets das Ziel des Schulabschlusses im März 1963 vor Augen, war es an der Zeit, sich vorbereitend dem erstrebenswerten Berufsziel zu nähern, dem zur Bundeswehr-Offizierslaufbahn. Erfreulich Großvaters Zustimmung. Da ich die Mitschüler von meiner Absicht wissen ließ, wandelten sie das gekonnt satirisch um. Im „Klassenspiegel des Jahres" hieß es da in der Rubrik „Filmvorschau der Schülermitverantwortung" in heiterer Verspottung: „...kämpfte für Deutschland. Gelungenes Lustspielmit dem Grandseigneur des deutschen Films, Ulrich Metzner." Zuvor noch ein eher schmeichelhaftes Kompliment in einem anderen Zusammenhang: „Der Ulrich ist ein rechter Mann, korrekt mit stolzer Haltung. Am Gang man ihn erkennen kann und in der Unterhaltung."

Satirisch heftiger ging es in einem anderen Porträt zu, „Verzeihung" genannt: „Er erblickte in Bischofswerda in Sachsen das Licht der braunen Sonne, die er nie wieder vergaß. Ihn trifft keine Schuld, dass Sachsen heute rot ist. Wäre er damals so alt wie heute gewesen, hätte er mit seinem jugendlichen Fanatismus und mittels seiner rührigen Schnauze das Regime glatt über Wasser gehalten. Heute wäre er schon zu einem Super-Bandenführer herangereift." Humor ist, wenn man trotzdem lacht. Das sagte schon der Lyriker, Journalist und Schriftsteller *Otto Julius Bierbaum* (1865-1910), geboren im schlesischen Grünberg, heute Zielona Góra, aufgewachsen in Dresden und Leipzig, somit eben auch ein Sachse.

Niederschmetternd die Musterung

Der „Bandenführer" hatte sich schon im Juni 1961, also vor dem Fußballdebakel am 13. August, im hoch aufragenden Rathaus Lünen zur „Anlegung eines Wehrstammblattes" eingefunden – zwecks Weiterleitung an die Düsseldorfer Freiwilligen-Annahmestelle. Nach der Entlassung aus dem Neuwieder Rot-Kreuz-Krankenhaus und der Heimkehr in die Hammer Höhere Handelsschule stand am 20. Oktober 1961 im Dortmunder Kreiswehrersatzamt die Musterung an. Selbst guter Dinge und der festen Überzeugung, dass die Unfallgeschichte bislang meiner robusten, zudem sportlich gestählten Natur nicht zum Nachteil gereichte, absolvierte ich die Untersuchung jugendlich heiteren Gemüts. Schon nach wenigen Tagen traf der Bescheid nebst Wehrpass mit der Personenkennziffer 091141M3081 ein. Beigefügt das handschriftliche Untersuchungsergebnis von Dr. Büttner, Reg.Med.Rat: „Beschränkt tauglich IV, zugewiesen der Ersatzreserve II." Das Bild vom „Volkssturm" stand da vor Augen: das letzte Aufgebot vor Kriegsende 1945. Unsagbar die Enttäuschung. Nach Monaten der erneute Anlauf zwecks Aufhebung des Bescheids, fühlte ich mich doch gesundheitlich in bester Verfassung. Das Düsseldorfer Amt für Freiwillige empfahl jetzt die erneute Musterung, diesmal wieder in Dortmund. Niederschmetternd das von Reg.-Amtmann Herschel unterzeichnete Ergebnis: „Der Tauglichkeitsgrad IV wurde Ihnen auf Grund einer operativen Entfernung Ihrer Milz zugesprochen. Da es sich bei dieser Milzentfernung um einen Dauerzustand handelt, der nur bei einer Änderung der ärztlichen Bestimmungen eine Korrektur der Bewertung zuließe, besteht keine Möglichkeit, Ihren Tauglichkeitsgrad zu ändern."

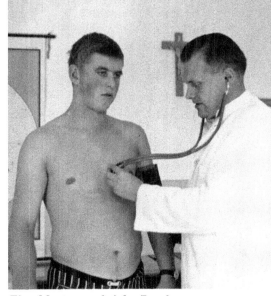

Eine Musterung bei der Bundeswehr in den 1960er Jahren.

Der Anstoß zum neuen Ziel

Zerstoben alle Hoffnungen. Großvaters Nornen hatten wieder einmal webend entschieden, dass es mit meinem Berufsziel nichts werden solle. Der Ist-Zustand entsprach ganz und gar dem unsterblichen Goethe-Wort aus „Faust, der Tragödie erster Teil", gern zitiert in vermeintlich auswegloser Situation: „Da steh ich nun, ich armer Tor, und bin so klug als wie zuvor." Der Lokalchef der Westfälischen Rundschau (WR) in Lünen, um keine Spruchweisheit verlegen, wusste mit einer vom Philosophen Friedrich Nietzsche zu dienen: „Hindernisse und Schwierigkeiten sind Stufen, auf denen wir in die Höhe steigen." Er brachte mich auf den Gedanken, es doch vielleicht mit dem Journalismus zu versuchen. Ich sei doch, so in etwa seine wörtliche Rede, „des Fabulierens und Formulierens durchaus kundig". Und das bereits mehrfach in seiner Zeitung unter Beweis gestellt. Letzteres stimmte, war immerhin mancher von ihm beauftragte Beitrag gedruckt worden.

Ganz von ungefähr kam die Empfehlung zum neuerlichen Berufsziel nicht, war ich doch zu Cottbuser Schülerzeiten als so genannter „Volkskorrespondent" für die Lausitzer Rundschau (LR) unterwegs, vornehmlich für kleinere Berichte über kulturelle Veranstaltungen der unpolitischen Art, auch Filmbesprechungen. Bei so viel Zuspruch des geschätzten Zeitungsmannes war die Bewerbung bald an die Dortmunder Zentralredaktion an der Bremer Straße auf den Postweg gebracht. Die WR erschien damals in der Region Dortmund, im mittleren Ruhrgebiet (Bochum, Herne, Gelsenkirchen, Kreis Recklinghausen) und im südlichen Westfalen, insgesamt mit rund 30 Ausgaben.

Dortmund mit den Nachbargemeinden, wie Lünen und Hamm, ebenso die Kreise.

Zugemauert das Brandenburger Tor. Bewegende Worte des Klassenkameraden. Der weltberühmt gewordene Sprung in die Freiheit.

Wiedersehen mit der Schicksalsstadt Berlin

Zwischenzeitlich stand ein Wiedersehen mit der geteilten Metropole an, die mir schon in der zweiten Hälfte der 1950er Jahre zur Schicksalsstadt geworden. Und das fast auf den Tag genau, als der Seitenwechsel von Ost nach West gelang, als die Maschine vom Flugplatz Tempelhof in Richtung Düsseldorf abhob. Unterwegs diesmal mit Klassenlehrer Gerhard Haase und Kollegin Klara Kolter, um im Rahmen einer Studienfahrt den politischen Sonderfall Berlin zu begreifen. Da ging manches unter die Haut, wie die an die Diktatur des Dritten Reiches erinnernde Richtstätte im Gefängnis Plötzensee. Ebenso das zugemauert erscheinende Brandenburger Tor. Dann das Ehrendenkmal in der Bendlerstraße für *Claus Schenck Graf von Stauffenberg,* Hauptakteur des Attentats am 20. Juli 1944 auf Adolf Hitler (1889-1945), Reichskanzler und oberster Befehlshaber der Wehrmacht. Nicht zu vergessen die Mauer an der Bernauer Straße, verbindend die Ostberliner Stadtbezirke Mitte und Pankow; berühmt geworden ob der Fluchten nach West-Berlin. Zwangsgeräumt am „Antifaschistischen Schutzwall" (DDR-Sprachvarietät) die Häuser. Nach zwei Jahren schließlich bis auf die Fassaden der Erdgeschosse abgetragen, um *militärisch übersichtliche Verhältnisse* zu schaffen.

Gespenstisch wie das ganze System
Klassenkamerad *Jürgen Cramer* fand bewegende Worte in der zu Papier gebrachten Nachbetrachtung der Studienreise: „Zum ersten Mal an der Sektorengrenze. Es ist schwer, den Eindruck zu schildern, den die (Bus-) Fahrt durch die vermauerte und verödete Bernauer Straße auf uns macht. Die fünfstöckigen Fassaden mit den bis auf einige Gucklöcher für die Volkspolizei zugemauerten Fenster, die ‚Spanischen Reiter' (zusammengebundene spitze Stangen zur Verhinderung des Durchkriechens) auf den Dächern, die Mauern und Sichtblenden, die Querstraßen abriegeln, die Gedenkstätten für die in den Tod gesprungenen Flüchtlinge auf dem menschenleeren Bürgersteig: Das ist so gespenstisch wie das ganze Ulbrichtsche Terrorsystem selbst. Wer hier einmal gestanden hat, weiß um die Verzweiflung und Hoffnungslosigkeit, die sich nunmehr unserer deutschen Brüder und Schwestern jenseits der Mauer bemächtigt hat. Er hat ihr Schicksal begriffen und sicherlich auch seine eigenen Verpflichtungen ihnen gegenüber."
Selbst vom Wechselbad der Gefühle befangen, war da immer der wiederkehrende Moment des Glücks, als einerseits die Tempelhofer Grenzbeamten den Weg zum Flugzeug gen Westen freigaben. Andererseits im Falle des Fehlschlags zum zweiten Versuch des Seitenwechsels: Wie wohl mein weiterer Lebenslauf ausgesehen hätte?

Die Erinnerung an den Sprung des Grenzsoldaten Conrad Schumann. Skulptur an der Bernauer Straße.

Nur eines war sicher, der „Knast", also hinter schwedischen Gardinen zu landen, gleich ob in Bautzen oder Cottbus. All das war mir lange vorher durchaus bewusst. Und dennoch: Mein Seitenwechsel in Ungewisse, das war zu wagen. Das ist es, was in der Jugend Berge versetzen lässt.

Die Anwendung der Waffe

Erst nach Wochen im Neuwieder Krankenhaus war ich geradezu buchstäblich wieder bei Sinnen, um mich ganz vom Ausmaß des Mauerbaus informieren zu können. Im Besonderen galt meine ganze Bewunderung einem fast Gleichaltrigen, dessen „Sprung in die Freiheit" vom sowjetischen in den französischen Sektor Berlins, dokumentiert mit einem vom Fotografen Peter Leibing „geschossenen" Bild, das um die Welt ging. Zwei Tage nach dem Beginn des Mauerbaus, es war am 15. August 1961, als der aus dem sächsischen Zschochau im Landkreis Meißen stammende Grenzsoldat *Conrad Schumann* in voller Montur mit Waffe und Helm den noch provisorisch angelegten Stacheldrahtverhau überwand. Noch im Sprung entledigte er sich der umgehängten Maschinenpistole. West-Berliner Polizisten nahmen ihn in Empfang und brachten ihn umgehend in Sicherheit.

Eine Woche darauf, am 22. August, verfügte das Politbüro der Sozialistischen Einheitspartei Deutschlands (SED) laut Protokoll Nr. 45/61, Anlage 1, Punkt 4: „...daß jeder, der die Gesetze unserer Deutschen Demokratischen Republik verletzt – auch wenn erforderlich – durch Anwendung der Waffe zur Ordnung gerufen wird." Zwischen dem 13. August 1961 und dem 9. November 1989, dem Fall der Mauer, kamen um die 100 DDR-Flüchtlinge zu Tode.

Quelle: SED-Beschluss 22.8.1961. Bundeszentrale für politische Bildung, SAPMO-BA, DY 30/JIVZ 2/2 787. Bl. 1 ff.

Der Testartikel Bernauer Straße. Großvaters Reaktion. Sturmflut in Hamburg und Helmut Schmidt. Der Jahrhundertwinter.

Die Bewerbung und der Test-Artikel

Die beflügelnde Überraschung: Am Tag der Rückkehr von der Studienfahrt lag bereits die Antwort auf meine Bewerbung vor. Vorgeschlagen ein Informationsgespräch im Dortmunder „Rundschau-Haus" an der Bremer Straße. Und das mit dem interessanten Hinweis, dass es etwas länger dauern könnte. Mit *länger* war nach kurzem Kennenlernen ein Test zu bestehen, zu absolvieren in einem kleinen Nebenraum. Die Zeitvorgabe für einen Artikel meiner Wahl: zwei Stunden. Der Prüfling entschied sich spontan für eben noch Erlebtes, für die *Bernauer Straße* in Form einer Reportage. Diese wiederum verwoben mit Empfindungen zu einer der den Menschen verachtenden Abschottung unter Waffengewalt.

Abgeliefert den Beitrag noch vor Ablauf der eingeräumten Zeitspanne, danach das ausführliche Gespräch mit Herrn R., dem Chef von Dienst der Lokalredaktionen. In Erinnerung geblieben als sehr interessiert, als meine jüngere Vergangenheit ein Thema war. Mit Handschlag verabschiedet, zog der Geprüfte beschwingt von dannen. Und das im guten Gefühl, dass es etwas werden könnte mit dem Journalismus, was sich bald bestätigte. „Aufgrund Ihrer Bewerbung, der inzwischen stattgefundenen persönlichen Aussprache und der uns eingereichten Probearbeiten, sind wir bereit, Sie ab 1. April 1963 als Volontär in unsere Redaktion zu übernehmen. Die Bedingung hierfür ist das Bestehen der Abschlussprüfung der Höheren Handelsschule." Gezeichnet: H. Müller, Redaktionsdirektor, Rundschau-Haus, Dortmund. Daran sollte es nicht scheitern. Ein halbes Jahr später hielt ich das Zeugnis in Händen und umgehend weitergereicht an das renommierte Zeitungshaus mit der eigenen Druckerei. Gleichsam von einem Tag auf den anderen folgte der

Gedenktafeln an einer Westseite der Berliner Mauer.

Ausbildungsvertrag. Benannt das Berufsziel: *Redakteur an Tageszeitungen,* vereinbart zwischen den Tarifpartnern Bundesverband Deutscher Zeitungsverleger und Deutscher Journalisten-Verband. Die monatliche Ausbildungsbeihilfe betrug DM 297 brutto.

Großvaters überraschende Reaktion

Die Verbindung zum Großvater in Bischofswerda war per Briefwechsel von erfreulichem und zugleich hilfreichem Bestand. Geradezu überschwänglich übermittelte ich die gute Nachricht vom neuen Berufsziel. Unerwartet seine Reaktion: „Also, Schmierfink willst du werden!" Die Aufklärung: Was er meinte, war der für ihn gnadenlose, der verstärkt aufkommende Skandaljournalismus in den 1920er Jahren. Er brandmarkt seitdem auf Sensationen versessene Zeitgenossen, die vor nichts zurückschrecken. „Schmiere" zum anderen weist auf die leicht schmierende Druckerschwärze auf minderwertigem Zeitungspapier. Doch Ende gut, alles gut, nachdem ich ihm vom seriösen Erscheinungsbild der Zeitung überzeugen konnte.

Der Begriff vom Schmierfinken steht im Wortgebrauch dem Vogel Fink sehr nahe. Wenn kein Wasser vorhanden, wälzt er sich im Staub zur Befreiung von lästigen Parasiten im Gefieder. Schon seit 1550 bekannt, gebrauchte ihn der Volksmund mal, spöttisch, mal abwertend für Leute unsoliden Lebenswandels, so beispielsweise für Landstreicher, auch für vorgebliche Kunstmaler, von Schmierenkomödianten ganz zu schweigen.

Der Orkan Vincinette und die Wassermassen

Eine Naturkatastrophe unvorstellbaren Ausmaßes suchte im Februar 1962 Hamburg heim, den Bereich der Unterelbe ebenso. Der Orkan „Vincinette" hatte mit der verheerenden Sturmgeschwindigkeit von 130 Stundenkilometern gewaltige Wassermassen der Nordsee an die Küsten gedrückt. 50 Deiche brachen. Die alles zu verschlingen wollende Welle raste 4,70 Meter hoch (in St. Pauli waren es 5,70) es auf die Innenstadt der Hanse-Metropole zu, setzte ein Sechstel der Zwei-Millionen-Stadt unter Wasser. Auf dem Land ertrank elendiglich das Vieh und alles, was da noch

Vom Schrecken der Sturmflut: Fährstraße in Hamburg.

kreuchte und fleuchte. Menschen flüchteten auf Bäume und Dächer. Andere hatten es nicht geschafft, 340 ertranken. 20 000 verloren Hab und Gut.

Ein Mann war es, der am 16./17. Februar das Allerschlimmste verhinderte. Der befahl, der kommandierte und das inmitten des fürchterlichen Geschehens. Es war Hamburgs Innensenator. Sein Name: *Helmut Schmidt* (1918-2015). Er war uns Schülern über Nacht zum Vorbild geworden. Hatte er sich doch über alle bürokratischen Hürden hinweggesetzt, nahm politische Kleingeisterei nicht zur Kenntnis. Fand nicht die Zeit, um im Grundgesetz nachzuschlagen, ob sein Tun und Handeln richtig waren. Er, der zwölf Jahre später zum Bundeskanzler (1974-1982) gekürt werden sollte, setzte die Bundeswehr ein, auch die Nato, obwohl

Der „Macher" von 1962 als Hamburger Innensenator Helmut Schmidt.

verfassungsrechtlich nicht befugt. Der Auftrag: Vom Wasser abgeschnittene Ortschaften mit Trinkwasser und Lebensmitteln zu versorgen – mit Helikoptern aus der Luft. Er war quasi der Oberbefehlshaber von 40 000 Hilfskräften. „Schmidt-Schnauze" eben, so genannt ob seiner Schlagfertigkeit und dieser Maxime: „Wenn anderen heiß wird, werd´ ich kalt. Wenn andere kalt werden, werd´ ich eiskalt." Er war *der* Macher. Ein Begriff, der fortan für Furore sorgte.

Das Volk am Fernseher

Wegweisend für künftige TV-Produktionen war übrigens im Januar zuvor der Sechsteiler „Das Halstuch" von Francis Durbridge. Er bewirkte bislang Unvorstellbares: Er brachte allabendlich weithin das öffentliche Leben fast zum Erliegen. In seltener Einmütigkeit versammelte sich die Nation vor den Bildschirmen, was auch für mich und die Familie Szelinski galt. Im Mittelpunkt des „Straßenfegers" *Heinz Drache* (1923-2002), der als Kriminalinspektor für einen bis dahin außergewöhnlichen Spannungsbogen sorgte. Und das so sehr, dass selbst in Fabriken zur Freude der Belegschaften die Nachtschichten ausfielen.

Erläuterung: Das Wort Vincinette (Die Siegreiche). Im Lateinischen nicht feststellbar. Vermutliche Ableitung von vincere, siegen.

Quelle: Schmidt-Zitat: Steingarts Morning Briefing, 5.1.2021. Media Pioneer Publishing AG.

Klimasturz und Eiseskälte

Es konnte einem fast das Blut gefrieren. Eiseskälte ab Mitte November. Eisblumen an Wand und Fenster meines Zimmers in der Wohnung der Familie Szelinski. Der Fußweg zum Bahnhof Lünen war die reine Tortur. In Hamm vom Bahnhof zur

Der zugefrorene Bodensee im Februar 1963: Eislandung im Hafenbecken von Lindau.

Schule: zehn Minuten nahe dem Schüttelfrost. Ein Klimasturz, der ganz Mitteleuropa im Griff hatte. Deutschland fror allerorten. Und das sichtbar. Vom Eis bedeckt die Ostsee. Treibeisfelder auf der Nordsee. Sprengungen am Oberen Mittelrheintal, wenn für die Eisbrecher kein Durchkommen mehr war – bei Kaub mit der Inselburg Pfalzgrafenstein und unterhalb der sagenumwobenen Loreley vor St. Goarshausen. Zwischen Köln und Emmerich am Niederrhein eine Art „Eis-Autobahn" auf rund 130 Kilometern (!) für Spaziergänger und Schlittschuhläufer. Bei Würzburg zugefroren der Main. Wie alle großen Alpenseen von meterdickem Eis bedeckt seit 1830 zum ersten Mal wieder der Bodensee. Das ermöglichte die seit dem 15. Jahrhundert bekannte *Eisprozession*. Getragen wurde eine Büste des heiligen Johannes vom zwischen Friedrichshafen und Meersburg gelegenen Hagnau hinüber zum Schweizer Münsterlingen. Erst am 8. März 1963 fand der Jahrhundertwinter sein Ende.

Das gewebte Wunder von Lünen. Wegweisend die Ämter in Dinkelsbühl und Ansbach. Der Hinweis auf die dort stationierten US-Heeresflieger.

Beginn der Fahndung nach dem Vater

Alljährlich, immer am 5. Juli zu Vaters Geburtstag, rankte der von Regina, meiner Mutter, geschaffene Mythos wie immergrüner Efeu weiter. Bewirkt weiterhin von der eher stärker gewordenen, wenn auch nicht zu erklärenden Überzeugung, dass er am Leben sei. Noch am 30. Januar 1950 hatte sie nach geschiedener zweiter Ehe schriftlich beim Hauptmeldeamt des Volkspolizei-Präsidiums Dresden angefragt, „ob er aus der Kriegsgefangenschaft in Russland heimgekehrt und bei Ihnen gemeldet sei". Die urschriftliche Antwort, gezeichnet von A. Albrecht am 9. Februar ein: „Heinz Metzner ist laut Karteikarte der

Martin Heinz Metzner 1941.

Mutter Helene Metzner, Dresden, Hüblerstraße 57, von der ehemaligen Wehrmacht noch nicht zurück." Der Vater galt somit weiterhin als vermisst, irgendwo in den südlichen Weiten des sowjet-russischen Reiches. Diesem „Status" muss schließlich irgendwann zur mir nicht vor Augen gekommenen Todeserklärung per Gerichtsbeschluss nach dem Verschollenengesetz von 1939 geführt haben; übrigens von beiden deutschen Staaten 1949 übernommen. Amtlich besiegelt der Verlust des Vaters. Ein Beleg auch die fortan an die Mutter gezahlte Halbwaisenrente. All das wiederum brachte meinen Glauben vom Gegenteil nicht ins Wanken. Was in der Familie kopfschüttelnd zur Kenntnis genommen wurde, festigte nur noch meinen vermeintlichen „Starrsinn".

Die Alte Kirche der Stadt Klotzsche, seit 1950 ein Stadtteil von Dresden.

Der Blick ins Stammbuch

Was wusste ich eigentlich von ihm? Andererseits nicht von der Hand zu weisen, dass sich der heranwachsende Sohn durchaus in besagtem, dem von der Mutter bewirkten „Mythos" sonnte; zugleich zum Aufblicken wollend, wie zum Großvater auch. Würde ich je erfahren, was wirklich war? Der Blick ins Stammbuch erhellte den Hintergrund zu den personenbezogenen Daten: Geboren als Sohn des Dresdner Oberregierungsrats Gustav Max Metzner und seiner Ehefrau Anna Helene am 5. Juli 1919. Warum übrigens meine Mutter die Großeltern väterlicherseits zu Stuttgartern machte, obwohl damals in Klotzsche bei Dresden beheimatet, hat sich mir nicht erschlossen. Vermutungen kamen erst sehr viel später auf. Er, der Luftwaffen-Gefreite Martin *Heinz* Metzner, im zivilen Leben Kaufmännischer Angestellter, war am Tag meiner Geburt 22. Sie, meine Mutter *Regina* Juliane, Jahrgang 1922, gerade 19 geworden, geheiratet in Dresden am 13. Mai 1941 und im selben Jahr am 9. November mit mir zu dritt. Ein Schelm, wer da nicht an ein Sechsmonatskind denkt. Reginas Eltern: Katharina Rosa *Dorothea,* geborene Greiner, und Paul Reinhard *Walter* Lange, Doktor der Rechte, Hauptmann der Reserve, Bürgermeister außer Diensten zu Schöneck im sächsischen Vogtland, Bruder vom Konditor Erich Lange in Bischofswerda. Begonnen hatte 1961 die Fahndung nach dem Vater, 20 Jahre nach meiner Geburt. Und ohne zu übertreiben: Eine Überraschung jagte bald die andere.

Denkmalgeschütztes Rathaus, Wahrzeichen der Stadt Lünen von 1960.

Der kreative Beamte

Zu Mutters „Zauberworten" zählte die in der Antike genannten Halbinsel Tauris, die ins Schwarze Mee ragende *Krim.* Im Russlandfeldzug der Wehrmacht unterstand sie dem Luftgau-Kommando Rostow am Don, wo der Gefreite Metzner nach 1941 möglicherweise stationiert war. Dort sorgte das Bodenpersonal für nachrichtendienstliche Aufklärung und für das reibungslose Funktionieren der Flugplätze. Soweit die Recherchen. Doch Nachforschungen der Suchdienste des westdeutschen Roten Kreuzes und die des kooperierenden der DDR verliefen im Sand.

Wie aus heiterem Himmel dann plötzlich eine Information, die mir fast die Luft nahm: Es gab einen Heinz Metzner, auf denen die Daten zu passen schienen. Es war am 10. März 1961, als mir Stadtoberinspektor Streich im Auftrag des Oberstadtdirektors hochoffiziell mitteilte: „Nach Mitteilung des Einwohnermeldeamtes in Dinkelsbühl, ist Ihr Vater am 16.6.1956 nach Holden Mass in den USA verzogen. Eine weitere Anschrift ist nicht mehr bekannt geworden."

Die Vorgeschichte: Einem für mich zuständigen Mitarbeiter des Flüchtlingsamtes der Stadt Lünen hatte ich eher beiläufig vom für tot erklärten Vater erzählt. Dem guten Mann muss die „Geschichte" berührt haben, zumal er sie offensichtlich im Haus in Umlauf brachte. Das für mich Sensationelle: *Man* hatte sich gekümmert, ohne dass darum gebeten worden war. Da sage noch einer, es gäbe keine hilfsbereiten und zugleich kreativen Beamten! Gedacht und zitiert hierbei an *Wilhelm Busch* (1832-1908), den humoristischen Dichter und Zeichner: „Stets findet Überraschung statt, da, wo man´s nicht erwartet hat." Stammend aus „Hernach" von 1908, Nachdruck Salzwasserverlag, 2012.

Getragen von einem unbeschreiblichen Hochgefühl, als wären Weihnachten, Ostern und Pfingsten auf einen Tag gefallen, die anzunehmende Tatsache: Meinen Vater gab es, zumindest (noch) nachweisbar fürs Jahr 1956. Und ich war ganz, ganz sicher, dass er es auch ist und nicht ein Namensvetter. Immerhin, einschränkend gesagt, ist der Name *Metzner* nicht gerade selten. Jetzt galt es, den von Großvaters *Nornen* gesponnenen Schicksalsfaden aufzunehmen, nunmehr dem „Wunder von Lünen" nachforschend zu folgen.

Die Chronologie der Erkenntnisse

Nach dem Überschwang der Gefühle wieder einigermaßen gefasst, versuchte ich *Holden* geografisch einigermaßen einzukreisen: Kleinstadt mit geschätzten 17 400 Einwohnern, 84 Kilometer westlich der 4,4-Millionen-Metropole Boston am Atlantik, der Hauptstadt des US-Bundesstaates Massachusetts. Aufkommende Phantastereien, mal eben in die Staaten zu fliegen, sofort niedergekämpft, der Sachlichkeit wegen. Das bedingte zuerst einmal die Kontaktaufnahme mit der Stadtverwaltung Dinkelsbühl im mittelfränkischen Landkreis Ansbach. Dort ging das Referat 12 in Sachen Metzner ins Detail: „Da uns die gemachten Angaben zur genauen Feststellung nicht genügen, bitten wir Sie um Mitteilung der Personalien Ihrer Mutter und wann und wo die Eheschließung stattfand. Ferner, wer die Todeserklärung beantragte und von welchem Gericht sie ausgesprochen wurde."

Die Mühlen der Bürokratie mahlen langsam, heißt es. Doch in meinem Falle mahlten sie gründlich und schnell. Im Zeitraffer geschildert: Am *27. März* hatte das Dinkelsbühler Rathaus-Referat 12 meine Anfrage bestätigt und um Aufklärung gebeten. Weitergegeben worden war mein Antwortschreiben

Vaters Adresse bis 1956: Pfluggasse in Dinkelsbühl.

Eingemeindet 1972 zu Kulmbach, Oberfranken: Burghaig mit der Johanneskirche.

umgehend an das zuständige Arbeitsamt Ansbach. Bereits drei Tage danach, am *30. März*, die ersehnte Auskunft: „Die Suche nach Ihrem vermißten und für tot erklärten Vater hat zu folgendem Resultat geführt: Ihr Vater hat bis zum 31.12.1953 im EES-Depot in Katterbach gearbeitet und wechselte seinen Arbeitsplatz, um in der Signal-School, Ansbach, eine andere Stelle anzunehmen. Das Arbeitsverhältnis gab er dort am 16.6.1956 auf und soll nach Mitteilung dieser Dienststelle nach Amerika ausgewandert sein. Sein damaliger Wohnort war Dinkelsbühl, Pfluggasse 4. Um den jetzigen Aufenthalt Ihres Vaters zu ermitteln, müßten Sie sich mit dem amerikanischen Konsulat oder mit einer Auswandererstelle in Verbindung setzen."
Am *4. April* meldete sich unerwartet das Dinkelsbühler Einwohneramt mit weiteren Informationen: „Die Prüfung unserer Unterlagen ergab, daß Ihr Vater (...) in der Zeit vom 23.7. 47 bis 16.6.56 in Dinkelsbühl zum dauernden Wohnsitz gemeldet war. Er ist am 16.6.56 nach Holden/Mass in den USA verzogen. Er hatte am 20.10.45 in Burghaig, Kreis Kulmbach, mit Gisela Schenke die 2. Ehe geschlossen. Beim Aufgebot gab er an, geschieden zu sein, aber keine Unterlagen hierüber mehr zu besitzen. Ob dies richtig ist, bleibt Ihrer weiteren Prüfung anheimgestellt. Wegen seines derzeitigen Aufenthalts wenden Sie sich am besten an das zuständige Konsulat, wo Sie dann weitere Auskünfte erhalten."

ERLÄUTERUNGEN

Burghaig. Eheschließung mit Gisela Schenke am 20. 10. 1945. Beschaulich das Pfarrdorf mit damals 1 450 Einwohnern. Es machte 1914 von sich reden, als das dortige Kraftwerk zum ersten Mal Strom ins Netz der nahen Stadt Kulmbach einspeiste. 1959 stand die Gemeinde als einer der Hauptdrehorte für den Fernseh-Mehrteiler „So weit die Füße tragen" im Blickpunkt. Es war das nach wahren Begebenheiten verfilmte Fluchtdrama eines Leutnants der Wehrmacht aus einem sibirischen Kriegsgefangenenlager, verurteilt zu 25 Jahren Zwangsarbeit. Die seinerzeit als „Straßenfeger" in die TV-Geschichte eingegangene Produktion, Regie *Fritz Umgelter,* beruhte auf dem gleichnamigen Roman von *Josef Martin Bauer* (1901-1970) aus Taufkirchen an der Vils im Landkreis Erding. „Umfunktioniert" worden war das Burghaiger Kraftwerk zum sowjetischen Bleibergwerk. Die Außenaufnahmen entstanden in der Schweiz und in Finnland, zuständig für den Innenbereich waren die Bavaria-Studios in Grünwald-Geiselgasteig vor München. Zu Umgelters legendären Mehrteilern zählen „Wer einmal aus dem Blechnapf frisst", „Die merkwürdige Lebensgeschichte des Friedrich Freiherrn von der Trenck" und „Des Christoffel von Grimmelshausen abenteuerlicher Simplicissimus".

Der Schauspieler und Regisseur berühmter Filme: Fritz Umgelter (1922-1982).

EES-Depot. European Exchange System. Standort in Katterbach bei Ansbach. Seit 1945 Standort der US-Army als Basis der Heeresflieger (Helikopter), ausgebaut als *katterbach village.* Seit 1949 NATO-Stützpunkt und europäische Drehscheibe für diverse militärische Einsätze. Aufgaben: Wartung des Fluggeräts und die Logistik für die Informationssysteme der Amerikaner. Signal School Ansbach. US-Army Garrison. Seit Anfang der 1950er Jahre. Erweiterte Logistik. Thematik: Transport- und Kampfhubschrauber. Vermutung: Möglicherweise hat der Luftwaffen-Gefreite Heinz Metzner im Luftgau-Kommando Rostow erworbene Kenntnisse einbringen können.

Theodore K. Osgood, Foreign Service. Informationen vom
US-Einwanderungsbüro und des deutschen Konsulats in Boston.

Die Empfehlung des Vizekonsuls

Über Dinkelsbühl, Ansbach, Katterbach und Burghaig in Franken hatten die Wege
der Nachforschung geführt. Jetzt war es umgehend an der Zeit, dem „Wunder von
Lünen" auf der Spur zu bleiben. Der nächste Schritt führte in Schriftform zum
Amerika-Haus in Köln mit seinem U.S. Information Service (USIS). Der erste
Dämpfer folgte alsbald: „Mit vorzüglicher Hochachtung" gezeichnet, war bedauernd
darauf hingewiesen, dass die seit 1955 bestehende Einrichtung ausschließlich der
Pflege des Kulturaustauschs mit den USA diene. Die gute Nachricht: Angekündigt
die Weiterleitung meines Gesuches um Amtshilfe an das Amerikanische
Generalkonsulat in Düsseldorf.

Die Antwort folgte nach nur vier Tagen. Beeindruckend damals der Briefkopf mit
dem Wappen und der Inschrift The Foreign Service of The United States of America
und Aktenzeichen 233 Metzner TKO;cj. Ausführlich erläuterte Vizekonsul *Theodore
K. Osgood* die Begleitumstände einer Personensuche: „Leider bin ich nicht in der
Lage, die gewünschten Ermittlungen über den gegenwärtigen Wohnort Ihres Vaters
zu führen. Es gibt in den Vereinigten Staaten weder ein Meldeamt noch in
irgendeiner Weise die Verpflichtung für den Einzelnen, sich in einer Stadt an- und
abzumelden. Es ist also außerordentlich schwierig, wenn nicht unmöglich, eine
bestimmte Person in den Vereinigten Staaten zu finden, wenn nicht die geringsten
Anhaltspunkte über ihn bzw. sein beabsichtigtes Ziel (…) vorliegen." Und weiter:

„Wenn Sie durch das Einwohner-
meldeamt in Dinkelsbühl oder durch
die früheren Arbeitsstellen in
Deutschland, bei denen Ihr Vater
beschäftigt war, keine Hinweise
erhalten können, so kann ich Ihnen
nur empfehlen, einmal an die
deutsche Botschaft in Washington zu
schreiben und dort anzufragen, ob
man Ihnen durch die Unterstützung
der amerikanischen Einwanderungs-
behörden die gewünschte Auskunft
vermitteln kann." Zugleich benannt
die Anschrift: Embassy of the
Federal Republic of Germany, 1742-
44 R Street, Washington 9, D.C.

Deutsche Botschaft in Washington D.C.

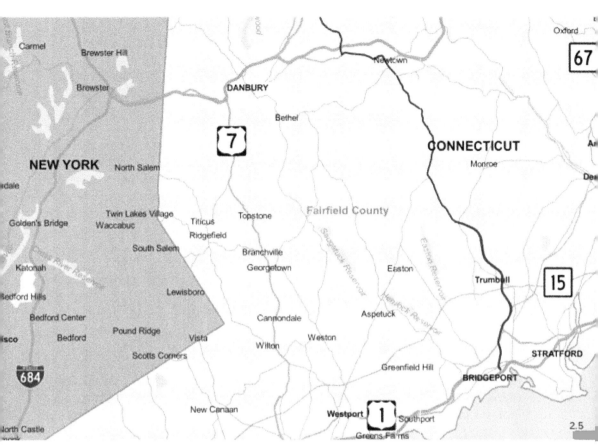

Trumbull an der Straße zwischen Newtown im Norden und Bridgeport im Süden.

Erst Brockton, dann Trumbull

Kaum den zweiten Dämpfer verwunden und der Empfehlung gefolgt, postwendend die Antwort: „Die Bearbeitung Ihrer Angelegenheit wird voraussichtlich längere Zeit in Anspruch nehmen." Nach zwei Monaten, es war am 7. Juli 1961, die Vollzugsmeldung von Herrn *Leis*: „Nach Mitteilung des US-Einwanderungsbüros gab Ihr Vater (…) am 10. Januar 1961 seine Anschrift wie folgt an: 42 Moraine Street, Brockton, Massachusetts, an." Vorsorglich hatte der Botschaftsangehörige für den Fall des „Fehlschlags" angeregt: „Sollten sie in dieser Angelegenheit noch weiter die Vermittlung einer deutschen Auslandsvertretung benötigen, darf ich Sie bitten, sich an das German Consulate, Stuart Building, 462 Boylston Street, Boston 16, Massachusetts, zu wenden." Und so kam er auch, der dritte Dämpfer, da der Vater in Brockton nicht mehr beheimatet.

Nach einem halben Jahr dann, es war am 15. Januar 1962, ein Montag, die Auskunft des Konsulats unter dem Aktenzeichen RK 502 SE Metzner: „Auf Ihr Schreiben (…) teile ich Ihnen mit, dass laut einer Auskunft der Postverwaltung in Brockton, Mass. Mr. Martin Heinz Metzner nunmehr in Trumbull, Connecticut, 269 Edison Road, wohnhaft ist. Mit vorzüglicher Hochachtung im Auftrag Max Pielen, Kons.Sekr."

Die Hoffnung, endlich am Ziel zu sein

Wenn auch bewegt von widerstreitenden Gefühlen, überwog zunehmend die Überzeugung, am Ziel meines unerschütterlichen, wenn auch durch nichts begründeten Glaubens am Ziel zu sein. Nach Lünen, Dinkelsbühl, Ansbach, Katterbach, Köln und Düsseldorf, Holden, Washington und Boston, aufgereiht wie Relaisstationen, einer Perlenkette gleich, nun das Finale der Fahndung nach dem Vater. Der Hochspannung folgte das das befreiende Hochgefühl, ihn gefunden zu haben, den vermeintlich für immer und ewig Verlorenen. Für Nahestehende war es *das* Wunder, wie es schöner nicht sein konnte. Großvaters Nornen hatten ganze Arbeit geleistet, webend an einem Geflecht aus schicksalhaften Irrungen und Wirrungen, Vermutungen und Hoffnungen.

Also nunmehr zum Zielort geworden: *Trumbull* im Bundesland Connecticut im Nordosten der USA, gerühmt als der „Vorgarten New Yorks", zugehörig den Neuengland-Region mit New Hampshire, Maine, Massachusetts, Rhode Island und Vermont. Benannt ist die Stadt der 35 000 Einwohner nach *Jonathan Trumbull*. Im Amerikanischen Unabhängigkeitskrieg (1775-1783) war er dem General und späteren Präsidenten *George Washington* der Vereinigten Staaten ein treuer Gefolgsmann. Merkwürdigerweise brauchte es einige Zeit, bis ich an mein „Vorstellungsschreiben" ging, als Spross aus erster Ehe. Vielleicht hatte das Unterbewusstsein vor einen neuerlichen Dämpfer, dem vierten, gewarnt. Schließlich stellte sich der Sachverhalt nicht gerade einfach dar. Ganz nach dem Motto: „…da ist ein Sohn, dein Sohn, der den Vater gesucht, wider alle Vernunft, Wissen und Verstand, und dann auch noch gefunden hat." Hilfreich dann doch ein berühmtes Wort: „Ich kann, weil ich will, was ich muss." Es stammt von *Immanuel Kant* (1724-1804), dem Philosophen der Aufklärung („Kritik der reinen

Christ the King Church in Trumbull.

Vernunft"). Zum frühen Aufbegehren, dem sich daraus ergebenden Seitenwechsel von Ost nach West, ließe sich jetzt der Deutschen Dichterfürst *Johann Wolfgang von Goethe* (1749-1832) zitieren: „An unmöglichen Dingen soll man selten verzweifeln, an schweren nie."

Am 12. Februar 1962 den Brief per Luftpost, Ziel Trumbull, auf den Weg gebracht, gleichsam befördert von Hochspannung und den vielen, noch nicht gestellten Fragen. Wie werde er, der Vater, da wohl auf *einen* reagieren, der da nach zwei Jahrzehnten von sich reden macht?!

Der Sieg des unerschütterlichen Glaubens. Ein berührendes Geständnis. Die Scheidung mitten im Krieg. Ablehnung der Fürsorgepflicht.

Noch per Sie der erste Brief

Die sehnlichst erwartete Antwort traf Mitte März ein, datiert vom 6. des Monats. Der volle Wortlaut dieses ersten Briefes, ungekürzt: „Lieber Ulrich! Es war keine geringe Überraschung von Ihnen ein Lebenszeichen zu erhalten, um so mehr, da ich in den ganzen Jahren, die ich in West-Deutschland verbracht habe, niemals von Ihnen gehört habe. Inzwischen leben Sie nun in West-Deutschland, wie ich aus Ihrem Absender ersehe, und ich nehme an, daß Sie Ihre Nachforschungen von dort aus begonnen haben. Natürlich mußte ich auf Grund der Dinge zumindest annehmen, daß Sie verschollen waren, wenn nicht Schlimmeres. Freilich schreiben Sie keine weiteren Einzelheiten, an denen man sich ein Bild machen könnte. Nun, ich glaube, das läßt sich nachholen, nicht wahr? Für heute viele Grüße. Ihr Heinz Metzner."

Keine Frage, die Freude war groß, auch wenn ein wenig „gestolpert" über die Ansprache per *Sie*. Sei`s drum, hatte doch die „Unternehmung Vater" ein beglückendes Ende gefunden, zugleich ein Sieg des unerschütterlichen Glaubens, dass es *ihn* gibt. Oder vielleicht im Nachhinein sehr viel einfacher gedeutet, frei nach *Gaius Iulius Caesar* (100-44 vor Christus): „Gern glaubt der Mensch an das, was er sich wünscht." Und eigenmächtig nachgetragen: Was er glauben will.

Das berührende Geständnis

Vaters zweiter Brief vom 15. April streichelte die Seele, zugegeben: Aus dem *Sie* des ersten Schreibens war ein *Du* geworden. Er erhellte manches, wie beispielsweise das bislang Unerklärliche, was spätestens mit elf, zwölf aufkam: Warum hatte der „Liebe

123

Ulrich" seine Großeltern *väterlicherseits,* Gustav Max und Anna Helene Metzner, im Bischofswerda nahen Klotzsche bei Dresden nicht kennenlernen können, dürfen sollen? Weshalb wurden sie so beharrlich verschwiegen? Stattdessen, wie schon gesagt, „angesiedelt" in oder um Stuttgart herum. Bevor er auf meine durchaus bohrenden Fragen einging, war das hierzu sehr berührende Geständnis: „Das Leben ist doch sehr eigenartig; da sind wir nun, keiner kennt den anderen und doch versuchen wir, die losen Fäden zusammenzuknüpfen." Kaum gelesen, stand mir urplötzlich das Bild von den drei Schicksalsfrauen des mythischen Nordens, den Nornen, vor Augen, spinnend und webend, keinem der Götter untertan. Was nun Regina, die einstige Ehefrau, meine Mutter, anginge, so habe er „vor Jahren einen endgültigen und unwiderruflichen Schlussstrich gezogen. Und: „Es gibt nun einmal Dinge im Leben, mit denen man einfach fertig werden muss."

Keine friedliche Lösung

Funker der Wehrmacht.

Einzelheiten wollte er mir ersparen, es würde viele Seiten füllen. „Doch leider ist es wahr, dass Deine Mutter sich damals von mir hat scheiden lassen. Anstelle einer friedlichen Lösung wurde ich verklagt (ich war zu dieser Zeit als Soldat in Russland); mein Anwalt erhob darauf Gegenklage. Das Gericht lehnte ihre Klage ab und gab meiner Gegenklage statt. So wurden wir geschieden aus Alleinverschulden der Ehefrau." Über die Fürsorgepflicht ist dann von einem anderen Gericht entschieden worden. „Mein Antrag, Dich meiner Fürsorge beziehungsweise der meiner Mutter zu überstellen", so der Vater, „bis ich selbst dazu in der Lage sein würde (es war ja Krieg), wurde abgelehnt. Den Ausgang weißt Du ja nun selbst." Seinem Vorschlag, es damit bewenden zu lassen, konnte ich nach alledem nur noch zustimmen.

Die verneinte Einsamkeit

Eine der Fragen an mich war die, ob ich mich als Kind „so ganz ohne Vater einsam gefühlt" habe. Das konnte ich mit gutem Wissen und Gewissen verneinen. Die Kindheit war trotz aller Unwägbarkeiten und Ungereimtheiten der Nachkriegszeit eine schöne. Das bestätigt noch heute die Ulrike von der Nachbarsfamilie Hermann. Die reizvolle Lage auf einem Hügel über dem Städtchen Bischofswerda, der nahe Wald, in dem es sich so aufregend Räuber und Schandarm spielen ließ, die Horkaer Teiche; die der Elbe zufließende Wesenitz, in der sich manches Fischlein und viele Kaulquappen fangen ließen: Erinnerungen, ganz ungetrübt.

Nicht zu vergessen im Winter der nahe, der 384 Meter hohe Butterberg, von dem es sich so herrlich herunterrodeln ließ, nicht zu vergessen die Abfahrten auf Skiern, damals noch Schneeschuhe genannt. Und wichtiger dann noch: Der heranwachsende Uli, ärgerlicherweise von der Mutter wie der Otte auch „Männlein" gerufen, hatte mit dem Großvater die anerkannte Respektsperson zur Seite: konsequent tadelnd, in der Erziehung unmissverständlich und verhalten lobend. Bei Ungerechtigkeiten und Unterstellungen, von welcher Seite auch immer, schritt er ein, war Schutz und Schild zugleich. All das hat geprägt. Und

Einkehr auf dem Butterberg.

irgendwann, da selbst zum Großvater geworden, mit Freuden so manches aus dieser Zeit mit ihm vermittelt an Moritz und Charlotte, die erfreulichen Sprösslinge meiner Tochter Sabine. Ganz ohne Eigenlob, doch gern aus dem Zitatenschatz des Schriftstellers *Erich Maria Remarque* (1898-1970) entnommen: „Erst wenn man genau weiß, wie die Enkel ausgefallen sind, kann man beurteilen, ob man seine Kinder gut erzogen hat." Als *Erich Paul Remark* in Osnabrück geboren, verfasste er den Antikriegsroman „Im Westen nichts Neues", geworden zu einem Klassiker der Weltliteratur.

Die einmalige Begegnung

Einem anderen Vater begegnete ich mit fünf oder sechs an einem Sommertag auf dem Weg zum Haus. Es blieb eine einmalige Begegnung. Erst sehr viel später erfuhr ich, dass er *der* vom Brüderchen Reinhard war, geboren am 16. Juni 1944. Von Mutters zweiter Eheschließung hatte ich nichts mitbekommen, da selbst noch zu klein. Die „Konkurrenz" soll ich, angeblich, nicht sonderlich geschätzt haben. Als Beispiel herangezogen die verzierende Beschwerung des Kinderwagens mit Steinchen. Vielleicht einer meiner ersten Streiche, an denen es fortan nicht mangelte. Auch die Nachbarschaft hatte hin und wieder ihren Spaß mit mir. Legendär diese Aktion des Dreikäsehochs: „Hast du vielleicht was zu essen für mich?" Gegenfrage: „Wieso denn das?" Antwort: „Mutti gibt mir nicht genug." Und die lieben Leute hatten immer etwas und somit auch ein gefundenes Fressen für Klatsch und Tratsch. Was mich zu dieser zusätzlichen Nahrungsbeschaffung trieb, blieb mir leider verschlossen. Wenn ich daheim Unheil anrichtete, dann hatte das als Reaktion auf die mir vermeintlich widerfahrenen Maßregelungen zu tun. In einem Fall balsamierte ich mit Mutters weißer Hautcreme das dunkle Holz des Kleiderschranks.

Beste Ausbildung und harte Arbeit
DEM SOHN FÜRS LEBEN

Vaters Brief vom 15. April 1962 schloss mit einem Manifest gleichenden Statement fürs künftige berufliche Leben des damals noch Zwanzigjährigen mit Blick auf gute schulische Leistungen:

„Es ist in der heutigen Zeit nun einmal unumgänglich notwendig, nicht nur eine gute, sondern die beste Ausbildung zu haben, die man ermöglichen kann. Seit den Jahren nach dem Kriege hat sich das Leben grundsätzlich verändert. Es werden mehr und mehr Fachkräfte auf allen Gebieten gebraucht, als das wohl jemals in der Geschichte vorgekommen ist."

„Wohl ist vieles Wissen schon vor mehr als zweitausend Jahren vorhanden gewesen, doch blieb es diesem Jahrhundert vorbehalten, es anzuwenden. Leider auch oft nicht gerade zum Vorteil der Menschheit."

„Mit einer guten Ausbildung und harter Arbeit kann man aber auch heute noch weiterkommen, selbst wenn es oft recht schwer ist. Das ist hier in den Vereinigten Staaten nicht anders als in Deutschland."

Katterbach vor Arnsbach: Standort der ehemaligen deutschen Luftwaffe.

Wo Heinz Metzner tätig war:
Basis der US-Helikopter.

Vaters Leitspruch: Die Fähigkeit, das Gelernte anzuwenden – und
vor allem die geistige Beweglichkeit

Betrachtungen zum beruflichen Werdegang

Mitte Juni dann der dritte Brief, ausführlicher noch als die vorangegangenen. Er
beinhaltete Alltägliches, Auskünfte und Ansichten zur künftigen beruflichen
Situation meinerseits. Selbst offenbar „unter Druck", da im Mai und Juni fürs neue
am 1. Juli beginnende Fiskaljahr noch vieles zu regeln sei. „Diesmal ist es noch
schlimmer als zuvor, da hier in Trumbull ein rechter Streit entbrannte über die Höhe
des Schulhaushaltes, an dem die Bevölkerung großen Anteil nahm." In den
Vereinigten Staaten sei vieles ganz anders als in Deutschland. Das gelte
beispielsweise besonders für Projekte, an denen man interessiert und auch bereit sei,
etwas beizusteuern in der Bedeutung von Zeit und Geld. Einfühlsam nahm er sich
meines Fußballunfalls vom 13. August 1961 an, da wohl ein recht seltener, „da davon
noch nie gehört". In eigener Sache führte er zwei Operationen an: „Allerdings reine
Routineangelegenheiten; einmal war es der Blinddarm, dann ein Leistenbruch, von
einer Verwundung im Krieg ganz zu schweigen. War weiter nicht tragisch."

Funker, Navigator, Elektroniker
Das Thema Schule war weiterhin für ihn ein beherrschendes, immerhin betraf es
mich noch für die kommenden zehn Monate vor dem Abschluss. Rückblickend
erläuterte er, wie vieles sich aus den einzelnen Fächern als gute Grundlage erwiesen

Abzeichen der Bordfunker.

habe. Dennoch höre das Lernen nicht auf. Das belegte er mit für mich hoch interessanten Einzelheiten, bezogen auf die Kriegszeit seit September 1939 als Funker und Navigator bei der Luftwaffe wie auch seine Tätigkeit nach Kriegsende (1945) bei den Amerikanern in Katterbach (EES-Depot) und Ansbach (Signal School). Bei der US-Army vermutlich ob seiner offensichtlich bei der deutschen Wehrmacht erworbenen Kenntnisse willkommen, bildete sie den inzwischen 27 gewordenen Mr. Metzner aus. Das betraf in Kursen für alle Bereiche, „die mit Elektrizität, Elektronik, Radio und Radar zusammenhängen". Das spezielle Programm hatte zum Ziel, sich in Englisch und Deutsch ausdrücken zu können. Das wiederum im Verbund mit der entsprechenden Ausbildung vom Lernenden zum Lehrenden. „Das war natürlich nicht das Ende; ich lernte ständig weiter."

Am Herzen lag ihm dieser Hinweis mit Blick auf meine Situation als bald vor den Prüfungen stehender Schüler: „Die Fähigkeit, das Gelernte anzuwenden – und die geistige Beweglichkeit."

Bankwesen oder Journalismus

Gedanken gemacht hatte sich der geografisch noch so ferne Vater zu des Sohnes Ambitionen: Banklehrling oder Zeitungsvolontär? Ersteres gefiel ihm allein schon wegen des täglichen Verlaufs: „Man hat eine geregelte Arbeitszeit. Daneben bleibt Raum, sich um vieles andere zu kümmern. Besonders wichtig, wenn du einmal ans Heiraten denkst. Es ist nun mal nicht damit getan, die Flitter-wochen hinter sich zu bringen." Mir jedoch war es, wie schon berichtet, *zu* regelmäßig, so vielleicht die sehr subjektive Einschätzung nach einer Woche des Hospitierens (mit Schlips und Kragen) bei der Deutschen Bank AG in Dortmund. Es war wohl das Intuition genannte und nicht vom Verstand gesteuerte Bauchgefühl, das den sonst so akkuraten Abläufen eines renommierten Geldinstituts im Wege stand.

Vaters Empfehlung: Banklehre. Im Bild: Bankenviertel in Frankfurt am Main.

Vaters gut gemeinte Betrachtung zum angestrebten Journalismus konnte allerdings meinen Sturm und Drang um das eigene, das gedruckte Wort nicht mindern. Nach Jahren der eigenen Praxis musste ich ihm immerhin beipflichten. Gegenwärtig waren dann seine Erfahrungen: „Zeitungsarbeit als Reporter oder Redakteur besteht oft aus recht langwieriger und langweiliger Kleinarbeit, die jedoch immer in einem Rekordtempo gemacht werden muss." Auch die „Gewissensfrage" sprach er an: „Damit meine ich, dass man oft die eigene Meinung zurückstellen muss." Gemeint immer dann, wenn sie konträr zur Haltung des Chefredakteurs oder der Vorgaben des Herausgebers steht. Das könne zu Reibereien führen. Andererseits räumte er ein: „Zeitungsarbeit bringt viel Genugtuung, auch Zufriedenheit, wenn auch wenig Zeit für sich selbst bleibt. Sonn- und Feiertage stehen oft nur auf dem Papier. Ich glaube, man muss ein Idealist sein, um vollberuflich bei der Zeitung zu arbeiten. Ich denke, ich war ein Idealist in diesem Sinne." Mein Vater, der Journalist, wie der Sohn dann auch.

In meinem im Jahr darauf, 1963, einsetzenden Ausbildungs- und Berufsleben habe ich oft an Vaters Hinweise denken müssen. Dann nicht selten förmlich umfangen von den unterschiedlichsten Gefühlen – von Einsicht, Erfolgserlebnis oder aufbegehrendem Zähneknirschen.

Über allem aber stand die prickelnde Erkenntnis, inmitten einer spannungsgeladenen Zeit zu stehen, sei es in lokalen oder überregionalen Bereichen. Ganz zu schweigen vom investigativen Journalismus, vom Aufdecken des Hintergründigen im Kleinen wie im Großen. Das war es, was in Bann schlug, was Tag für Tag von Neuem vollen Einsatz forderte, das Recherchierte zu kommunizieren und gedruckt zu sehen.

Der erste Schliff: Recklinghausen, die Ruhrfestspielstadt, und das Vest.
JFK in Berlin. Attentat in Dallas, Texas. Adenauers Rückzug.

Schul-Odyssee passé, Start ins Volontariat

Kaum die Abschlussprüfungen auf der Höheren Handelsschule bestanden, es war der 14. März 1963, konnte ich nicht schnell genug den Schulort Hamm und den Wohnort Lünen verlassen. Das Ziel: *Recklinghausen,* die Stadt der Ruhrfestspiele, knapp 30 Kilometer nordwestlich von Dortmund, delegiert von der Verlagszentrale der Westfälischen Rundschau zur Stadtredaktion in einem modernen Gebäude am Altmarkt. Die vorangegangene Schul-Odyssee war Geschichte, auch der rund 90 Tage währende dauerfrostige Jahrhundertwinter sechs Tage zuvor. Das Volontariat, die Ausbildung zum Redakteur, nahm seinen Anfang. Es sollte ein unvergessliches Jahr der Ereignisse werden.

Den Abschied vom Amt des Bundeskanzlers kündigte *Konrad Adenauer* an. 14 Jahre lang hatte der 1876 (!) in Köln geborene „Alte von Rhöndorf", wie er respektvoll genannt wurde, die noch junge Bundesrepublik durch Höhen und Tiefen geführt, ehe er sich in sein Haus mit dem prachtvollen Rosengarten an einem Hang am Fuße des Naturparks Siebengebirge zurückzog. Zu seinen spektakulären Erfolgen zählten neben anderen die Rückführung deutscher Kriegsgefangener aus den sowjetisch-sibirischen Lagern und 1957 der phänomenale Wahlsieg mit dem Slogan „Keine Experimente".

Zu dieser Zeit amtierte eine weithin als Lichtgestalt gefeierte politische Persönlichkeit. Und das vor allem ob seiner leicht jugendlich-lässig wirkenden Erscheinung und der charismatischen Ausstrahlung. Es war *John F. Kennedy,* mit 44 Jahren der 35. US-Präsident. Unvergessen seine Antrittsrede am 20. Januar 1961, die um die Welt ging. Der Kernsatz: „Fragen Sie nicht, was Ihr Land für Sie tun kann – fragen Sie, was *Sie* für Ihr Land tun können." Am 26. Juni 1963 der Besuch in West-Berlin im Beisein von Bundeskanzler Konrad Adenauer und Willy Brandt, dem

Die Mutter eines Kriegsgefangenen dankte am 14. 9. 1955 Konrad Adenauer nach seiner Rückkehr aus Moskau. Er hatte die Freilassung von 15 000 Soldaten erwirkt.

Der Altmarkt von Recklinghausen. Gleich um die Ecke die Rundschau-Redaktion.
Ein Porträt von US-Präsident John F. Kennedy im Weißen Haus in Washington.

Regierenden Bürgermeister Berlins. Unvergessen Kennedys Bekenntnis zur geteilten Metropole: „Ich bin ein Berliner!" Der Jubel der über 400 000 Versammelten vor dem Schöneberger Rathaus schien nicht enden zu wollen.

Die Schüsse in Dallas

Fünf Monate später. Es war der 22. November am frühen Nachmittag. Ich hatte gerade den Artikel über ein Unfallgeschehen auf einer der Recklinghäuser Ausfallstraßen auf die vorgegebene Zeilenlänge gebracht, als Lokalchef *Werner Hennemann* aus seinem kleinen Zimmer in das Großraumbüro der Redaktion stürzte: „Kennedy ist tot. Erschossen!" In diesem Moment erstarb alles, abrupt jedes Gespräch, das Klappern der Schreibmaschinen, atemlose Stille, Bestürzung. Mancher wischte sich verstohlen

Tränen aus den Augen. Tot das Idol *JFK* und privat „Jack" Genannte, der die Vereinigten Staaten von Amerika erneuern wollte. Erschossen in Dallas, Texas, auf einer Besuchsreise zur Einstimmung auf die nächste Wahl. Nur mühsam kam der Redaktionsbetrieb wieder in Gang. Schließlich musste die Stadtausgabe der Zeitung termingerecht an die Dortmunder Druckerei geliefert werden.

Nach Redaktionsschluss fanden wir uns auf mehr als nur ein Bier in der altehrwürdigen Szenekneipe „Setzkasten" ein, seit 1782 ein gastlicher Begriff für Nachtschwärmer. Wir, das waren ein Teil der Rundschau-Mannschaft, die Kollegen von der Konkurrenz, der Westdeutschen Allgemeinen Zeitung (WAZ), Recklinghäuser Zeitung (RZ) und der Ruhrnachrichten (RN). Das Gesprächsthema war weiterhin das Attentat in Texas, wie sollte es auch anders sein. Der harte Kern tagte noch nach Mitternacht in einer von uns „Nachrichtenbörse" genannten Bar mit Bourbon Whiskey aus Kentucky im Gedenken an den heimtückisch ermordeten JFK. Die Faszination ist geblieben, der Mythos um ihn auch.

Lotte Lenya, die Mutter Courage

Für den ersten Schliff auf dem zweijährigen Weg vom Volontär zum Redakteur und Reporter sorgte, gleichsam „von der Pike auf", der von uns scherzhaft „Vorarbeiter" genannte *Günter Hendrisch*, des Chefs Stellvertreter. Bei der Polizei erhobene Informationen mussten anfangs gnadenlos mehrfach umgeschrieben werden, bis sie „passten", druckreif waren. Sachlich hatte sie zu sein, die jeweilige Nachricht, frei von Meinung oder Kommentar, bar jeder Verbrämung. Und immer vor Augen die sieben *W-Fragen:* Wer, was, wo, wann, wie, warum und woher, die Quellen also. Das in Kurzform zwischen zehn und zwanzig Zeilen unter einen Hut zu bringen, fiel nicht immer leicht. Oder mit dem Ausbilder zu sprechen: „Übung macht den Meister." Nach der bestandenen Probezeit das große Durchatmen, da akzeptiert und damit im künftigen Beruf angekommen. Jetzt stand Größeres an: Reportagen der unterschiedlichsten Art. Beispielsweise die „Fahrt" in die Tiefen der Zeche Emscher-Lippe in Datteln bei Recklinghausen: Arbeiten unter Tage im Steinkohlenbergbau, zwei Tage lang. 800 Meter. Hohe Plus-Grade. Seitdem weiß ich, was „Schicht im Schacht" bedeutet – weil froh, wieder oben aus dem Förderkorb zu steigen. Und den Muskelkater brachte ich gleich mit.

Nach der Arbeit in der Tiefe der Zeche Emscher-Lippe: Schicht im Schacht.

Lotte Lenya (1898-1981).

Sondermarke der DDR.

Danach dann die Aufführung „Mutter Courage und ihre Kinder" von Bertolt Brecht anlässlich der Ruhrfestspiele im Saalbau der Stadt. In der Hauptrolle *Lotte Lenya* (1898-1981), die Schauspielerin und Sängerin. Der redaktionelle Auftrag: Berichterstattung zum Stück und Interview mit der gebürtigen Wienerin – mein erstes Star-Interview. Ein Wiedersehen gab es mit der einstigen Balletttänzerin wenig später. Es war der ihre Berühmtheit weiter steigernde James-Bond-Film „Liebesgrüße aus Moskau" mit *Sean Connery* (1930-2020). Maßgeschneidert ihre Darstellung der Ex-Offizierin Rosa Klebb vom sowjetischen Auslandsgeheimdienst KGB (Komitee für Staatssicherheit).

Der Chef und sein „Käfer"

Standen Rathaustermine an zu beispielsweise allgemein interessierenden Themen erfuhr ich Anerkennendes zu „meiner" Zeitung. Vor allem aber über Chef Hennemann. Eine gute Grundlage für die Arbeit. Zudem war der geschätzte Vorgesetzte in Recklinghausen bekannt „wie ein bunter Hund", wie er selber einmal sagte. Und dies wegen einer Besonderheit: Er fuhr einen anthrazitgrauen VW Standard, einen der legendären „Käfer", gebaut seit Beginn der 1950er Jahre. Es war nicht das Gefährt allein, was die exklusive Auffälligkeit ausmachte. Es war die als Warnsignal jedwede Hupe übertönende, gewaltig scheppernde Straßenbahnklingel, eingebaut vorn unter der Haube des Kofferraums.

Er nun, der knorrige, der nur selten Lobende, fand den aus Lünen gekommenen Volontär nach nicht einmal einem Jahr der Ausbildung für würdig, sich um das *Vest Recklinghausen* zu kümmern. Das waren dicht beieinander die drei Städte *Waltrop, Datteln* und *Oer-Erkenschwick*. Zusammengenommen von der Zahl der Einwohner eine Großstadt von fast 100 000 Einwohnern. Zum Vergleich Recklinghausen: 1962 über 130 000.

Datteln, der neue Mittelpunkt

Um mitten im Geschehen der drei Gemeinden zu sein, war der sofortige Umzug von Recklinghausen nach Datteln sinnvoll. Hagemer Kirchweg 21, die neue Adresse im Bereich des international größten Knotenpunkts angelegter Wasserstraßen mit Schleusen und Häfen. Mein Zimmer genügte dem bescheidenen Anspruch:

Blick auf das imposante Rathaus von Datteln aus der Vogelperspektive.

Kaltwasser aus dem Hahn über dem Waschbecken. Eine Badeanstalt mit Warmwasser und eine Münzwäscherei befanden sich in der Nähe. Die Miete betrug 40 D-Mark, das monatliche Salär 297 DM brutto, ausgewiesen als Ausbildungsbeihilfe für Volontäre nach Tarifvertrag. Üppig war das gerade nicht. Spätestens Mitte des Monats musste die Mark mehrmals umgedreht werden, bevor sie ausgegeben wurde. Das hate ich gemeinsam mit den angehenden Redakteuren der Konkurrenz vor Ort. Hilfreich war da schon mancher Lokaltermin, bei dem imbissmäßig etwas zur Verfügung stand; so auch mit dem einen oder anderen Bier nebst ein, zwei „Kurzen" genanntem Korn.

Eine Lektion fürs Leben

Nicht gerade mit alkoholischem Augenmaß gesegnet, ging's da schon mal über den nicht sonderlich kontrollierten Durst. Vor allem dann, wenn es noch zu später Stunde im Überschwang des journalistischen Kommunizierens geschah. Irgendwann, weit nach Mitternacht, die Heimfahrt von Henrichenburg über Waltrop. Zwischendurch eine der Übermüdung und dem Alkohol geschuldete Rast am Straßenrand. Es müssen ein paar Stunden tiefen Schlafs gewesen sein, der Morgen graute bereits. Unverdrossen, sich wieder gestärkt fühlend, die Weiterfahrt. Die gute Stimmung verflog von einem Moment zum anderen, als sich der fahrtüchtig Fühlende einen die Straße begrenzenden Betonpfeiler rammte. Irgendwie ernüchtert, doch nicht ganz bei Verstand, schien die schlüssige Notmaßnahme vom beschädigten Gefährt das Abschrauben der Schilder zu sein. Gedacht, getan und sich eilends per pedes mit den

Kennzeichen unterm Arm vom Tatort zu entfernen. Noch nicht sehr weit gekommen, erteilte ihm das Schicksal eine Lektion fürs Leben – in Gestalt der strafenden Justitia. Kümmerten sich doch zwei freundliche Männer, unterwegs mit einem unverdächtigen Fahrzeug, und nahmen den frühen Wandersmann mit nach Datteln. Das Ziel nicht der Hagemer Kirchweg, sondern die Polizeiwache. Der eben noch Dankbare war von einer Zivilstreife aufgelesen worden. Maßnahme Nummer eins: Gehen auf einer geraden Linie, was nicht gelang. Maßnahme Nummer zwei: Blutprobe. Ergebnis: 1,21 Promille.

Gnadengesuch zur Strafminderung

Keine vier Wochen danach vor dem Amtsgericht Recklinghausen. Da einsichtig, geständig ohne Wenn und Aber, da auf Milde hoffend. Verurteilt zu 16 Tagen Haft, alsbald anzutreten im Gerichtsgefängnis. Mit Unterstützung der Redaktion gelang mehrfach der Aufschub. Zudem wurde dem *Gnadengesuch* zur Strafminderung stattgegeben. Statt der 16 Tage nun nur noch elf. Einzige Abwechslung war das freiwillige Tütenkleben. Die „Arbeitsbelohnung", wie es damals hieß, belief sich auf 3,60 DM, ausgezahlt zur Entlassung am 10. Februar 1964, ausgerechnet am Rosenmontag.

Kaum die Pforte des Gefängnisses an der Reitzensteinstraße durchschritten, *die* Überraschung: Aufgebaut hatte sich ein „Empfangskomitee" zur Wiederkehr in den Kreis der eigenen Kollegen und denen der konkurrierenden Zeitungen. Unter ihnen auch der Sohn des Lüdenscheider Kripochefs, der Redakteur der Westdeutschen Allgemeinen Zeitung (WAZ).

Da spätestens nach dem dritten Gläschen der zur Begrüßung gebotenen fröhlichen Schnaperei nach äußerst spartanischem Zellenleben nicht mehr gewachsen, fuhr er, der Redakteur *Reiner Pfeiffer* („...mit drei Eff!"), mich zu meiner Bleibe in Datteln. Dort verschlief ich dann den Karneval in wiedergewonnener Freiheit. Und somit für die Menschheit vorerst keine Gefahr mehr, da für eine bestimmte Zeit ohne Führerschein und auch ohne fahrbaren Untersatz.

Amtsgericht in Recklinghausen: Zuständig für die Nachbarstädte Datteln und Oer-Erkenschwick.

WISSENSWERTES

Sie werden alljährlich mit festem Ensemble veranstaltet, die *Ruhrfestspiele* als eines der größten europäischen Theater-Festivals auf dem „grünen Hügel" von Recklinghausen. Es geht zurück auf den eisigen Winter 1945/46. Weil Kohlen für Beheizung und Bühnentechnik fehlten, standen die Hamburger Theater vor der Schließung. In ihrer Not versuchten sie ihr Glück im „Ruhrpott". Bereits der erste Halt auf der schwierigen Reise durch die britische Besatzungszone war von Erfolg gekrönt: Die Belegschaft der Zeche König Ludwig 4/5 half spontan. Das dankten die hansestädtischen Staatsbühnen mit Gastspielen in Recklinghausen. Sie standen unter dem Motto „Kunst für Kohle". Unvergessen die auf der Förderbrücke einer Zeche gehaltene Rede vom damaligen Hamburger Bürgermeister *Max Brauer* (1887-1973): „Festspiele nicht nur für Literaten und Auserwählte, sondern Festspiele im Kohlenpott vor den Kumpels. Ja, Festspiele statt in Salzburg in Recklinghausen." Dort aufgeführt im Saalbau.

Das Baudenkmal des Schachtes Ewald in Oer-Erkenschwick nahe Recklinghausen.

Quelle: Zitiert nach Ludwig Hille: Die Zeche König Ludwig und der Beginn der Ruhrfestspiele. In: Arbeitsgruppe König Ludwig. Wege der Ruhrfestspiele. Regio. Werne, 2005.

Der Begriff vom *Vest,* ausgesprochen wie Fest, stammt aus dem Mittelalter. Er kennzeichnete ein Gericht mit dazugehörigem Bezirk. Der

Ursprung ist im Vest-Wort für „rechtmäßig" oder „gesetzlich" zu finden. Im Fall Vest Recklinghausen steht es für Kreis.

Der Name der Stadt *Datteln* hat nichts mit den Früchten der Dattelpalme gemein. Zurückzuführen ist er auf *Eugen III.*, lateinisch Eugenius, Papst von 1145-1453. In einer Verlautbarung um kirchliche Besitzrechte benannte er die Siedlung mit „Datlem ecclesiam". Zuvor, anno 1325, erwähnte ein gewisser Goswin (Gotenfreund), genannt Vrydach de Datlen, ein dem heiliggesprochenen Bischof Amandus (um 575-676) einst zugesprochenes Besitztum. Möglicherweise zur Namensfindung des Ortes beigetragen hat ein Bauernhof: „Dat-Loh": *Dat* für das, *Loh* für Feuer und Flamme, gefunden auf einer alten Recklinghäuser Flurkarte.

Leonardo DiCaprio, Sohn der aus Oer-Erkenschwick stammenden Rechtsanwaltsgehilfin Irmelin Indenkirchen.

Quellen: Die Urkunde von 1147: Die erste schriftliche Erwähnung Dattelns. Von Hildegard Krause. In: Datteln 1447-1997. Beiträge zur Geschichte Dattelns, 1997. – Anton Jansen: Die Gemeinde Datteln. Ein Beitrag zur Geschichte des Vestes Recklinghausen, 1881. Online: Pfarrer Jansen über Horneburg 1, Paragraph 2: der Name, das Dorf.

Mit *Oer-Erlenschwick* in Verbindung zu bringen lässt sich Hollywood-Star und Oscar-Preisträger *Leonardo DiCaprio,* Jahrgang 1974, geboren in Los Angeles als Sohn des Comicbuch-Autors George DiCaprio, in vierter Generation geboren US-Staatsbürger halb italienischer, halb deutscher Abstammung. Die Mutter kommt aus der genannten Stadt im Vest Recklinghausen. Als Rechtsanwaltsgehilfin war sie, Irmelin Indenkirchen, Anfang der 1950er Jahre in die Vereinigten Staaten ausgewandert. Leonardo blieb nach der Scheidung bei ihr. Dass er einmal zu einem der erfolgreichsten Protagonisten des Films werden sollte, war damals kaum zu erahnen. Kinoknüller, neudeutsch heute „blockbuster", waren neben anderen „Titanic", „Aviator", „Django Unchained", „Der große Gatsby" und der Western-Thriller „Der Rückkehrer", ein spannungsgeladenes historisches Thema.

Großvaters Weg in die Anderswelt
DER STILLE ABSCHIED

Bischofswerda, der Gottesacker der evangelischen Kirchengemeinde, gelegen inmitten des Städtchens. Dort fand er seine letzte Ruhe, er, mein Großvater. Es war am 4. September 1963, als er gegen zwei Uhr dreißig in der Stille der Nacht in eine *Anderswelt* wechselte, die so manches Mal im Mittelpunkt unserer Gespräche stand. Dass er, der Paul

Der Orden von 1736 geht zurück auf Heinrich II. (973-1024). Der aus sächsischem Fürstengeschlecht stammende Kaiser steht für die Christianisierung Mitteldeutschlands und seiner christlichen Ritterschaft. Ältester deutscher Militär-Verdienstorden.

Zur Verleihung: „Zu dessen Urkund ist das gegenwärtige Dekret ausgefertigt, von Uns eigenhändig unterzeichnet und mit Unserem königlichen Siegel versehen worden. Dresden am 6. Dezember 1915. Friedrich August.

Erinnerung auf Meißner Porzellan an das 200-jährige Bestehen des Regiments Nr. 106 „König Georg".

Reinhard *Walter* Lange, Jahrgang 1881, der Doktor der Rechte, der mit den höchsten Verdienstorden des Königreichs Sachsen Ausgezeichnete, der besonderes Ansehen genießende Bürger seiner Heimatstadt, zudem als Bürgermeister im vogtländisch-sächsischen Schöneck von 1919 bis 1933 für die Geschicke

des Städtchens zuständig – er war gegangen, wenn in meinem Empfinden nicht wirklich. Zwar endlich war die Zeit mit ihm, doch die Erinnerung an ihn währt weiterhin. Schon Käthe Niessen, die Seherin vom Niederrhein, wusste seine Beziehung zum Enkel Ulrich zu erhellen, wie in einem der Kapitel in diesem Buch geschildert. Das entsprach ganz dem von Victor Hugo, Frankreichs Klassiker der Weltliteratur, entlehnten Wortes: „Du bist nicht mehr da, wo du warst, aber du bist überall, wo ich bin."

Er wies an Vaters Statt in den Kindheits- und Jugendjahren den Weg ins spätere Leben. Noch heute und nicht nur am 20. August, seinem Geburtstag, kommen sie auf, die Gedanken,

Die Hochzeit in Dresden am 23. August 1912: Dr. Paul Reinhard Walter Lange und Katharina Rosa Dorothea, geborene Greiner in Demitz-Thumitz.

als wollten sie sich einem Zwiegespräch nähern, was er wohl zu Tun und Handeln des in dieser Welt Verweilendem zu bedeuten wüsste. Aus welch unerfindlichem Grund der Enkel, beispielsweise, seit 1960 in Westdeutschland, nicht von der Familie zum Todesfall benachrichtigt wurde. Die Adresse war bekannt. Was blieb, das war über Jahr um Jahr über den Gottesacker zu gehen, wo auch Gemahlin Dorothea und Großvaters Bruder, der Konditor, unser Onkel Erich, in Frieden ruhen. Noch heute stets aufs

Dresdner Anzeiger am 2.8.1914: „Deutschland im Kriegszustand." Ratsassessor Dr. Walter Lange in Crimmitschau am Vortag der Einberufung ins Feld.

Neue nachschlagend in diversen Zitatensammlungen, was je von Berühmten und weniger Prominenten zum Verlust eines Angehörigen überliefert worden ist. Darunter diesmal Hermann Hesse (1877-1962), der Literatur-Nobelpreisträger: „Einschlafen dürfen, wenn man müde ist, und eine Last fallen lassen dürfen, die man lange getragen hat, das ist eine tröstliche, eine wunderbare Sache." Der heilige Franz von Assisi (1181-1226): „Der Tod ist das Licht am Ende eines mühsam gewordenen Weges." Und zu guter Letzt Aufrichtendes von Johann

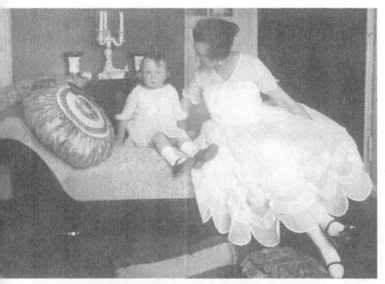

Schöneck im Vogtland: Dorothea Lange und Töchterchen Regina beim privaten Fototermin.

Wolfgang von Goethe: „Was man tief in seinem Herzen besitzt, kann man nicht durch den Tod verlieren."

1963, das war auch das Jahr des Abschiednehmens von Theodor Heuss, des ersten Präsidenten der Bundesrepublik Deutschland. Zudem von Schauspieler, Regisseur und Theater-Intendant Gustaf Gründgens, von der französischen Chanson- und Balladensängerin Edith Piaf sowie von John F. Kennedy, erlegen den tödlichen Schüssen von Dallas, Texas.

Stets vergnügt in den Ferien auf der Nordseeinsel Borkum um 1925.

Das Ritterkreuz mit Schwertern: Albrechtsorden für Dienste im Staat, in der Wissenschaft und seit 1860 für das Militär in Erinnerung an Herzog Albrecht den Beherzten (1443-1500).

Ausritt getreu dem Wahlspruch, wo immer es möglich war: Alles Glück der Erde liegt auf dem Rücken der Pferde.

Der Redakteur von der Konkurrenz. Das journalistische Zusammenspiel und eine geplante Fluchthilfe.

Der Großmeister des Aufspürens

Der Mann, *Reiner Pfeiffer,* der mich an besagtem Rosenmontag aus dem karnevalistischen Verkehr zog, der Redakteur von der Konkurrenz, er war ein Großmeister des Aufspürens. Ungereimtheiten, Verfehlungen, Tricksereien von der Kommunalpolitik bis zur kriminellen Handlung, das war sein Metier, sein journalistisches Handwerk. Der Vater, der Kripochef, lässt grüßen. Der 1939 im westfälischen Lünen Geboren, „meinem" Wohnort während der Schulzeit in Hamm, er imponierte, gleich ob man ihn mochte oder nicht. Stets zur Stelle in und um Recklinghausen wie im Großraum des nördlichen Ruhrgebiets, wenn sich eine Reportage anbot. Verstöße von Mandatsträgern zogen ihn an wie die Motten vom Licht. Später, es war 1987, sollte ihm das eine politisch umstrittene Berühmtheit verschaffen. Im Folgendem ein Kapitel für sich. Bei der „Überführung" der in sein Fadenkreuz Geratenen ging er nicht zimperlich vor – getreu dem Motto, dass der Zweck die Mittel heilige. Ans investigative Ziel gekommen, triumphierte Pfeiffer mit dem nur ihm eigenen Schlüsselsatz: „Den habe ich geleimt!"

Zugegeben, mich als angehenden Reporter und Redakteur faszinierte der Hochgewachsene mit den hellwachen Augen; selbst dann, wenn er recherchierend

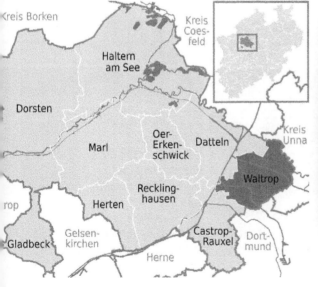

Waltrops Fachwerk-Ensemble in der Stadtmitte mit dem „Tempelchen" genannten Haus, errichtet um 1576.

manche Nacht zum Tage machte. Nach gemeinsam Exkursionen in die nahe der regionalen Unterwelt agierenden Szene lud er nach Waltrop zum „ersten Frühstück", wie er es nannte. Und Inge, seine treue Angetraute, richtete ebendieses mit einem verständnisvollen Lächeln an. Er war mir ein Lehrmeister, keine Frage, was mir bald darauf zugutekam. Delegiert worden war ich von der Zentrale zur neu geschaffenen Revier-Redaktion in Bochum unter der Leitung von *Manfred Stüting*. Spannend die täglichen „Ausflüge" als Polizeireporter zwischen Dortmund, Essen und Duisburg. In einem Mordfall führte die Spurensuche sogar bis ins Schwarzwälder Weindorf Kappelrodeck südlich von Baden-Baden im Ortenau-Kreis.

Varianten zur Flucht

Das journalistische Zusammenspiel mit Reiner Pfeiffer und die sich daraus ergebende Freundschaft fand Erweiterung mit einem eher privaten Fall. Ein Anverwandter hatte erkennen lassen, dass er sich mit Fluchtgedanken trage. Nach sorgfältiger Planung unsererseits sollte der Weg von Ungarn aus über Niederösterreich in den Westen führen. Der ausgewiesene „sozialistische Bruderstaat" stand bereits damals dem DDR-Bürger als Ferienziel offen. Die zweite Variante zur „Ausreise" über

Die ungarische Landschaft am Balaton, dem Plattensee. Ein Lieblingsziel der DDR-Bürger.

die grüne Grenze: Der Umweg von Ungarn über Jugoslawien in Österreichs Bundesländer Kärnten und die Steiermark, ungefährdet weiter dann nach Westdeutschland. Letztlich kam es nicht dazu. Des Besagten Bedenken überwogen: Ein Himmelfahrtskommando mit ungewissem Ausgang. Das Misslingen hätte Gefängnis bedeutet – für uns alle. *Wir* jedenfalls waren ohne Wenn und Aber bis zur Absage fest entschlossen, dem Mann zu helfen.

Die deklarierte Straffreiheit

Es war im Herbst 1964. Im nunmehr zweiten Volontärsjahr zeichnete sich ab, bald in den Rang des Redakteurs erhoben zu werden. Damit war die Grundausbildung zum Journalismus bewältigt, die Neugier aufs Interessante verfeinert, das erarbeitete Bild von der Leserschaft geschärft. Deren Informationsbedarf für die DDR, noch von Bundeskanzler Konrad Adenauer als „Sowjet-Deutschland" bezeichnet, schien damals nicht sonderlich ausgeprägt. Für mich galt das nicht, verständlicherweise. Da interessierte weiterhin alles, was mit der alten Heimat zu tun hatte; vage auch verbunden mit der Hoffnung auf ein Zusammenfinden der beiden deutschen Staaten, irgendwann.

Es handelte sich eher um eine Randnotiz, die dem sich strafbar gemachten „Republikflüchtigen" auffiel. Was da überraschte, fußte auf einer Bestätigung der Ost-Berliner Volkskammer mit dem Verweis auf den Mauerbau. Sinngemäß hieß es, dass ab dem 1. September 1964 *Straffreiheit für Republikflüchtige* gilt, die *vor* dem 13. August die DDR verlassen hatten, auf welchen Pfaden auch immer. Nach dortigem Strafgesetzbuch wurde das bislang nach missglückter Flucht zwischen zwei bis zu acht Jahren Freiheitsentzug geahndet.

Einem Aufmarsch gleich: Wasserwerfer am Brandenburger Tor während des Mauerbaus.

Die deklarierte Straffreiheit sollte den Weg zur Rückkehr ebnen. Immerhin hatten von 1949 bis zum Berliner Mauerbau 1961 rund 2,7 Millionen (!) die Seiten gewechselt; entweder von Ost- über West-Berlin, die 1400 Kilometer lange innerdeutsche Grenze oder übers Ausland. Ein Höchststand war nach dem Arbeiteraufstand vom 17. Juni 1953 mit über 331 000 zu verzeichnen. Zum Vergleich das Jahr 1960: nahe 200 000, darunter der Autor und Zeitzeuge aus Cottbus. Damals kaum vorstellbar: Bis 1990, kurz vor der Wiedervereinigung am 3. Oktober, sollte die Zahl der Flüchtlinge auf insgesamt 3,8 Millionen ansteigen. 400 000 der Abtrünnigen kehrten dem Westen allerdings wieder den Rücken. Ausschlaggebend waren enttäuschte Erwartungen, auch Heimweh.

Quellen: Presse- und Informationsamt des Landes Berlin: Die Mauer und ihr Fall. 7. Auflage, 1996. – Monatsmeldungen des Bundesministeriums für Vertriebene, Flüchtlinge und Kriegsgeschädigte. Jürgen Rühle, Gunter Holzweißig: Der 13. August. Die Mauer von Berlin. Köln 1988. – Flucht im geteilten Deutschland. Erinnerungsstätte Notaufnahmelager Marienfelde. Bettina Elfner, Helge Heidemeyer (Hrsg.), be-bra verlag. Berlin, 2005.

*Ministerpräsident
Uwe Barschel 1987*

Reiner Pfeiffer und die spektakuläre Wahlkampf-Episode

BARSCHEL-AFFÄRE

Schlagartig ins grelle Licht der Öffentlichkeit geriet er am 12. September 1987: Er, der *Medienbeobachter* in der schleswig-holsteinischen Staatskanzlei zu Kiel. Unverhofft stand er im Mittelpunkt der so genannten „Barschel-Affäre". Wahlkampf war der Hintergrund. Die Kontrahenten: Ministerpräsident *Uwe Barschel* (CDU) und *Björn Engholm* (SPD). Die Brisanz: Laut des Nachrichtenmagazins „Der Spiegel" soll Barschel *Reiner Pfeiffer* beauftragt haben, „die öffentliche Meinung über Engholm negativ zu manipulieren", was der Landesvater wiederum mit seinem berühmt gewordenen „Ehrenwort" zurückwies. Dennoch kursierten weiterhin in den Medien die im Konjunktiv gehaltenen „Wahrheiten". Die Folge: Uwe Barschel trat zurück. Am 11. Oktober wurde er in einer gefüllten Badewanne des renommierten Hotels Beau Rivage in Genf tot aufgefunden.

Die SPD gewann 1988 die Landtagswahlen mit Björn Engholm. 1993 dann dessen Rücktritt wegen der vom Untersuchungsausschuss belegten Falschaussage, nichts von Pfeiffers Anflügen auf ihn gewusst zu haben. Damit hate sich zudem die Kanzlerkandidatur gegen den amtierenden *Helmut Kohl* (CDU) erledigt, der sich 1994 zur Bundestagswahl gegen *Rudolf Scharping* (SPD) durchsetzen konnte.

Reiner Pfeiffer, in seinen letzten Lebensjahren schwer erkrankt, starb am 12. August 2015 mit 76 nach einem häuslichen Unfall in Hambergen bei Bremen. Er, der wortgewandte Journalist, litt zuletzt unter einer Sprachstörung (Aphasie), bedingt durch die partielle Schädigung des Gehirns. Es war, als hätten die an den Schicksalen webenden Nornen der nordischen Mythologie einem an Turbulenzen reichen Leben ein befreiendes Ende beschieden. Ein Leben, das seit der Jugend an wendungsreichen Wegen kaum etwas aussparte. Priester wollte er ursprünglich werden. Nach der Mittelschule der Übergang in ein Gymnasium der Franziskaner. Abbruch und Wechsel zu einer Polizeischule. Danach die Erfüllung im Journalismus. Und, kaum bekannt, geschätzt von Bestattungsinstituten als Grab- und Trauerredner. Wie wäre dann wohl ein rechtzeitig vorbereiteter Nachruf in eigener Sache ausgefallen, rein hypothetisch gesehen?

Quellen: Der Spiegel 42/1987 und weitere Ausgaben: Waterkantgate – Spitzel gegen den Spitzenmann. – Schleswig-Holsteinischer Landtag: Die Kieler Unter-suchungsausschüsse I + II. Fragen und Antworten März 1993 bis Dezember 1995.

Martin Brambach als Reiner Pfeiffer.

Matthias Matschke als Uwe Barschel.

Es waren anderthalb Monate *vor* Reiner Pfeiffers Unfalltod, als 27. Juni 2015 im Verlauf des Münchner Filmfests der dreistündige Polit-Thriller „Der Fall Barschel" Premiere feierte. Am 6. Februar 2016 strahlte das Erste Programm (ARD) den Streifen aus. In den Hauptrollen: Matthias Matschke als Uwe Barschel, Martin Brambach (Halbbruder von Schauspieler und Musiker Jan-Josef Liefers), als Reiner Pfeiffer. Stichwort Halbrüder: Selbst sind mir drei zuteilgeworden: *Reinhard K.* am 16. Juni 1944, *Thomas L.* am 10. Februar 1952 und *Gisbert S.* am 21. Juli 1960. Letzteren erst später als Kind, da zwei Wochen zuvor über West-Berlin „ausgewandert". Mit den beiden Erstgenannten nicht sonderlich zusammen-gekommen, gab es folgerichtig wenig an Be-rührungspunkten. Das mag am jeweils wechseln-den Quantum an Zuneigung unserer Mutter gelegen haben, was gefühlsmäßig nicht unbedingt belas-tete. Ich hatte ja den Großvater und den unerschüt-terlichen Glauben, dass mein Vater lebe, den Krieg überstanden habe und aus der vermutenden Ge-fangenschaft *zu mir* heimkehren werde. Schon aus diesem Grunde scheiterten die Stiefväter an dem sperrig erscheinenden Erstgeborenen, gleich ob sie es mehr oder weniger gut meinten. Im Gegensatz zu Reinhard und Thomas wuchs die (halb-)brüderliche

„Easy Rider" zu DDR-Zeiten: Bruder Gisbert unterwegs.

Harley Davidson.

Zusammengehörigkeit mit Gisbert im Laufe der Zeit. Er hatte mir schon als Heranwachsender ob seiner kernigen Art und Erscheinung imponiert; auch als „Easy Rider" auf seinem „Feuerstuhl" gleichsam als Nachfahre der Kultfilm-Protagonisten Peter Fonda und Dennis Hopper von 1969. Eine Maschine, wie die legendäre „Captain America Harley Davidson" der beiden Idole, hätte ich dem Jüngsten der Brüder liebend gern schon zu DDR-Zeiten gewünscht. Er war übrigens auch am Werden dieses Buches beteiligt, was Recherchen und das Auffinden von Fotos betrifft.

Die Unternehmung mit Mutter Regina und Reiner Pfeiffer.

Die Probe aufs Exempel nach der verkündeten Straffreiheit für Republikflüchtige vor dem Bau der Mauer. Der Freund als Flankenschutz.

Das Wagnis Ost-Berlin

Die von der DDR verkündete Straffreiheit blieb haften. Gedanklich verfestigte sich die Absicht zur Fahrt nach Ost-Berlin. Quasi die Probe aufs Exempel, ob er, der inzwischen 23-jährige Westbürger mit bundesdeutschem Pass, in der Hauptstadt der DDR einen Tag lang unbehelligt verbringen konnte. Oder ob ihn die Vergangenheit einholte. Soweit gedacht und geplant, auch das Treffen mit Regina, der Mutter. „Eingebaut" als Flankenschutz der Freund für den Fall, dass etwas schiefgehen sollte. Das war für ihn, Reiner Pfeiffer, keine Frage, da für jedes Abenteuer zu haben. Ost-Berlin kam ihm gerade recht, da „kommunistisches Neuland". Die Marschroute war klar, ich kannte mich ja aus: Mit der S-Bahn vom West-Berliner Bahnhof Zoo zum Grenzübergang Friedrichstraße. Passkontrolle und Mindestumtausch, der Kurs 1:1, pro Tag 5 Mark Ost für 5 Mark West, gern verspottet als „Eintrittsgeld". Einfallsreiche Grenzgänger versorgten sich zuvor schon in den West-Berliner Wechselstuben trotz drakonischer Strafmaßnahmen. Der Kurs schwankte ums Limit 4:1 gleich 4 DDR-Mark für 1 DM. Auch Reiner deckte sich ein. Die Scheine schob er ins Innere seines Schlipses, kam damit durch und freute sich, wieder einmal jemanden „geleimt" zu haben, diesmal den Grenzbeamten.

Weiter ging es zum Bahnhof Ostkreuz, damals Stadtteil Friedrichshain, heute Berlin-Mitte. Von dort war es nicht mehr weit zur einstigen Stalinallee, 1961 im Zuge der Entstalinisierung in Karl-

DDR-Banknote mit dem Porträt von Thomas Müntzer, Reformator (1489-1525).

BRD-Banknote mit dem Bild von einer Venezianerin. Gemälde von Albrecht Dürer.

Kunst auf dem Dach: Sputnik.

Marx-Allee umbenannt – als Ost-Berlins Vorzeige-Magistrale, nicht unähnlich einem sowjetischen Prachtboulevard im *Sozialistischen Klassizismus*, dem sogenannten „Zuckerbäckerstil". Ebendort der vereinbarte Treffpunkt. Es war das Restaurant-Café „Moskau" mit mehreren Räumlichkeiten im Gebäudekomplex mit der Nummer 34. Alles in allem ein gastronomischer Leuchtturm für DDR-Verhältnisse. Auf dem Dach thronte das kugelförmige Kunstwerk *Sputnik,* russisch Wegbegleiter, in Erinnerung an den ersten sowjetischen Satelliten, der 1957 die Erde in 96 Minuten umrundete. Eine Weltpremiere.

Restaurant Moskau, Moskwa, in den 1960er Jahren.

Stets in Sichtweite übrigens seit 1969 der Fernsehturm, vom Volksmund als „Rache des Papstes" getauft. Der Spitzname zielte auf die atheistische Grundhaltung der DDR-Regierung, was kirchliche Einrichtungen nicht ausschloss. Im Speziellen gemeint war das Phänomen von einem Lichtkreuz auf der Kugel bei direkter Sonneneinstrahlung. Des Regimes Ärger wich allmählich, nachdem Hermann Henselmann, der Architekt des Bauwerks, für die erlösende Idee gesorgt hatte: Er wandelte die „Rache" zu einem „Plus für den Sozialismus". *Quelle*: Egon Krenz. Walter Ulbricht. Verlag: Das Neue Berlin, 2013. Seite 348.

Investigativ, konspirativ, kreativ

In einem der „Salons", dem kaum belegten „Russischen", eilte ein Ober im schwarzen Anzug auf uns zu und bat mit kritischem Blick um Auskunft, ob wir denn reserviert hätten. Zu meiner Überraschung, weil leicht sächselnd, verneinte der Freund und Westfale Peiffer. Verwies dann, wichtig im Unterton, auf die nicht näher definierte Bedeutung unseres Zusammenseins. Zu meinem Entsetzen flocht er völlig zusammenhanglos und schnell gesprochen wesentlich wirkende Fremdwörter mit ein, wie da waren *investigativ, konspirativ, kreativ,* zudem noch „Klassenfeind". All das machte Eindruck. Umgehend führte uns der gute Mann zu einem zur Wand abgerückten Tisch und entfernte den Aufsteller „Reserviert". Aus seiner Sicht hätten *diese* Leute ja wichtige SED-Genossen sein können. Da passte man besser auf, immerhin war das „Moskau" als Nationalitäten-Restaurant ein beliebtes Ziel der Staatselite, möglicherweise der Staatssicherheit (Stasi) auch.

Der nette Herr Heinrich

Da die Nebentische ohne Gäste blieben, war die Unterhaltung in gedämpfter Tonlage möglich. Dass „Wanzen" in der Wand mithörten, wenn es denn welche gab, war nicht bedacht. Doch alles ging gut. Die Mutter berichtete von „Heimsuchungen" im doppelten Sinn des Wortes, was sich für den Briefwechsel von Ost nach West der Überprüfungen wegen nicht empfahl. Nach meinem Seitenwechsel am 6. Juli 1960 war sie beispielsweise mehrfach Verhören unterzogen worden, inwieweit sie denn von den Fluchtplänen des Sohnes wusste. Dass dem nicht so war, dafür hatte ich voraussorgend mit dem Auszug aus der Wohnung Gallinchener Straße zum Zimmer Striesower Weg am anderen Ende von Cottbus gesorgt.

Das war das eine. Im Verlaufe der Zeit das andere: Erkundigungen der Staatssicherheit über den Werdegang des nach Westdeutschland Enteilten, beruflich wie privat. Und dann wie aus heiterem Himmel die Frage an sie, ob denn ein Besuch in Cottbus zum „Gedankenaustausch" denkbar sei, so der nette Herr Heinrich, der Name geändert. Aufenthalts-

Das Phänomen vom Lichtkreuz: Von der „Rache des Papstes".

genehmigung für den Verwandtenbesuch per Visum kein Thema. Das klang nicht nach Neueinbürgerung, nicht nach heim ins DDR-Reich, des weiterhin selbst bis zur Unglaubwürdigkeit gepriesenen. Prompt befeuert der Verdacht der Anwerbung zum Informanten. Die Mutter verneinte, sie kenne ihn. Ihr war vor allem wichtig, dass ein Besuch zustande kommt. Reiner Pfeiffer schloss Heinrichs hintergründiges Ansinnen nicht aus, gab andererseits gern zu, da selbst keinem Wagnis abhold: „Ausprobieren! Spannend wird das Ganze allemal." Mutter applaudierte, zumal sowieso von ihm beeindruckt. Kaum in Cottbus zurück, beantragte sie das Visum, das umgehen gewährt wurde. Noch unschlüssig, ob ich es wahrnahmen sollte, kam es zu einer überraschenden Begegnung, die eine

Die Karl-Marx-Allee, ehemals Stalinallee, mit dem Frankfurter Tor und dem Fernsehturm.

wie auch immer geartete Entscheidung erleichterte.

Impression: Witten an der Ruhr.

Die Beamten vom BND

Es war nach einem lehrreichen wie weiterführenden Intermezzo in den Redaktionen der Neuen Rhein und Ruhr Zeitung in Essen und Krefeld. Nun wieder zurück bei der Westfälischen Rundschau, diesmal in der Stadtredaktion Witten an der Ruhr. Vor der Tür zwei Herren in der Albertstraße im Stadtteil Bommern, die höflich um Einlass und Gespräch baten – und sich dann als Beamte vom *Bundesnachrichtendienst* (BND) zu erkennen gaben. Bestens über meinen Werdegang seit 1960 informiert, erkundigten sie nach weiterführenden Plänen, beglückwünschten die Ernennung zum Lokalchef der *Westfälischen Rundschau* vor Ort – und interessierten sich für Kontakte zur Verwandtschaft. Mit Herrn Heinrich hielt ich nicht hinterm Berg. Wert legte ich die Feststellung, dass ich zu keiner Zeit zu „Ausspähungen" im Sinne des Genannten bereit sein werde. Einem „Gedankenaustausch" jedoch stehe nichts im Wege, was in einem besonderen Fall für den BND von größter Bedeutung war.

Die abweisende Physiognomie

Im Grunde genommen war das wie das Segeln im Zickzack gegen den Wind bei späteren Besuchen in Cottbus; unbelastet hingegen die ausweichenden familiären Treffen am Plattensee, den Balaton in Ungarn. Gefordert im Durchlavieren bereits während der Zeit bei der Cottbuser Straßenbahn, war ich somit bereits geübt, wenn verlangt wurde, Kollegen mit Westkontakten auszuspionieren. Dem begegnete ich schon damals mit dem Hinweis auf meine sehr „spezielle" Physiognomie, gemeint der als „arrogant, überheblich und abweisend" zu wertende Gesichtsausdruck. Etwas Wahres muss daran durchaus gewesen sein. Ein schlagendes Beispiel aus der achtjährigen Grundschulzeit: So irritierte den Deutschlehrer, dass ich trotz der Eins im Aufsatz keinerlei Regung zeigte. Ob ich mich denn nicht freute, wollte er wissen. Meine Antwort: „Ich sehe eben so aus. Und das ist schon immer so."

Das Großereignis: Wunschkind Sabine

Ganz und gar gegensätzlich muss mich zum anderen die umgebende Welt aus Kollegen, Bekannten und Nachbarn in Witten empfunden haben, als *das* Großereignis zu verkünden war: Töchterchen *Sabine*, das Wunschkind, hatte sich am Mittwoch, 22. März 1967 (lateinisch XXII.III.MCMLXVII), eingefunden. Ganz der

Mama Anni gleich schon mit schwarzem Haar. „In eigener Sache" machte sich der Nachwuchs alsbald bekannt per Zeitungsanzeige: „Lange saß ich vor dem Spiegel, bis ich mich entschloss, als Nachwuchs in die neue Wohnung einzuziehen. In acht Tagen will ich mit der Mutti aus dem Marienhospital in die Albertstraße 10 kommen, um den aufgeregten Vati beim Windelwechseln zu schulen."

Geboren im Tierkreiszeichen *Widder,* beherrscht vom Kraft- und Machtplaneten Mars, konnte

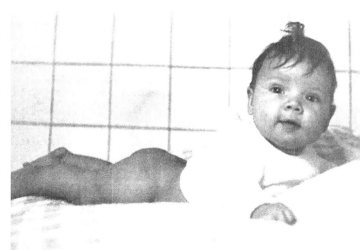

Gerade mal drei Monate jung: Sabine im Juni 1967

dieser Frühlingsanfang durch nichts mehr übertroffen werden. Den ungewohnten Zustand der Glückseligkeit krönte bald darauf *Peter Otto Gern,* der renommierte Astrologe und väterliche Freund. Nach erstelltem Horoskop kommentierte er als Fazit: „Dieses Kind ist wahrhaft gut bestrahlt." Das galt beispielsweise zudem für die im selben Jahr geborene Australierin *Nicole Kidman,* eine der Erfolgreichsten im Filmbetrieb zu Hollywood, und für *Willem-Alexander,* König der Niederlande. Keine Frage, dass sich der

je saß ich vor dem Spiegel,
ich mich entschloß.

als Nachwuchs in die neue Wohnung einzuziehen. In acht Tagen will ich mit der Mutti aus dem Marienhospital in die Albertstr. 10 kommen, um den aufgeregten Vati beim Windelnwechseln zu schulen.

Sabine Metzner

tten, den 22. März 1967

stolze Vater bereits im Herbst des Jahres auf den Weg per PS in Richtung Cottbus machte, um die Süße mit den grünen Nixenaugen der Familie vorzustellen. Auf der 630 Kilometer langen Reise von der Ruhr an die Spree muss sich manch einer (oder eine) über den Mann mit Kind gewundert haben: Gewickelt, gewindelt und Fläschchen verabreicht wurde auf den Wiesen der Rastplätze an der Autobahn.

Des Enkelkinds erster großer Ausflug nach Cottbus zur „Omi" Regina und „Onkel" Gisbert.

Über die Philatelie zur aktuellen Politik im Ostblock, im Speziellen in der benachbarten Tschechoslowakei.

Des Funktionärs Prognose zum Prager Frühling

Anfang Mai 1968 an einem Nachmittag in Cottbus. Kaffee und Kuchen mit Mutters sächsischer Spezialität, der „Dresdner Eierschecke". Auch an diesem Nachmittag zu Gast aus ihrem Bekanntenkreis ein gewisser Herr K., ein hoher Funktionär der lokalen SED-Hierarchie. Eines hatten wir gemeinsam: die Philatelie. Er war sehr interessiert an westdeutschen Sondermarken und bot im Gegenzug die Neuerscheinungen der DDR an. Bald das Thema erschöpfend verplaudert – und wie von selbst der Übergang zum Politisieren. Mit aller Vorsicht das aktuelle Thema „Prager Frühling" ansprechend, wie wohl ein durch und durch von sich und der Partei überzeugter Genosse darauf reagieren würde. Nachrichtenmäßig geschult, gab ich lediglich Publiziertes der bundesdeutschen Medien zum Besten. Wie da war beispielsweise die Kommunistische Partei (KSC) der Tschechoslowakei unter Führung von *Alexander Dubcek* (1921-1992). Dessen bahnbrechendes Bestreben: die Schaffung eines „Sozialismus mit menschlichem Antlitz". Das bedeutete doch Liberalisierung, Demokratisierung, Überwindung des wirtschaftlichen Stillstands. All das stand im Widerspruch zum Planungssystem der Sowjetunion, der Führungsmacht des „Ostblock" genannten Satellitenstaaten. Diese so genannte

Demonstrant mit tschechoslowakischer Fahne neben einem brennenden sowjetischen Panzer.

„sozialistische Gemeinschaft" bestand aus der DDR, der Tschechoslowakei, aus Polen, Ungarn, Bulgarien, Rumänien, Albanien. Außerhalb Europas waren es Castros Kuba, Vietnam, Nordkorea und die Mongolei; anfangs auch das kommunistische China unter der Führung von *Mao Tse-tung* (1893-1976). Blieb aktuell die Frage, wie das denn wohl weiterginge, der mit diesem politischen Lenz verbundenen Abkehr von der Moskauer Dominanz. Kurz und bündig die

Appell an die Okkupanten: „Iditje domoi – Geht nach Hause." Ein Passant mit Dubcek-Plakat.

Antwort: „Wir werden da nicht mehr lange zusehen." Erst auf der Heimreise nach Witten erfasste ich den Sinngehalt der Aussage und deren mögliche Tragweite. Immerhin waren unvergessen die am 17. Juni 1953 in Cottbus auffahrenden russischen Panzer. Mehr noch der Volksaufstand der Ungarn, mit fünfzehn am Radio miterlebt. In beiden Fällen jeweils niedergeschlagen von der sowjetischen Militärmacht. Zwei Tage nach der Rückkehr fand sich der BND- Verbindungsmann zur Nachfrage zum Cottbus-Besuch ein. Der Stellenwert „Vom nicht mehr lange zusehen" war den Beamten anzusehen. Am Ende bestätigte sich die Voraussage des offensichtlich eingeweihten Herrn K. aus Cottbus.

Die größte Militäroperation seit 1945

Es war die Nacht zum 21. August 1968. Was da auf Prag und die Tschechoslowakei (CSSR) hereinbrach, ist als die größte Militäroperation nach 1945, dem Ende des Zweiten Weltkriegs, in die Geschichte Europas eingegangen. Bis zu 500 000 Soldaten der „sozialistischen Bruderstaaten" hatten das Land im Verlauf von nur wenigen Stunden unter ihre Kontrolle gebracht. Vereinzelt aufkommender Widerstand. Opfer waren auf beiden Seiten zu beklagen: 50 der Invasoren, 98 Tschechen und Slowaken. Entgegen der teilweise von den westlichen Medien verbreiteten Darstellung, „gestützt" von gefälschten Reportagen des DDR-Fernsehens, hatte die Nationale Volksarmee (NVA) *nicht* an der Okkupation teilgenommen. Sie war lediglich in diversen Kommandostäben feststellbar. Sie befand sich in Wartestellung in den Grenzbereichen des sächsischen Erzgebirges zur Tschechoslowakei. Rumänien stand nicht zur Verfügung, da der „Prager Frühling" aus Sicht der Regierung in Bukarest keine zu verurteilende Bewegung sei. Albanien wiederum verließ Knall auf Fall das militärische Bündnis der von der Sowjetunion geführten *Warschauer-Pakt-Staaten*. Im Vorfeld der Ereignisse hatten sich drei gewichtige Protagonisten vehement zur Niederschlagung in Stellung gebracht: *Andrei Antonowitsch Gretschko,* Marschall und Verteidigungsminister (Sowjetunion), sowie die Staats- und Parteichefs *Todor Christow Schiwkow* (Bulgarien) und *Walter Ulbricht* (DDR). Bei Letzterem bahnte sich bereits die allmähliche Entmachtung an. Ihm sollte 1971 *Erich Honecker* folgen, der den Bau der *Berliner Mauer* ab dem 13. August 1961 generalstabsmäßig organisiert hatte. Der 1912 in Neunkirchen an der Saar geborene und aufgewachsene Sohn eines Kleinbauern und Bergarbeiters im Kohleabbau „schrieb" sich

DDR-Propaganda: Armeegeneral Siegfried Weiß auf Truppenbesuch. Das Foto sollte die Teilnahme der NVA am „ehrenvollen Kampfauftrag" vermitteln, wozu es nicht kam.

mit zwei Zitaten in die Geschichtsbücher ein: „Vorwärts immer, rückwärts nimmer!" Und: „Den Sozialismus in seinem Lauf hält weder Ochs noch Esel auf." Hierbei handelte es sich um ein geflügeltes Wort der Berliner Sozialdemokratie seit 1886.

Eine Dubcek-Skulptur in Bratislava, Pressburg.

Dubcek außer Landes

Nach der Niederschlagung des Prager Aufstands und Entmachtung als Chef der Kommunistischen Partei übernahm *Alexander Dubcek* den Vorsitz des Parlaments bis September 1969. Danach außer Landes als Botschafter in der Türkei. Im Jahr darauf erfolgte der Parteiausschluss. Danach kam es zur Eingliederung als Inspektor in die Forstverwaltung von Bratislava. 1989 rehabilitiert und zum Parlamentspräsidenten im Verlauf der „Samtenen Revolution" gewählt. „Samten" deshalb, da vollzogen der reibungslose Systemwechsel vom Realsozialismus zur Demokratie. Am 1. September 1992 überlebte der gelernte Maschinenschlosser einen Unfall bei Aquaplaning nicht. Es war nahe der Kleinstadt Humpolec, deutsch Humpoletz, auf halber Strecke zwischen Prag und Brünn.

Quelle: Im Dienst der Partei. Handbuch der bewaffneten Organe der DDR. Herausgegeben von Torsten Diedrich unter anderem im Auftrag des Militärgeschichtlichen Forschungsamtes. März 1998.

DAS JAHR 1968

Er ging um die Welt, der wohl berühmteste (Italo-)Western „Spiel mir das Lied vom Tod" von Sergio Leone und der legendären Musik von Enzio Morricone. In den Hauptrollen *Henry Fonda, Claudia Cardinale* und *Charles Bronson,* im Film genannt die „Mundharmonika". Er verkörperte den schweigsamen, den rächenden Vollstrecker. Der Streifen spielte die bis dahin unvorstellbare Summe von 60 Millionen Dollar ein, übertroffen erst 1990 mit 424: Es war

Claudia Cardinale 1960.

Verfilmung des Romans von Michael Blake „Der mit dem Wolf tanzt". Hauptdarsteller, Regisseur und Produzent: *Kevin Costner.*

Am 5. Juni, wenige Minuten nach Mitternacht, riss ein Attentat *Robert F. Kennedy,* jüngerer Bruder von *JFK,* aus dem Leben. Als Justizminister befand er sich in Los Angeles im Wahlkampf. „Bobby" hinterließ elf Kinder aus der Ehe mit Ethel Shakel.

Nach der Trauerfeier im Capitol: Präsidentenwitwe Jacqueline Kennedy, Kinder Caroline und John F. jun., gefolgt von Robert F. Kennedy und Schwester Patricia.

Am 20. Oktober heiratete die berühmte Präsidentenwitwe *Jacqueline Kennedy* den griechischen Großreeder *Aristoteles Onassis,* Milliardär und Eigentümer der Insel Skorpios im Ionischen Meer. Und verließ die USA mit den aus der Ehe mit John F. Kennedy hervorgegangenen Kindern Caroline und John Fitzgerald Junior. Die *Bild*-Zeitung titelte damals: „Amerika hat eine Heilige verloren!"

Im Oktober, vom 12. bis 27., stand das Land der Azteken im Mittelpunkt des sportlichen Weltgeschehens. Es waren die *Olympischen Sommerspiele* der 5 516 Athleten, darunter 781 Frauen, aus 112 Ländern. Zum ersten Mal traten beide deutsche Staaten unabhängig voneinander in Erscheinung: die Bundesrepublik Deutschland (BRD) und die Deutsche Demokratische Republik (DDR). Wie hierfür geschaffen, war das Motto der Wettbewerbe: „Todo es posible en la paz – Alles ist möglich im Frieden." Im Medaillenspiegel waren die USA die Nummer eins. Die DDR kam auf Platz fünf, die BRD auf Rang acht.

Neben der Faszination des Wettkampfgeschehens war die Berichterstattung in Funk, Fernsehen und Printmedien eine überbordend gleichwertige. Allein schon Mexiko-Stadt, spanisch Ciudad de México! Was für eine Kapitale, entstanden in der Höhe von 2310 Metern, diese Hauptstadt mit inzwischen fast neun Millionen Einwohnern! In der Metropolregion sind es rund 21,5. Unter dem Begriff *Kultur-Olympia* bot sie mit damals sechs Millionen Einwohnern Unvergleichliches in

Kunstwerk El Sol bipedo, die zweifüßige Sonne.

reicher Zahl. Zum Beispiel die „Schwimmenden Gärten" von Xochimilco („Der Ort, wo die Blumen wachsen"). Oder der *Zócalo,* der riesige Platz der Verfassung, wo einst Aztekenherrscher *Moctezuma II.* (Motécuhzuma Xocyótzin) in dem prachtvollen Palast von 1465 bis 1520 residierte. Und die Basilika *Unserer lieben Frau von Guadalupe,* Mexikos Marien-Heiligtum als der Welt größtes Wallfahrtsziel. Gigantisch aufragend die Fünftausender, die Zwillingsvulkane *Popocatépetl* („Rauchender Berg") und *Iztaccihuatl* („Schlafende Frau"). Atemberaubend das Weltkulturerbe *Teotihuacán* („Wo der Mensch zum Gott wird"), die prähistorische Ruinenstadt mit den gewaltigen Stufenpyramiden. Faszination pur. Dass es drei Jahre später zu einem Wiedersehen kommen würde, da selbst vor Ort und geprägt von einem außergewöhnlichen Ereignis, war nicht vorauszusehen.

Das durchforstete Gedächtnis förderte fürs Jahr zwei besonders sangesfreudige Interpreten zutage. Es waren *Tom Jones* und ein gewisser Hendrik Nikolaas Theodoor Hein Simons aus dem niederländischen Kerkrade. Als *Heintje* berühmt geworden, brach er mit „Mama" und „Heidschibumbeidschi" alle Verkaufsrekorde. Tom Jones wiederum, der stimmgewaltige Waliser, „Tiger" genannt, schmetterte mit 28 „Delilah". Von Schuld gehalten die Ballade in Ich-Form, in der es heißt: „Sie war meine Frau. Als sie mich betrog, sah ich zu und verlor den Verstand." Und bringt sie um. *Quelle:* Gesangstexte. Future TV Group Solutions Network.

Die am Dachstein erlebte Mondlandung. Dieter Thomas Heck, eine Freundschaft. Verantwortlich in Witten. Der Wechsel nach Hamburg.

Bewegte Zeiten, große Ereignisse

Ein Menschheitstraum erfüllte sich am 21. Juli 1969 mit der ersten bemannten Landung auf dem Mond. Im Mittelpunkt des Geschehens die US-Astronauten *Neil Armstrong, Buzz Aldrin* und *Michael Collins.* Bis zu 600 Millionen Begeisterte in aller Welt wohnten der TV-Übertragung bei. Unter ihnen auch wir,

Die Männer der ersten Mondlandung (von links): Neil Armstrong, Michael Collins und Buzz Aldrin. Es war das Weltereignis.

mein Wittener Freund und Nachbar *Jürgen Lusebrink.* Damals im steiermärkischen Ramsau unterhalb des Dachsteins (2 995 m) unterwegs, betreuten wir eine Jugendgruppe der Wanne-Eickeler Arbeiterwohlfahrt. Nicht gerade viel gesehen haben wir allerdings von den Männern auf dem Mond im überfüllten Fernsehraum unserer Herberge. Es war eher schemenhaft auf dem flimmernden Bildschirm. Vielleicht lag es am schlechten Empfang oder am guten Schladminger Bier. Fast ging dabei unter, dass die SPD gleich zweimal Grund zur Freude hatte: *Gustav Heinemann* gewählt zum Bundespräsidenten, *Willy Brandt* zum Bundeskanzler.

Dieter Thomas Heck, der Dominator der Hitparaden.

Der Mann aus Flensburg

Einer, der 1969 Fernsehgeschichte zu schreiben begann, das war der Flensburger Carl-Dieter Heckscher (1937-2018), bald Millionen als der Moderator *Dieter Thomas Heck* (DTH) mit der *ZDF-Hitparade* bekannt geworden. Zuvor schon präsent bei Radio Luxemburg (RTL) und der Europawelle Saar mit stets unnachahmlich starker Stimme. Kennengelernt hatte ich den leidenschaftlichen Dominator des deutschen Schlagers, den Vater zweier Söhne aus erster Ehe, Nils und Thomas-Kim, nach der von ihm initiierten Verleihung der „Goldenen Europa". Anschließend im Saarbrücken nahen Zweibrücken, inmitten feiernder Preisträger, fand der Vielseitige in einer stillen Ecke des Romantik Hotels Fasanerie Zeit für ein Interview. Kurz und gut, dieser Begegnung folgten weitere, teils berufliche, teils ins Private gehende. Zugegeben, der Mann imponierte als Multitalent – Schlagersänger, Showmaster, Entertainer, Schauspieler und späterer Produzent. Geschätzt seine Offenheit, die klare Sicht der Dinge und mit einem Wort gesagt: Er hatte das gewisse Etwas. Wir verstanden uns, was zu einer Freundschaft führte, auch außerhalb der Hitparaden-Szenerie. Gern überraschte er mit unverhofften „Maßnahmen".

In einem Falle, damals in Budapest auf Reportage-Tour unterwegs, ließ er mich über Frankfurt nach Saarbrücken zur alljährlichen Preisverleihung einfliegen. Neben Roy Black, Chris Roberts, Daniela, Martin Mann, The Les Humphries Singers und Reinhard Mey ein Schlager-Neuling: *Peter Maffay.* Mit „Du", seiner ersten Single, wurde er zum Senkrechtstarter. Gleichsam aus dem Stand hatte der Rumänien-Deutsche aus Brasov, ehemals Kronstadt, mit 23 den größten deutschsprachigen Hit des Jahres 1971 abgeliefert – was sich im Verkauf niederschlug: eine Million. Bis 2021 brachte er es im Verlauf seiner Karriere auf rund 50 Millionen Tonträger.

Auch der Rückblick auf 1976 war ein Jahr des Dieter Thomas Heck: Eheschließung Nummer zwei mit *Ragnhild Möller,* seinem „Hildchen", der späteren Mutter von Saskia Fee Isabell. Die Information zur Hochzeit hatte er mir sehr persönlich zur Veröffentlichung in *Echo der Frau* vermittelt, Exklusivität inklusive. Der Verkauf an den Kiosken war überwältigend. Und übrigens, ganz nebenbei: Beneidet hat er mich um mein damals zugeteiltes Düsseldorfer Autokennzeichen: D-TH. Das aber war nun wirklich der reine Zufall.

Der jüngere Vorarbeiter

Zurück ins Jahr 1969. Längst zu einem „Wittener" geworden, umfing mich das erfreuliche Gefühl, im Journalismus angekommen zu sein. Die Zeit bei der Westfälischen Rundschau (WR) seit 1963, einmal unterbrochen bei der Neuen Rhein Ruhr Zeitung (NRZ) in Essen und Krefeld, waren von prägender Wirkung. Sie verstärkte die Überzeugung, die richtige Entscheidung getroffen zu haben – nach dem Scheitern des eigentlichen Berufsziels, der ursprünglich geplanten Offizierslaufbahn bei der Bundeswehr. Dass mir *Günter Hammer* (1922-1993), oberster Chef der seinerzeit 24 Lokalausgaben der *West-*

Wie eine Zeitung entsteht: Der Wittener Lokalchef im Gespräch mit Grundschülern.

Peter Scholl-Latour.

fälischen Rundschau, die Leitung der Wittener Stadt-Ausgabe zutraute, festigte zudem das gute Befinden. Kameradschaftlich das Verhältnis zu den Kollegen, die den etwas jüngeren „Vorarbeiter" akzeptierten. Die Zeitung florierte, die Zahl der Abonnenten stieg. Und doch muss mich irgendwann der Hafer gestochen haben. Der Wunsch, etwas Neues, etwas Weiterführendes zu versuchen, war übermächtig geworden.

Die beherzte Bewerbung

Gerichtet der Blick auf *Hamburg,* bewirkt durch die abonnierte *TV Hören und Sehen*, die Programmzeitschrift aus dem Verlagshaus Heinrich Bauer an der Burchardstraße. Die einem Magazin gleichende Programmzeitschrift genoss hohes Ansehen ob der Reportagen und

Hintergrundberichte, verfasst von prominenten Autoren. Unter ihnen der welterfahrene *Peter Scholl-Latour* (1924-2014), der deutsch-französische Journalist und Buchautor („Die Welt aus den Fugen"). 1969 wurde ihm als politischer Korrespondent und Kommentator die „Goldene Kamera" von der Springer-Konkurrenz *Hör zu* verliehen. Auch das ein weiterer Grund zur beherzten Bewerbung, allerdings

Sache mit dem Seil: Hamburgs Mönckebergstraße.

flankiert vom vorbeugenden Motto, dass man es ja mal versuchen könne. Soll heißen, eigentlich keine positive Resonanz erwartend. Umso größer die Überraschung, als nach ein paar Tagen ebendiese eintraf. Da passte haargenau ein Zitat vom Humoristen und Zeichner *Wilhelm Busch* (1832-1908), das mich irgendwie und fortan ein Leben lang begleitete: „Erstens kommt es anders, und zweitens als man denkt."

Zu dieser Zeit ging unter Hamburger Journalisten ein mehrdeutiges Bonmot um – wohl witzig von höherer Warte gemeint: „Spanne ein Seil über die Mönckebergstraße. Wer da stolpert, den stellen wir ein." Angeblich gesagt von Siegfried Moenig, Geschäftsführer der Bauer-Verlagsgruppe (Quick, Revue, Twen, Kicker). Besagte Straße übrigens, das ist der Hansestadt berühmte Einkaufsmeile, die „Mö", vom Hauptbahnhof bis zum Rathaus. „Stolpern" musste ich bald nicht mehr: Vorstellung, Probezeit, Festanstellung. Alles hoch zufriedenstellend.

Wolfgang Kieling und Tochter Anett 1968 in Ost-Berlin.

Osten, der ganz eigene Themenkreis

So weit, so gut. Doch da gab es einen Haken. Die etablierten Kollegen legten Wert auf *ihre* Themenkreise. Da blieb eigentlich kein Betätigungsfeld für den Wittener aus der vermeintlichen Provinz. Die Lösung: DDR und Ostblock. Was auf Anhieb gelang, das war das exklusive Interview mit dem derzeit in Ost-Berlin lebenden westdeutschen, an sich die Presse scheuenden Schauspieler *Wolfgang Kieling* (1924-1985). Unter den 140 Film- und Fernsehproduktionen ragten seinerzeit das Shakespeare-Drama „König Richard III.", „Polizeirevier Davidswache" (1964) und Alfred Hitchcocks Spionage-Thriller „Der zerrissene Vorhang" (1966) hervor. Unvergessen auch als Synchronsprecher mit der unverwechselbar markanten, überaus klangvollen Stimme.

Weitere Ausflüge bescherte nun die Chefredaktion zur Schlager-Szene: Karel Gott in Prag, Dunja Rajter in Zagreb und Edina Pop in Budapest. Bei Letzterer kamen wir, der Fotograf und ich, reichlich verspätet an. Der Grund: Zwischen- und zugleich Endstation des Fluges von Hamburg in Wien, abgesagt wegen dichten Nebels die Weiterreise zu Ungarns Metropole. Die Notlösung: Leihwagen. Zum Glück war am Flughafen Schwechat noch einer vorhanden, allerdings einer von imposanter Größe: ein „Opel-Admiral", Baujahr 1968.

Plötzlich inmitten eines Manövers

Auf halber der schwer vernebelten Strecke vor Budapest der Zwangshalt militärischer Art: Wir hatten uns verfahren und waren daher aus Versehen mitten in ein sowjetisches Manöver geraten. Die Folge: Abführung, flankiert von zwei Soldaten mit Maschinenpistolen im Anschlag. Verhöre gegen Mitternacht. Da Russisch zu Schulzeiten gelernt, brachte ich mich entsprechend ein, was ein Fehler war: Spionageverdacht. Und dann noch unterwegs mit diesem Schlachtschiff von einem Auto! Vor Tagesanbruch ließen uns die Iwans endlich laufen. Irgendwie hatten wir

Bei Nacht und Nebel unterwegs in Ungarn mit einem Opel-Admiral, Baujahr 1968.

160

den verhörenden Offizier von unserer Harmlosigkeit überzeugen können. Die Verabschiedung, lässig salutierend: „Nje obíschaisja i do svidánija – nichts für ungut und auf Wiedersehen!"

Eigentlich nur eine Randnotiz, aber eine tief beeindruckende Episode. An einem Novemberabend gegen acht allein auf weiter Flur (der Redaktion) über einen tags darauf abzuliefernden Artikel brütend, erlosch plötzlich das Licht. Lautstark meinen Ärger darüber kundgetan, ging es wieder an. Wer dann vor mir stand, das war nicht der die Räume kontrollierende Hausmeister, sondern ein älterer Herr. Mit einem stillen Lächeln stellte er sich vor: „Also, junger Mann, ich bin ihr Verleger *Alfred Bauer.*" Es war der Enkel des Verlagsgründers *Heinrich Bauer* (1852-1941). Zugegeben, ich wäre der Peinlichkeit wegen fast in den Boden versunken.

Mondlandefähre: Gott glüht mit
Zu einem den Atem beraubenden Zwischenfall kam es am 11. April 1970 während des Flugs von *Apollo 13* mit dem Ziel der nunmehr dritten Landung auf dem Mond. Die Explosion in einem der Sauerstofftanks zwang zum Abbruch der NASA-Mission mit dem Versuch der Rückkehr zur Erde. Die einzige Möglichkeit zur Rettung der Besatzung war der Umstieg in die Mondlandefähre und später in die Landekapsel. Von dieser Minute an verfolgte die Weltöffentlichkeit über Radio- und Fernsehstationen die Rettungsaktion der US-Astronauten Jim Lowell, Jack Swigert und Fred

Unverhofftes Wiedersehen mit Chefredakteur Ernst-Heinz Breil in der Goldenen Stadt Prag.

Haise. Im Raum stand die Befürchtung, dass die Männer den Eintritt in die Erdatmosphäre nicht überleben könnten. Am 17. April, einem Freitag, standen wir wie versteinert vor dem Fernsehgerät mit dem großen Bildschirm im Zimmer von Chefredakteur *Ernst-Heinz Breil.* Unvergessen dessen leise gesprochenen Worte, als die Landekapsel in die kritische Zone eintauchte: „Gott glüht mit!" Erlösung nach der problemlosen Wasserung im Pazifik am 17. April kurz nach 13 Uhr nahe *Amerikanisch Samoa,* einem US-Außengebiet, dann aufgenommen von einem Helikopter und zum 6,5 Kilometer entfernten Bergungsschiff USS Iwo Jima transportiert. Verfilmt wurde 1995 das Drama unter dem Titel „Apollo 13", ausgezeichnet mit zwei *Oscars.* Hauptdarsteller war *Tom Hanks* als Kommandant.

Das furiose Intermezzo mit der Freizeit-Revue.
Feuereifer zwischen Licht und Schatten.

Der Lockruf aus Offenburg

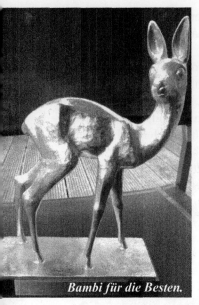

Bambi für die Besten.

Nach gut einem Jahr, verschönt mit einer Gehaltserhöhung, überraschte am Vormittag eines sonnigen Junitages ein Anruf aus dem badischen Offenburg, dem Standort von *Burda* („Bunte" seit 1954, „Bambi"-Preis) des Druckers und Verlegers *Franz Burda senior* (1903-1986), genannt „der Senator". Ebendort war kurz zuvor die erste Ausgabe der *Freizeit-Revue* aus der Taufe gehoben worden. Das Angebot: Man suche einen, der „starken Kontakt zu Stars und Prominenten zu pflegen verstünde", auch Hintergründiges zu aktuellen TV-Themen. Noch während des Telefonats wich die Überraschung der Überlegung, das Offerierte erst mal in Ruhe zu bedenken. Doch darauf ließ sich der Anrufer nicht ein. Ich möge mich noch am selben Tag, weil es eile, in den Nachtzug von Hamburg nach Offenburg begeben. Alles Weitere bespräche man dann im Verlag. Übernächtigt angekommen, vom Bahnhof abgeholt, ging es gleichsam Schlag auf Schlag im 67 Meter hohen Verlagsgebäude.

An einer brandneuen Illustrierten mitwirken zu dürfen, das wäre eine große Sache, was schmeichelte, keine Frage. Und das angebotene Salär übertraf noch deutlich das durchaus sehr ordentliche bei *TV Hören und Sehen.* Kurz und bündig: Zusage. Zurück nach Hamburg. Unterwegs kam ein gewisses Magengrimmen auf, war ich doch noch nicht wirklich im Glamour-Metier angekommen.

Alles begann geradezu furios. Termin folgte auf Termin. Der Umgang mit der populären Sängerschaft, den Entertainern, Showmastern, den Protagonisten des Films und Fernsehens erwies sich leichter als gedacht. Der mir nachgesagte Feuereifer warf auch Schatten. Dem Maßgeblichen in der Redaktion erschien das zu viel des Guten, was zunehmend belastete. Also Neuorientierung. Später sollte mir später im Zeugnis „großer Ideenreichtum", hervorgehoben die „Einsatzbereitschaft", bescheinigt werden. Dies allerdings nicht vom Chefredakteur, sondern von der Personalleitung, gezeichnet (Herr) *Lutz.*

Vor dem Übergang zu einer neuen Herausforderung nahm ich noch mit Freuden eine Journalistenreise nach Mexiko an, mein erster Flug interkontinental. Seit den Olympischen Sommerspielen von 1968 *das* Sehnsuchtsziel geworden, bewirkt durch die Berichterstattungen in Funk, Fernsehen und Zeitungen. Der reizvolle Aktionsradius: Mexiko-Stadt, die Metropolregion und Teotihuacán mit den Pyramiden. Es sollte zu einer Begegnung mit dem Schicksal werden.

Der Welt größter Wallfahrtsort. Mariachi und Xochimilco: Schwimmende Gärten. Zócalo, das Herz der Metropole.

Das Traumziel Mexiko-Stadt

Hochgefühl und Herzklopfen, erwartungsfreudig der Gemütszustand, als das Flugzeug vor dem Panorama der majestätischen Zwillingsvulkane *Popocatépetl* (5452 m) und *Iztaccíhuatl* (5230 m) auf der Hochebene des „Tals von Mexiko" auf 2310 Metern einschwebte. Das Traumziel war erreicht. Vom Airport weiter zum *Paseo de la Reforma,* der Hauptschlagader der des Verkehrs, unentwegt pulsierend rund um die Uhr. Und er floss atemberaubend, obgleich die Ampeln auf Rot standen. Vom Hotelzimmer der Blick auf *El ángel de independencia,* den Engel der Unabhängigkeit. Erschaffen aus vergoldeter Bronze stellt er die Siegesgöttin Victoria dar – in Erinnerung an die kriegerischen Auseinandersetzungen von 1810 bis 1824 mit der spanischen Herrschaft.

Der Paseo de la Reforma mit dem Engel der Unabhängigkeit.

Alljährlich 20 Millionen Pilger
Ein Höhepunkt der Berg Tepeyac im Norden der Kapitale mit dem weltweit größten Wallfahrtsort: die Basilika „Unserer lieben Frau von Guadalupe", Mexikos und ganz Lateinamerikas Patronin. Alljährlich finden sich über 20 Millionen Gläubige ein. Die Gründung des imposanten Gotteshauses geht zurück auf den 9. Dezember 1531, als es zu einer Marien-Erscheinung kam, bezeugt von einem Einheimischen namens *Juan Diego.* Während er umgehend seinem Bischof vom Wunder berichtete, entstand plötzlich ein Marienbildnis auf seinem Mantel. Männer wie Frauen aus aller Herren Länder lösen hier seitdem Gelübde ein, manche mühselig über die Stufen auf Knien rutschend bis zum ersehnten Gnadenbild im Inneren des gewaltigen Kirchenbaus.

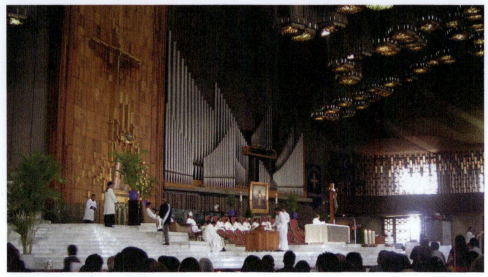

Die Basilika mit dem weltweit bedeutendsten Marien-Heiligtum auf dem Berg Tepevac.

Viele kleine Inseln und 150 Kanäle

Der Hauptstädter Ausflugsziel Nummer eins, das sind an den Wochenenden die „Schwimmenden Gärten von Xochimilco". Sie bedecken acht Prozent der Stadtfläche. Den riesigen Park durchzieht ein Netz von 150 Kanälen mit vielen kleinen Inseln, entstanden einst auf mit Schlamm bedeckten Flößen. Allüberall beherrschen Blumen das bunte Treiben zwischen den Eilanden. Geschmückt die Boote der Ausflügler. Die Kanus der Händlerinnen bringen Obst und Speisen heran. Auf den kleinen Märkten fasziniert die Vielzahl der Pflanzen mit den schönsten Blüten. Musik liegt in der Luft, geboten von der hölzernen Marimba, dem Xylophon vergleichbar. Mexikanische Volksmusik, geboten von den *Mariachi*-Ensembles mit Gitarren, Geigen, Trompeten und Harfen. Allein die Herren der heiteren Klänge sind schon ob ihrer Kleidung eine Augenweide: Behütet mit ausladenden, reich bestickten Sombreros, eng und schwarz die Bordüren-Hosen, silbern beschlagen, ebenso die westenförmigen Jacken.

Musik liegt in der Luft: Mariachi-Gruppe.

Innig verehrt: Cuauhtémoc

Der *Zócalo,* vom Volksmund seit jeher so genannt, offiziell Plaza de la Constitución, Platz der Verfassung, er ist für die Hauptstädter, die Capitalinos, das Herz der Metropole. Hier stand einst der prachtvolle Palast des letzten Aztekenkaisers bis zur Zerstörung durch die spanischen Eroberer. Sie ließen keinen Stein auf dem anderen, um 1521 eine neue Stadt zu gründen. Nichts mehr sollte an *Tenochtitlán* erinnern. Errichtet wurde das Zentrum der Azteken 1345, folgend der Prophezeiung, sich dort niederzulassen, wo ein auf einem Kaktus verweilender Adler einer Schlange den Garaus macht. Das Sinnbild findet sich in Mexikos Wappen wieder. Den etwa 240 Meter im Quadrat großen Zócalo mit der Kathedrale, dem Sitz des Präsidenten und dem Rathaus ziert eine besondere Büste. Sie zeigt den damals wie heute innig verehrten *Cuauhtémoc* („Herabstürzender Adler"), der Azteken letzter Herrscher. Er hatte dem Conquistador *Hernán Cortés* bis zuletzt erbitterten Widerstand geleistet. Gefangen, gefoltert wegen nicht preisgegebener Goldschätze und hingerichtet 1525. Er war

Standbild des Cuauhtémoc, letzter Azteken-Kaiser nach Moctezuma II.

noch keine 30 Jahre alt. Ein weiteres Denkmal, hoch aufragend einem Monument gleich, würdigt den legendären Krieger am Paseo de la Reforma.

Treffpunkt Plaza Garibaldi

Ein beliebter Treffpunkt, wo sich Touristen unter die Hauptstädter mischen: Das ist die *Plaza Garibaldi* im historischen Zentrum, wo die Mariachis in großer Zahl gegen einen Obolus aufspielen – fast rund um die Uhr, auf dem Platz ebenso wie in den rundum säumenden pittoresken Lokalen. Ungezwungen geht es zu. Ansteckend die schier überschäumende Lebensfreude, die bald den staunenden, den eher zurückhaltenden „Fremden" erfasst und von der er sich gern gefangen nehmen lässt. Man kommt sich näher in dieser einzigartigen Atmosphäre, radebrecht im schönsten Kauderwelsch mal englisch, mal spanisch und erfährt so manches. So gilt es beispielsweise als grob unhöflich, wenn *er* sich *ihr* abweisend verhält, will sie ihm zur Zigarette das Feuer reichen. Die charmante Geste, selbst so erfahren, ist ein Zeichen der Sympathie. Apropos Garibaldi. Der Platz ist *Giuseppe Garibaldi Junior* gewidmet, Enkel des gleichnamigen Nationalhelden, dem Vorkämpfer für die italienische Nation im 19. Jahrhundert. Wie sein Großvater führte er ein militärisch abenteuerliches Leben. Seit 1910, zu Beginn der *Mexikanischen Revolution,* kämpfte er an der Seite von General *Pancho Villa,* Mexikos „Robin Hood", gegen das diktatorisch regierende *Diaz-Regime.*

Über 239 Stufen hinauf zur Sonnenpyramide. Unerklärlich die Anziehungskraft. Auf dem Plateau zu Boden gesunken. Das Antlitz eines Azteken und die überraschende Deutung.

Der Tag der Erscheinung von Teotihuacán

Schon während der einstündigen Busfahrt zur prähistorischen Ruinenstadt, um die 50 Kilometer vom Zentrum der Kapitale entfernt, hatte mich eine merkwürdige Unruhe erfasst. Es war wie die ahnungsvolle Spannung vor Überraschendem. *Teotihuacán,* das hoch gelegene Ziel auf 2 283 Metern. Dort, „wo der Mensch zum Gott wird", frei übersetzt aus der aztekischen Nuhuatl-Sprache aus vorspanischer Zeit. Im Zenit stehend die sengende Sonne, keine Schatten werfend in dieser Mittagsstunde. Wandernd unterwegs auf der fast fünf Kilometern die gesamte Anlage durchquerenden Hauptstraße, dem *Camino de los muertos* (Weg der Toten),

vorbei an den säumenden Stufentempeln. Nach der eher flachen *Mondpyramide* von 45 Metern und 112 Stufen nun angekommen vor der 63 Meter aufragenden fünfstufigen *Sonnen-pyramide.* Was ich zu fühlen glaubte, das war die unerklärliche Anziehungskraft. Sie zog mich trotz der Hitze über bald quälende 239 steile Stufen hinauf. Auf dem Plateau der einstigen Kultstätte schweißüberströmt angekommen, bot sich ein wahrhaft grandioser Blick über den gesamten archä-ologischen Bereich im Umfeld von rund 20 Kilometern.

Sonnenpyramide in der Hitze der Mittagsstunde.

Wie aus einem tiefen Traum erwacht

Doch nach wenigen Minuten des Verweilens der körperliche Zusammenbruch. Offensichtlich zu viel zugemutet, fiel ich auf die Knie und verlor das Bewusstsein. Wieder zu mir gekommen, half mir ein junges mexikanisches Paar auf die Beine. Ich dankte vielmals und versicherte, dass es mir gutginge. Noch benommen auf einem quaderförmigen Stein hockend, stand mir das Bild von einer „Erscheinung", gleichsam wie in einem tiefen Traum erfahrenen Begegnung während der Ohnmacht, erneut vor Augen – und das unauslöschlich bis heute. Es war das Antlitz eines Azteken unterm Kopfschmuck von halbkreisförmig gestaffelten langen Federn des den Azteken heiligen Quetzal-Vogels, wie er im heutigen Mexiko in seinem grün-scharlachroten

Der Quetzal, der heilige Vogel der Azteken.

Gefieder kaum noch zu sehen ist. Zuerst eher ernst und abweisend die Miene des Erschienenen, doch zuletzt die Andeutung eines Lächelns. Es war, als hätte ich dieses Gesicht schon einmal gesehen. Es schien dem der Büste des Cuauhtémoc auf dem Zócalo zu ähneln. Eine Sinnestäuschung nicht ausgeschlossen.

Der orangefarbene Schmetterling

Noch befangen vom Erlebten schwebte ein wunderschöner Schmetterling heran, ließ sich nahe neben mir auf dem sandigen Boden nieder. Die Schönheit des orangefarbenen Falters mit schwarz-weißer Zeichnung hatte etwas Beglückendes an sich, zumal in dieser Höhe von über 2 000 Metern. Die „Identifizierung" gelang erst nach der Rückkehr. Es muss ein *Monarch* gewesen sein. Millionen seiner Art bewältigen im nordamerikanischen Herbst um die 3 600 Kilometer gen Süden zur Überwinterung. Das Ziel ist dann die Teotihuacán nahe der *Sierra Nevada* mit den vulkanischen Fünftausendern Popocatépetl, Iztaccíhuatl und Citlaltépetl, mit 5 636 Metern zugleich der höchste Berg Mexikos.

Die spontane Deutung

Tief beeindruckt und nicht frei vom Glauben an Vorzeichen, erzählte ich einem väterlichen Freund von der vermeintlichen „Begegnung mit dem Schicksal" auf dem Plateau der Sonnenpyramide. Der mir Nahestehende, das war *Peter O. Gern.* Zuvor kurz zu seinem Hintergrund: Weltkriegsteilnehmer, zuletzt in Holland. Dann einer der leitenden Redakteure einer nach 1945 gegründeten westdeutschen Illustrierten

Der Weg der Toten: Camino de los muertos.
40 m breit und fast fünf Kilometer lang.

und gefragter Astrologe aus Wirtschaft und Politik, darunter ein prominenter Verteidigungsminister. Ursprünglich aus der Kölner Region stammend, hatte er sich nach Küssaberg unterhalb der Küssaburg am Hochrhein verändert; am Ufer gegenüber bereits die Schweiz der Eidgenossen. Warum dann gerade Küssaberg? Dazu die überzeugende Erklärung: „Im Fall eines neuerlichen Waffengangs sei es von Vorteil, sich umgehend über die Brücke nach Zurzach im Kanton Aargau in Sicherheit bringen zu können." Seit 1947 immerhin herrschte bereits der so genannte „Kalte Krieg" zwischen den USA und der UdSSR. So viel zu Peter Otto Gerns Vergangenheit und zurück zu der „Erscheinung" auf der Sonnenpyramide. Seine Interpretation zum „Schicksalhaften", vielleicht etwas überhöht, hatte es dennoch in sich: Grundlegend werde sich in absehbarer Zeit so manches tiefgreifend verändern. Und das beruflich *und* privat. Mehr war ihm mit all seiner errechneten Weitsicht nicht zu entlocken. Wenige Wochen später bestätigte er telefonisch die spontane Deutung nach der Überprüfung meiner astrologischen Konstellation.

Peter Otto Gern.

Von der Lüge über den Geliebten
DAS GEBROCHENE HERZ

Der Namensursprung der Zwillingsvulkane Popocatépetl („Rauchener Berg") und Iztaccíhuatl („Weiße Dame, Schlafende Frau") beruht auf einer bittersüßen aztekischen Sage. Sie führt zurück in kriegerische Zeiten, als sich die bildschöne Tochter des Herrschers von Tenochtitlán in den heldenhaften Popocatépetl unsterblich verliebte. Als er, der Anführer eines befreundeten Stammes, um Iztaccíhuatls Hand anhielt, wurde ihm beschieden, zuerst den nahenden Feind zu besiegen, was geschah. Ein Widersacher Popocatépetls wiederum eilte der erfolgreichen Streitmacht voraus, um die auf den Geliebten sehnsüchtig Harrende zu freien – mithilfe einer dreisten Lüge: Er behauptete, dass ihr Herzallerliebster im Schlachtgetümmel zu Tode gekommen sei. Übermächtig darüber die Verzweiflung. Es brach ihr das Herz, und sie verstarb alsbald. Am Tag der noch nicht vollzogenen Grablegung kehrte der siegreiche Popocatépetl heim, und zu seinem Entsetzen erfuhr er vom Ableben der Geliebten. Voller Schmerz nahm er Iztaccíhuatl in seine Arme und trug sie über einen weiten Weg hinauf zu einem Berg. Dort befahl er seinen Kriegern die Errichtung eines Grabmals. Nach getaner Arbeit schickte er sie zurück ins Tal. Selbst blieb er auf Knien trauernd zurück, um ihr für alle Zeiten nahe zu bleiben. Wie in der mittelamerikanischen von 3 000 vor und bis 900 nach Christus währenden Hochkultur der *Mayas,* glaubten die Azteken an ein Wiedersehen nach dem Tod.

Die Götter nun, so erzählt es die Legende, rührte das Schicksal der Liebenden so sehr, dass sie das Grabmal zum Vulkan Iztaccíhuatl werden ließen und zugleich einen zweiten schufen, den Popocatépetl. Wer dem tragischen Liebespaar näher sein wollte, der wandelte seit jeher über den im 16. Jahrhundert berühmt gewordenen Pass zwischen den beiden Bergen. Es handelt sich um den 3 700 Meter hohen *Paso de Cortés,* benannt nach dem spanischen Eroberer von Tenochtitlán auf dem Weg ins Tal von Mexiko, stattgefunden am 3. November 1519.

Wenn heute wie einst der Popocatépetl Rauch und Feuer ausstößt, so die Sage, dann gilt das als Beweis, dass der trauernde Krieger nach wie vor schützend an der Seite seiner schlafenden Prinzessin wacht. Die drei Gipfel des längst erloschenen Vulkans Iztaccíhuatl formen übrigens das Bild von einer auf dem Rücken liegenden Frau – mit Kopf, Busen, Beinen und Füßen.

Das tragische Schicksal des Azteken-Kriegers Popocatépetl und der Prinzessin Iztaccíhuatl.

Als der Großvater mit 63 in Uniform die Familie überraschend in Richtung Holland verließ. Die Begegnung in Apeldoorn mit Peter Otto Gern.

Das ungewöhnliche Foto mit dem Hakenkreuz

Im Verlauf einer der Besuche in Küssaberg im Hause Gern kam das Gespräch auf meinen Großvater, von dem er wusste, dass er an Vaters Statt für mich in jeder Hinsicht zuständig war. Bei dieser Gelegenheit erzählte ich ihm von einem ungewöhnlichen Foto aus dem Jahr 1944, das ihn, inzwischen 63, gestiefelt und uniformiert mit Ordensspange, Eisernem Kreuz, Verwundetenabzeichen aus dem Ersten Weltkrieg (1914-1918) zeigt – und mit einer Hakenkreuzbinde am Arm. Die Nachforschung zu Letzterem ergab, dass sie für den so genannten „Volkssturm" stand, gleichsam das letzte Aufgebot („Ein Volk steht auf") als militärische Formation zur Verstärkung der Wehrmacht in der Endphase des Zweiten Weltkriegs (1939-1945). Peter Otto Gern fragte nach, ob denn bekannt sei, wo er denn im Einsatz war. Dienen konnte ich mit dem Hinweis, dass daheim von Mutter und Großmutter von *Apeldoorn* geraunt wurde. Den

Großvater hierzu zu befragen, das galt seinerzeit in meiner Jugend als tabu. Auch zur Thematik Erlebnisse im Ersten Weltkrieg (1914-1918) und den damit verbundenen Orden biss ich regelmäßig auf Granit. Lediglich Heiteres gab er zum Besten. So beispielsweise von der russischen Front, wenn er in stockdunkler Nacht die Kampflinie bei Schnee klirrender Kälte abritt – und das dann mit flackernden Stalllaternen unter den Steigbügeln. Die

Apeldoorns berühmter Palast Het Loo, auch Waldlichtungsschloss genannt. Die niederländische Königsfamilie nutzte es als Sommerresidenz.

Gespenster fürchtenden Gegner in den gegenüber liegenden Schützengräben habe das von Angriffen abgehalten. Hatten sie doch nur die wandernden Lichter, nicht aber Ross und Reiter gesehen. Die Nacht blieb still. Kein Schuss fiel.

Um das Schlimmste zu mindern

Fast schon ein Zauberwort in meiner Kindheitserinnerung: *Apeldoorn*, die „grüne Stadt" inmitten eines Waldgebiets der niederländischen Provinz Gelderland. Mein Gastgeber stutzte, fragte nach dem Namen, da mütterlicherseits der Großvater: *Dr. Walter Lange.* Er bat um eine ungefähre Beschreibung. Und dann die Überraschung: Die Herren kannten sich, da zur gleichen Zeit in der von der Wehrmacht besetzten Gemeinde, Standort 16. Flak-Division der Heeresgruppe B. Als zurückhaltend, eher wortkarg schilderte er diesen Dr. Lange. In gewisser Weise wiederum auffällig, wenn er zur Mittagsstunde ausritt, stets allein. Er sei bei Operationen der Spionageabwehr aktiv gewesen, so die Vermutung.

Für eine weitere Aufklärung zum Warum des späten Einsatzes im Alter des Ruhestands sorgte Bruder Gisbert, als er sich im Verlauf unserer gemeinsamen familiären Nachforschungen an eine Aussage der Mutter erinnerte. Sie, seine Tochter, 1944 gerade 22 geworden, habe im Weggehen noch vernommen, dass „er nicht abseitsstehen wolle", und dass er „vielleicht doch noch mithelfen könne, das Schlimmste zu mindern". Am 8. Mai 1945 kapitulierte das nationalsozialistische Deutsche Reich bedingungslos.

Wiederherstellung der Monarchie

Dass er nun, der Großvater, der bekennende Monarchist bis zuletzt, dennoch „seinem" Kaiser *Wilhelm II.* (1859-1941) im Jahr 1920 nach verlorenem Krieg den Weg ins neutrale niederländische Exil verübelte, das habe ich nicht nur einmal von ihm gehört. Als sich dessen ältester Sohn *Friedrich Wilhelm Prinz von Preußen* (1882-1952) nach dreijährigem Aufenthalt im Utrecht nahen

Die Büste von Wilhelm II. mit Huis Doorn, des deutschen Kaisers letztes Domizil.

Schlösschen Huis Doorn in Richtung Berlin aufmachte, soll der abgedankte Kaiser auf des Kronprinzen Aktivitäten zur Wiederherstellung der Hohenzollern-Monarchie gehofft haben; konservative Kreise gleichermaßen, was vor allem für die Kaisertreuen zutraf. Er suchte und fand Kontakt zu einem gewissen *Adolf Hitler*

Großes Wappen des Kaisers mit dem Schild der Hohenzollern.

(1889-1945), seit Juli 1920 Vorsitzender der Nationalsozialistischen Deutschen Arbeiterpartei (NSDAP). Man verstand sich offensichtlich, denn der spätere „Führer", stammend aus dem österreichischen Braunau am Inn, versprach die Wiederherstellung der Monarchie. Das wiederum bewog Friedrich Wilhelm, dem Reichspräsidenten *Paul von Hindenburg* (1847-1934) Hitler als Reichskanzler zu empfehlen. Das setzte der inzwischen 87-jährige ehemalige Generalfeldmarschall am 30. Januar 1933 um. Das Versprechen zur Restitution verlor sich spätestens in den Verwerfungen des „Dritten Reiches" und dem 1945 militärischen Zusammenbruch der Diktatur der Nationalsozialisten. Noch 1944 muss mein Großvater noch auf eine Wiederkehr der Monarchie gehofft haben, was ihn letztlich noch einmal in den Krieg ziehen ließ. Schließlich hatte sich der Kronprinz mit den Widerständlern um Oberst *Claus Schenk Graf von Stauffenberg* arrangiert. Für den Fall des gelungenen Umsturzversuches („Operation Walküre") vom 20. Juli 1944 sollte Kaiser-Enkel *Prinz Louis Ferdinand von Preußen* (1907-1994), seit 1951 Chef des Hauses Hohenzollern, als Staatsoberhaupt einer konstitutionellen Monarchie zur Verfügung stehen.

Die Begegnung mit Adolf Hitler

Da dem an sich kritischen Großvater das Monarchie-Versprechen bekannt war, könnte es ihn bewogen haben, den Reichskanzler näher in Augenschein zu nehmen. Auf Grund diverser Beziehungen als Träger der höchsten sächsischen Kriegsauszeichnung (Militär-St.-Heinrichs-Orden) war es ihm während der in Dresden stattfindenden „Reichstheaterwoche" vom 27. Mai bis 3. Juni 1934 möglich geworden. Gemahlin Dorothea, die „Otte", andererseits, dem „Führer" durchaus zugetan,

Kaiserenkel Prinz Louis Ferdinand von Preußen mit Gemahlin Kira, 1938.

drang allein schon wegen des Programms der acht Opern und neun Schauspiele auf den Besuch einiger Aufführungen. Darunter unter anderem Richard Wagners „Tristan und Isolde", Friedrich Schillers „Wilhelm Tell", Georg Friedrich Händels „Julius Cäsar" und der „Rosenkavalier" von Richard Strauss. An einem dieser Tage soll es im kleinen Kreis zur Begegnung mit Adolf Hitler gekommen sein. Von da an wäre er, so meine Mutter, der Faszination des Diktators „erlegen gewesen". Ansonsten war dieses Streiflicht aus der Familienhistorie ebenfalls tabu. Nicht aber die Tatsache, dass von Hitler 1940 der „Prinzenerlass" verfügt worden war: Kein Hohenzoller durfte fortan zum Kriegsdienst herangezogen werden. Auslösend für die Maßnahme war der Tod von *Olaf von Preußen*, ältester Sohn von Kronprinz Friedrich Wilhelm, gefallen mit 34 im selben Jahr während des Frankreichfeldzuges.

Jenningers umstrittene Rede

Vom „Faszinosum Hitler" hatte am 10. November 1988 der Bonner Bundestagspräsident *Dr. Philipp Jenninger* (1932-2018) im Verlauf einer Rede anlässlich des 50-jährigen Gedenkens der November-Pogrome von 1938 gesprochen. Das geschah im Zusammenhang mit der Schilderung der historischen Gründe für den Aufstieg des nationalsozialistischen Alleinherrschers. Die Aussage sorgte quer durch den Bundestag für Empörung und wurde als Skandal gewertet. Tags darauf legte der CDU-Politiker sein Amt nieder. Zum Vorgang und der Vorgeschichte zählte zudem, dass der Württemberger aus Rindelbach bei Ellwangen im Ostalbkreis einer Anregung zu ebendieser Rede gefolgt war. So hatte ihm *Werner Nachmann* (1925-1988),

Vom Faszinosum Hitler: Philipp Jenninger 1968.

Vorsitzender des Zentralrats der Juden in Deutschland, von jungen Leuten erzählt, die auf die Frage „Wie kam es zu Hitler" keine Antwort erhielten. Nachfolger *Ignatz Bubis* (1927-1999) zitierte übrigens aus Jenningers Rede umstrittene Passagen in einem eigenen Vortrag zur Nazi-Thematik. Missbilligungen erfuhr er dieserhalb nicht. Das trug in der Folgezeit zur Rehabilitierung des Politikers Jenninger bei.

Quellen: Kronprinzessin Cecilie von Preußen: Erinnerungen an den deutschen Kronprinzen. Koehler & Amelang. Leipzig, 2001. – Stephan Malinowski: Der braune Kronprinz. DIE ZEIT, Nr. 33, 13.8.2015. – Wikipedia: Wilhelm von Preußen (1882-1951). – Louis Ferdinand Prinz von Preußen: Im Strom der Geschichte. Bastei-Lübbe, Bergisch Gladbach, 1985. – Hermann, Konstantin: Der „Führerbesuch" 1934 und die „Treuekundgebung" 1944 in Dresden in „Führerschule". – Schneider, Hansjörg: Die 1. Reichstheaterwoche 1934 in Dresden. Dresdner Hefte 1977. – Pariser Tageblatt, Jg. 2, 1934, Nr. 195, 25.6.1934, Paris. – Interview von 2006 mit Philipp Jenninger von Jan C.L. König in „Über die Wirkungsmacht der Rede", Seiten 437 ff. V&R Unipress 2011.

Das Goldene Blatt und Dieter Liffers. Verleger Gustav Lübbe, der „Chef" von „Jerry Cotton". Schreck über dem Kattegatt. Der Anruf des Kaiser-Enkels.

Wegweisende Begegnung in Dortmund

Zurück zum Erlebnis auf dem Plateau der Sonnenpyramide von *Teotihuacán.* Die Deutung vom Freund und Astrologen Peter Otto Gern, dass sich manches verändern werde, war unvergessen, auch wenn sie allmählich zu verblassen schien. Noch in den letzten Wochen bei der *Freizeit-Revue* kam es in der Dortmunder Westfalenhalle anlässlich der Verleihung der „Goldenen Löwen" von Radio Luxemburg an die erfolgreichsten Schlagersänger zu einer wegweisenden Begegnung. Es war die mit *Dieter Liffers* von der gleichnamigen Show-Organisation in Lohmar bei Köln. Er, Jahrgang 1936, gerade mal fünf Jahre älter als ich, gefiel mit der ihm eigenen gewinnenden Weise, Bekanntschaften zu knüpfen. In Erinnerung geblieben auch seine Stimme mit der kaum wahrnehmbaren rheinischen Klangfarbe. Kurz gesagt, der Mann imponierte, allein schon wegen seiner Aktivitäten im bunten Feld der Hitparaden-Interpreten. Der gelernte Journalist (Volontariat Bocholter-Borkener Volksblatt, Redakteur Berliner Zeitung, Neue Revue) komponierte und textete unter den Pseudonymen Peter Pollux und Fred Conda neben anderen für die damaligen Publikumslieblinge, wie Erik Silvester, Gitte Haenning, Freddy Breck, Petula Clark, Adam & Eve, Elfi Graf und Willy Millowitsch.

Als Textchef in Bergisch Gladbach
Was ich damals nicht wusste, dass er neben der Herausgeberschaft des Musikpressedienstes „Show" zudem als Chefredakteur für die neue Publikums-zeitschrift *Das Goldene Blatt* mit dem exklusiven *Abgeschlossenen Roman* verantwortlich zeichnete. Das war 1971, ein Jahr nach der Erstausgabe der *Freizeit-Revue,* einer Initiative des Offenburger Senators *Dr. Franz Burda.* Ebendort noch unter Vertrag, wenn auch den Abschied ob belastender Gründe längst im Blick, bot Dieter Liffers die Position des Textchefs an. Eine neue Herausforderung und reizvoll zugleich. Bald darauf dem Verleger *Gustav Lübbe* (1918-1995) im Bastei-Haus an der Bergisch Gladbacher Scheidtbachstraße „präsentiert" – berühmt geworden mit der mehrfach verfilmten Krimi-Reihe „Jerry Cotton", dargestellt von US-Schauspieler George Nader. Sie erzielte bis heute weltweit eine Gesamtauflage von über 850 Millionen Exemplaren. Es war die Basis für den renommierten Buchverlag *Bastei-Lübbe,* Bestseller inklusive, beispielsweise von Autoren, wie Ken Follett, Dan Brown und Jeff Kinney.
Nach der Vorstellung die Zusage. Alles stimmte: das Gehalt, die bezugsbereite Wohnung in der Nachbarschaft und das attraktive Umfeld der Rheinmetropole Köln mit der Mittelgebirgsregion Bergisches Land, dem Siebengebirge in Richtung Bonn

Verleger Gustav Lübbe
Filmstar George Nader

Schloss Lerbach in Bergisch Gladbach, einst ein Rittergut,
umgebaut 1830 zum Herrenhaus im klassizistischen Stil.

Blick auf Hauptbühne der Dortmunder Westfalenhalle mit 15 400 Plätzen, wo einst
Radio Luxemburgs „Löwen" an die erfolgreichsten Schlagersänger verliehen wurden.

175

Vom Entstehen eines Beitrags von und mit Peter Maffay und Chefgraphiker Peter Schumann.

und dem Rhein-Erft-Kreis mit Schlössern, Burgen, Wind- und Wassermühlen. War das jetzt der erste Teil der Deutung von Peter Otto Gern?

Die Hoheit am Telefon

Keine neun Monate später überraschte Dieter Liffers, mein „Vorarbeiter", wie ich ihn gern nannte, mit der Ankündigung, mich als seinen Nachfolger zu empfehlen, da ihn die Show-Aktivitäten mehr denn je in Anspruch nähmen. Nach des Verlegers Lübbe neuerlicher Musterung des Kandidaten folgte die Entscheidung zum Geschäfts-führenden Redakteur, danach zum Chefredakteur – zu danken der

steigenden Auflage im Zeitschriftenhandel. In diese Zeit des Neuanfangs fiel eine zur Anekdote gewordene Begebenheit. Am Telefon *Prinz Louis Ferdinand von Preußen*, der Kaiser-Enkel und Oberhaupt des Hauses Hohenzollern, geboren an einem der späteren Schicksalstage der Deutschen: am 9. November 1907. Spontan meine ziemlich unbedarfte Reaktion: „Und ich bin der Kaiser von China!" Kaiserliche Hoheit wusste das mit einem herzhaften Lachen zu quittieren, wollte er sich doch nur für einen seriösen Artikel über seine Familie bedanken.

Unterwegs mit Rainer Holbe

In diese Zeit fiel auch ein Erlebnis, das sich alles andere als heiter zutrug. Zum Geschehen kam es unter leicht verhangenem Himmel in einer Höhe von vermutlich 3 000 Metern über dem Seegebiet *Kattegat*. Ziel der in Hamburg

Präsentation des Verlages auf der Buchmesse in Frankfurt am Main.

in einem Kleinflugzeug gestarteten Medienreise war Göteborg an Schwedens Westküste. Neben mir im engen Sitz zum Gang der hochgewachsene *Rainer Holbe,* damals um die 40. Mir durchaus bekannt, ob des TV-Straßenfegers „Starparade" mit dem Orchester James Last und dem hinreißenden Ballett. Die Quote: 28 Millionen Zuschauer pro Folge. Und das von 1968 bis 1980. Einen Namen gemacht hatte sich der vielseitige Journalist auch als Buchautor: „Phantastische Phänomene, den großen Rätseln auf der Spur", „Verborgene Wirklichkeiten". Die Unterhaltung mit ihm war das reine Vergnügen.

Das rumpelnde Flugzeug

Das verging jedoch, als das Propellerflugzeug plötzlich zu stottern begann. Nicht sonderlich witzig meine eher blümerante Bemerkung, es höre sich an wie ein Kolbenfresser beim Auto. Doch der Blick aus dem schmalen Fenster belehrte mich eines noch Schlechteren: Zu sehen eine rasend schnell vorbeiziehende Spur schwarzen Rauches. Der Pilot versuchte mit all seiner Autorität zu beruhigen: Umkehr nach Hamburg! Starr weiterhin der Blick auf die Rauchfahne, als könnte ich sie gegenstandslos werden lassen. Das Rumpeln hielt an. Eiseskälte kroch auf, um von einer Minute zur anderen dem Verstand oder Fatalismus zu weichen, gleichsam sich dem Schicksal ergebend: Es kommt, wie es kommt – und hoffentlich ist dann alles schnell vorbei. Und dann wieder Peter Otto Gern vor Augen. Hatte er sich grundlegend mit dem Hinweis auf die Veränderungen geirrt? Vielleicht auch nur ein Intermezzo zur seelischen Abhärtung. Oder um zudem aus dem Spätwerk „Götzendämmerung oder wie man mit dem Hammer philosophiert" von *Friedrich Nietzsche* (1844-1900) zu zitieren: „Was mich nicht umbringt, macht mich stärker."

Die erlösende Landung im Schaum

Die Antwort letztlich lieferte die mit einem riesigen Schaumteppich bedeckte Piste, flankiert von mehreren Fahrzeugen der Hamburger Flughafenfeuerwehr. Eilends der Ausstieg, weich die Knie. Mit dem Bus zur Empfangshalle. Versunken in ledernen Sesseln. Eine Whiskeyflasche kreiste. Ich weiß noch, dass ich nach abflauender Spannung ziemlich „in der Freude" war: Der letzte Schluck des guten Tropfens aus Kentucky war offensichtlich des Verkraftbaren zu viel gewesen. Für eine lange Zeit danach das Lieblingsgetränk, allerdings abgemildert als Longdrink mit Ginger Ale. Monate später ein weiteres Erlebnis. Tatort der Flughafen Zürich-Kloten. Schreck-sekunden, als sich eine ausrollende ungarische Passagiermaschine (Malev) mit einer der Lufthansa (in der ich mich befand) sanft touchierend „anlegte" – so geschehen mit den Spitzen der Tragflächen. Das war es dann auch. Zu Schaden gekommen war niemand. Tragisch hingegen, auch 1971, verlief der Anflug einer Maschine der Balkan Bulgarian Airlines. Tatort wieder das Schweizer Drehkreuz. Absturz keine hundert Meter von der Landepiste entfernt. Nur zwei der 47 Passagiere überlebten.

Tochter Sabine mit fünf.

Noch immer kein Treffen mit dem Vater. Gedanken zur Scheidung. Die Fahndung nach dem richtigen Rechtsbeistand: Sorge- und Erziehungsrecht.

Als das Private auf der Strecke blieb

Gleichsam wie im Fluge verging die neue Zeit als Chef einer ebenso einsatzfreudigen wie hoch motivierten Redaktion. Die Maxime für die Reportagen und Berichterstattungen: der Wahrheitsgehalt, gänzlich ohne Unterstellungen, Vermutungen oder Verdächtigungen. Ganz so, wie ehemals bei der Tageszeitung gelernt. Und tabu die Manie, reißerisches Unwissen mit Fragezeichen zu versehen. Entsprechend groß der Stellenwert von Interviews, geführt von einem Team, das sein Handwerk verstand oder sich diesbezüglich leiten ließ. In der Summe des gemeinsamen Wirkens und Verständnisses für die Dinge, wie sie wirklich sind, verdankte das Blatt bald einen „vergoldeten" Boden, soll heißen: Steigend am Kiosk die Verkaufs-zahlen und Zunahme der Abonnenten. Dieter Liffers, mein Mentor, hatte hierfür die Grundlage geschaffen.

In dieser Zeit der kreativen Umtriebigkeit, wie da waren Termine im In- und Ausland, auch an Wochenenden, schließlich die Feinarbeit, „Blattmachen" genannt. Morgens der Erste, abends der Letzte. Die Folge: Das Private blieb nicht selten auf der Strecke. Entfrem-dung im Eheleben deutete sich an, auch Trennungsgedanken. Nur das Töchterchen Sabine, inzwischen fünf, kam unverdrossen mit der Situation zurecht. Wann und woher auch immer ich heimkehrte, war die Wieder-sehensfreude im doppelten Sinne des Wortes „umwerfend". Das sollte eines baldigen Tages von immenser Bedeutung werden.

Allegorie der Gerechtigkeit: So sah der berühmte Raffael die Justitia.

Treffen in Deutschland geplant

Die Verbindung zum Vater war zu einer Art Standleitung per Telefon und Post geworden. Getroffen hatten wir uns noch nicht. So kurios es klingt: Beiderseits waren Terminschwierigkeiten das Problem. Mal konnte er aus beruflichen Gründen nicht, mal war ich es, der, wie geschildert, gerade von einer zur anderen Position „befördert", nicht abkömmlich ob der jeweiligen neuen Aufgaben. Das „Indefinitely for Multible"- Visum für Aufenthalte in den Vereinigten Staaten als „Nonimmigrant" blieb ungenutzt. Zweifel an seinem

Die gute Nachricht kam aus Bensberg. Im Bild das Rathaus vor dem Alten Schloss.

Interesse am Sohn aus erster Ehe hatte ich nicht aufkommen lassen. Glaubwürdig war das Versprechen, ein Treffen in Deutschland anzustreben, sobald er könne. Und bedeutender noch die Andeutung, dass er sich wieder in die alte Heimat verändern wolle. Ein Angebot aus der IT-Branche im Süddeutschen läge vor. Die Informations-Technologie, sie gehörte für mich in den Bereich der „böhmischen Dörfer" – entsprechend der Redewendung, von einer Sache nichts zu verstehen.

Apropos Böhmen, das heutige Tschechien: Erst im 100. Jahr seiner Geburt (5. Juli 1919), sollte ich 1999 nachträglich erfahren, dass er 1940 im südböhmischen Budweis, heute Ceské Budéjovice, auf der Nachrichtenschule der Luftwaffe ausgebildet worden war; eine Information des Bundes- und Militärarchivs in Berlin. Über den Krieg (1939-1945) zu reden, schließlich von Anfang an bis zum bitteren Ende dabei, dazu war er nicht zu bewegen.

Himmelhoch jauchzend, zum Tode betrübt

Die erste Hälfte der 1970er Jahre stand wiederholt im Zeichen mancher Gefühlsschwankung, ganz wie in Goethes dramatischen Trauerspiel „Egmont" (Klärchens Lied) zum Ausdruck gebracht und zur Redewendung geworden: „Himmelhoch jauchzend, zum Tode betrübt." Ersteres galt fürs erfreulich Berufliche, Letzteres fürs Private. Alles lief auf die Scheidung hinaus, unabänderlich. Das war der eine Teil des Befindens. Der andere: Inwieweit würde sich die Trennung aufs Töchterchen auswirken? Das Kind hin und wieder oder nur an Wochenenden sehen zu dürfen? Von allen Seiten war vorwarnend erklärt worden, dass es in der Regel bei der Mutter bleibt, egal wie das Verfahren ausgeht. Ein Vater ohne jedwede Chance? Das konnte und *wollte* ich mir nicht vorstellen. Also war es vor der Verpflichtung eines Rechtsbeistands vonnöten zu klären, ob das Sorge- und

Erziehungsrecht in meinem Fall grundsätzlich denkbar ist. Niederschmetternd das Ergebnis nach Konsultationen bei Anwälten, vier an der Zahl. Sie vermittelten mir nicht den Hauch einer Hoffnung aufs Erwünschte, fürs Kind umfassend zuständig zu sein. Die bittere Wahrheit, sie passte so gnadenlos zum genannten Goethe-Zitat – nach dem Komma „zum Tode betrübt".

Zuversichtlich der Rechtsanwalt

Doch dann ergab es sich während eines Treffens mit Mentor Dieter Liffers, dass ich auf die anstehende Scheidung zu sprechen kam. Ein schwieriger, kaum lösbarer Fall hatte ihn Monate zuvor zur Kölner Kanzlei Dr. Boden, Oppenhoff & Schneider, Adresse Burgmauer 10, geführt. Und das mit unerwartet erfreulichem Ergebnis. *Dr. Boden* selbst, der Seniorchef, nahm sich des Scheidungsersuchens an – und verneinte nicht nach Sichtung der Sachlage die Möglichkeit meiner künftigen Zuständigkeit fürs Kind. Nach vollzogener Scheidung am 10. Januar 1974 vor dem Landgericht Köln dauerte es noch vier Monate bis zum Beschluss des für die „Familienrechtssache" des zuständigen Amtsgerichts Bensberg. In dieser Zwischenzeit sich

Das Schloss genannte Herrenhaus im Düsseldorfer Stadtteil Eller-Lierenfeld.

fühlend wie zwischen Baum und Borke, wechselte das Befinden zwischen Vorfreude und Enttäuschung aufs Kommende. Gedanklich durchspielend, gipfelte es letztlich immer wieder in der unsterblichen Juristen-weisheit der alten Römer: „Vor Gericht und auf hoher See ist man in Gottes Hand." – Lateinisch: Coram indice et in alto mare in manu dei.

Der Vorschlag des Jugendamtes

Die so innig erhoffte Lösung stellte sich mit einem Schreiben des Amtsgerichts am 3. April 1974 ein. *Vorab* wurde mitgeteilt: „Es ist beabsichtigt, die elterliche Gewalt für das Kind aus Ihrer geschiedenen Ehe nach Vorschlag des Jugendamtes dem Vater zu übertragen. Falls Sie nicht binnen zwei Wochen sich schriftlich äußern, wird in diesem Sinne entschieden werden. Hochachtungsvoll. Brüggentisch, Richter am Amtsgericht." Der Beschluss gemäß Paragraph 1671 folgte am 27. April: „...da dies dem Wohle des Kindes entspricht."

Einzige Einschränkung, die ich nicht sofort nachvollziehen konnte: Dass Sabine noch ein Jahr bei der Mutter bleibt. Einleuchtend dann aber die anwaltliche Erklärung: Das Gericht habe sehen wollen, ob der Vater nach diesem Zeitraum bei seiner Entscheidung *fürs* Kind bleiben würde. Also freute ich mich erst einmal auf jedes Wochenende, jeden Feiertag, pendelnd zwischen Düsseldorf und Bergisch Gladbach. Düsseldorf einer neuen Aufgabe wegen, da ich mich dort inzwischen in einer schönen Dachwohnung im Stadtteil Eller-Lierenfeld für die künftige Vater-Tochter-Zweisamkeit eingerichtet hatte. Die Mutter in Cottbus sah das kritisch. Beruf und Kind als Alleinerziehender, das ginge nicht zusammen; zumal gerade mit einer neuen Aufgabe befasst. Zu kontern wusste ich das mit einem mir bekannten Grafiker, der mit vier (!) Kindern bewunderungswürdig zurechtkam.

Das außergewöhnliche Angebot. Die Marktlücke im Bereich der Altersgruppen. Vorherrschender Jugendwahn im Umkehrschluss.

Die Premiere einer neuen Illustrierten

Der Lockruf zu einem neuen Ufer am Rhein in Düsseldorf, er kam nun wirklich überraschend. Es war der zur Essener Zeitungsgruppe *Westdeutsche Allgemeine Zeitung* (WAZ), heute *Funke Medien Gruppe*, gehörende *Verlag Welt am Sonnabend*, herausgebend seit 1932 die erste deutsche Zeitschrift im Regenbogen-Segment

Das 1801 entstandene Parkhotel an der Düsseldorfer Königsallee, „Kö" genannt.

namens *Neue Welt* und seit 1965 *frau aktuell*. Zum Informationsgespräch an die Adlerstraße geladen hatte Geschäftsführer *Peter Preiss*. Er überraschte mit einem für mich nun wirklich außergewöhnlichen Angebot: die Position des Chefredakteurs von *Echo der Frau*. Der Titel stand fest, nicht aber die thematische Konzeption, auch nicht die personelle Seite. Das wäre, wenn ich denn wollte, meine vorbereitende Aufgabe zur Premiere der ersten Ausgabe einer modernen, unterhaltenden und dem Hochadel eher fernen Frauen-Illustrierten.

Kurz und gut: Ich wollte. Wann im Berufsleben würde einem noch einmal eine derartige Chance geboten?! Vorgeschaltet noch das Einverständnis durch die oberste WAZ-Instanz, nachdem den Kandidaten in Augenschein genommen: *Günther Grotkamp*, Verlagsmanager und WAZ-Geschäftsführer. Zur Vertragsunterzeichnung hatten die Herren ins Restaurant der Fünf-Sterne-Herberge Parkhotel an der „Kö", dem Pracht-Boulevard Königsallee, gebeten.

Im Blick die Frau um die 40 gegen den Jugendwahn

Prominente Jahrgänge: Faye Dunaway, Schauspielerin. Esther Ofarim, Sängerin. Julie Andrews, Sängerin und Schauspielerin. Elisabeth Steiner, Opernsängerin.

Die Mannschaft, vornehmlich und so gewollt in der Mehrzahl beherrscht von junger und kaum älterer Weiblichkeit in Redaktion und Graphik-Layout. Eingeschworen auf die etwas andere Konzeption, auf das gesamte Umfeld der modernen Frau von 40. Das war exakt die Gruppe, die seinerzeit schon als alt galt. Gefeiert wurde da bislang die Dreißigjährige, eher noch jünger, geschuldet dem Jugendwahn. Im Umkehrschluss: Die Vierziger, sie waren damals *die* Marktlücke im Bereich der Altersgruppen. Das bezog sich weniger auf den Adel. Den überließen wir gern der Hauskonkurrenz *Neue Welt* und *frau aktuell*. Beide Titel verstanden sich besser darauf. Wir jedenfalls hatten unterm gemeinsamen Verlagsdach die Unterscheidung geschaffen. Am Tag der Kündigung, übrigens, im Bergisch Gladbacher Bastei-Haus zur turnusgemäßen Konferenz der Ressort-Verantwortlichen gebeten, hatte man

Verleger Gustav Lübbe von meinem Abschiedsschreiben noch nicht informiert. Was er an diesem Vormittag verkündete, war die erstmals überschrittene Verkaufszahl von 400 000 Exemplaren seines Blattes, somit dem „Gold" im Namen gerecht werdend. Was sehr freute, neben anderem, betraf diesen Passus im Zeugnis: „...daß er allen Mitarbeitern seiner Redaktion seine ausgeprägten Vorstellungen von Pünktlichkeit, Einsatzbereitschaft und *gutem Journalismus* nahezubringen wußte." Letzteres kam einem Ritterschlag gleich, zusätzlich beflügelnd für die Düsseldorfer Herausforderung – zur Premiere von *Echo der Frau*.

Das entsetzte Töchterlein

Alles hatte sich geradezu auf wunderbare Weise gefügt, privat wie beruflich. Die neue Publikumszeitschrift, wöchentlich erstellt, begann zu florieren, wenn auch kritisch beäugt von den beiden etablierten Redaktionen im gemeinsamen Verlagshaus. Die nahe der Wohnung gelegene Grundschule erwies sich als Glücksfall, fand Sabine doch schnell Anschluss zu ihren

Costa Cordalis und „Anita".

Mitschülerinnen. Unvergessen bis heute ein von mir verursachter Vorfall, den sie mir nicht verzeihen wollte. Ich hatte vergessen, ihr das Pausenbrot in den Ranzen zu stecken. Als treusorgender Vater musste ich es ihr natürlich umgehend nachreichen, indem ich bis zum Klassenzimmer vordrang und mitten in die Deutschstunde platzte. Die Lehrerin hatte Verständnis, nicht aber das entsetzte Töchterlein. Das Mienenspiel in diesen Augenblicken, das war eindeutig, getreu nach des Kindes Überzeugung: Das geht gar nicht! Das fand auch Birgit ebenso, die Freundin von nebenan. Deren Eltern jedoch, Anita und Hugo, fanden meinen missratenen „Einsatz" lobenswert, immerhin. Alle *Anitas* dieser Welt hatten übrigens damals Grund zur Freude: Ein gewisser *Costa Cordalis* (1944-2019) stürmte gerade die Hitlisten mit dem gleichnamigen Schlager. Es war sein größter Erfolg.

Spontan die Zuneigung des Enkelkindes Sabine. Freude über die geplante Rückkehr. Doch dann der Schicksalsschlag am Himmelfahrtstag.

Endlich! Das Treffen mit dem Vater in Ansbach

Seit geraumer Zeit flocht eine junge Dame aus den Vereinigten Staaten mit ihren Besuchen das neue Familienband zwischen *ihrem* Vater und seinem 1961 unverhofft aus den Schatten der Vergangenheit sichtbar gewordenen Sohn aus erster Ehe. Die junge Dame, blitzgescheit und quicklebendig, das war *Jessica,* meine Halbschwester. Eine Weltenbummlerin, wie sie im Buche stand. Opernsängerin wollte sie werden. Heute hier, morgen da: Düsseldorf, Berlin, Tokio und wieder zurück nach mehreren Zwischenstationen in die Heimat nach Trumbull, Connecticut, zu den Eltern und den vier Brüdern. Bei ihrem letzten Besuch kündigte sie das Treffen mit meinem, unserem Vater in Deutschland an. Er stand mittlerweile im 55. Lebensjahr, der in Bischofswerda 1941 geborene Sohn im 33. Zeit- und Treffpunkt waren schnell ausgemacht: Erstes Wochenende im Mai und Ansbach im mittelfränkischen Bayern, wo er bis zur Auswanderung in die Vereinigten Staaten bei der US-Army „stationiert" war.

Schicksalstag zu Himmelfahrt. Martin-Luther-Platz im mittelfränkischen Ansbach.

Selbstverständlich mit von der Partie Sabine, am 22. März gerade sieben geworden. Irgendwie hatte ich das Kind nicht sonderlich hilfreich auf den bislang unbekannten Großvater vorbereitet. So befragte es mich während der Autofahrt geradezu hartnäckig nach dem Warum und Wieso sie ihn erst jetzt kennenlernen darf. Es klang wie ein Vorwurf, der sehr berührte, konnte ich doch die Tochter allzu gut verstehen. Das teilweise dramatische Schicksal von Vater und Sohn war ihr erst mit zunehmendem Alter zu vermitteln.

Freude übers erste Enkelkind

Der Tag der ersehnten ersten Begegnung in Ansbach war wie gemalt. Die Sonne strahlte wie bestellt vom tiefblauen Himmel. Zur Mittagsstunde angekommen, zogen wir uns in eine romantische Ecke des Hotelgartens zurück. Unvergessen die Pfingstrosen und der verschwenderisch blühende Rhododendron. Und endlich – der große Augenblick. Vater und Sohn von Angesicht zu Angesicht. Dass die ersten fünf Minuten nicht zu Unsicherheiten verkamen, überdeckt von nichtssagenden Floskeln, dafür sorgte völlig überraschend Sabine: Unbekannten bislang eher zurückhaltend bis zum Fremdeln begegnend, das war hier nicht der Fall. Spontan die Zuneigung. Vaters Freude über sein erstes Enkelkind verstärkte sich noch, als es unverhofft auf seinen Schoß rutschte und ihn fortan in Beschlag nahm – als wäre das schon immer so gewesen. Und irgendwann zur Abendstunde sank Sabine selig in den Schlaf, nachdem ihr der Großvater noch eine Geschichte vorgelesen hatte.

Verschollen, wenn nicht Schlimmeres

Er und ich, wir kamen danach zum Eigentlichen, zum Austausch des Naheliegenden, des Erfahrens vom Schicksalhaften, uns beide angehend. Die schönste Nachricht vorweg: Er bestätigte, wieder im Fränkischen ansässig werden zu wollen. Basis hierfür ein Angebot aus der IT-Branche. Dann Fragen über Fragen, gestellt bis drei Uhr morgens in seinem Zimmer. Unmöglich sie alle zu beantworten. Bis auf eine, die mich schon immer beschäftigt hatte: Es war die nach *meinem* Verbleib in den Jahren nach Kriegsende. Die Antwort: „Verschollen, wenn nicht Schlimmeres." Das war das Ergebnis seiner Nachforschungen. Siehe hierzu das Kapitel „Noch per Sie der erste Brief". Schließlich war es ja noch während des Krieges zur Scheidung gekommen, zudem verwehrt das Sorgerecht. Von der Flucht von Bischofswerda nach Eger, heute Cheb, an der bayerischen Grenze in der Oberpfalz, konnte er demzufolge nichts wissen. Hier spätestens setzten meine ersten Erinnerungen ein. Unterwegs mit Mutter und dem (Halb-)Brüderchen Reinhard im Kinderwagen. Übernachtungen in einer kleinen Scheune an einem mit Taubendreck bedeckten Platz; verunziert auch meine Schuhe vom Vogelmist, der nicht abgehen wollte.
Wir vertagten uns nach dem Abschied auf bald, auf seine neue Zeit in Deutschland. Wichtig war, dass wir uns gefunden hatten, dass wir uns künftig öfter sehen werden.

Eines gab er mir mit auf den Weg nach Düsseldorf: Ich sei doch „ein ziemlich harter Brocken" hinsichtlich der Vielzahl der Fragen, wie da beispielsweise waren: Wie kam es zur Scheidung der Eltern mitten im Krieg? Wie hatte er ebendiesen überstanden? Weshalb wurden mir die Großeltern väterlicherseits im nahen Dresden vorenthalten?

Der Tag, der alles ins Gegenteil verkehrte

Wieder einmal stand die Deutung des Astrologen zur Erscheinung auf der Sonnenpyramide von Teotihuacán vor Augen. „Tiefgreifende Veränderungen" hatte er vorausgesagt. Die Schönste war jetzt die erste Begegnung mit dem Vater und der künftige Austausch von allem uns Bewegenden in einer heil gewordenen Familienwelt. Und dann kam der Tag, an dem sich alles ins Gegenteil verkehrte. Es war keine drei Wochen nach unserem Treffen: Donnerstag zu Himmelfahrt, 23. Mai 1974. Der Anruf von Halbschwester Jessica und deren niederschmetternde Nachricht: „Unser Vater ist gestorben!" Geschehen zur Frühstücksstunde mit ihr im Ansbacher Hotel. Sie hatte sich eingefunden, um zu erfahren, wie es denn war mit dem aus Düsseldorf angereisten „Familienzuwachs", mit Ulrich und Töchterchen Sabine. Groß ihr Erstaunen: Der Vater habe geradezu glückselig die Begegnung mit uns geschildert, vor allem die neue Erfahrung als Großvater. Mitten in der Schilderung sei er verstummt und war von einer Sekunde zur anderen nicht mehr von dieser Welt: Herztod. Der Schicksalsschlag, so Jessica, sei nicht voraussehbar gewesen, doch geschont habe er sich nie. Nach ihrem Wissen sei es für ihn nicht immer leicht gewesen, gemessen an den Kriegsjahren, der Zeit danach und am Neubeginn in den Staaten nebst dem dortigen Berufsumfeld.

Das Grabmal des Bildhauers und Dichters in Florenz: Unsterblichkeit und Erlösung.

Michelangelo Buonarroti.

Das Unglück schreitet schnell

Was blieb, waren Trauer, Schmerz und haderndes Unverständnis fürs Geschehene, getroffen wie von einem grellen Blitzschlag aus heiterem Himmel. Wir hatten doch in all den Jahren des Telefonierens und Korrespondierens so manches besprochen, geplant, Gott und die Welt „betrachtet". Und dann das! Immer und immer wieder wütete eine Zeitlang das *Warum?* Wen wundert's, dass da ein Vers aus Friedrich Schillers berühmter „Glocke" wieder in den Sinn kam: „Doch mit des Geschickes Mächten ist kein ew'ger Bund zu flechten, und das Unglück schreitet schnell."

Ein Trost jedoch ist mir, dem Zurückgebliebenen, bis ein zufällig entdecktes Gedicht zum Thema Tod. Es stammt von *Michelangelo Buonarroti* (1475-1564): „Es sandte mir das Schicksal tiefen Schlaf. Ich bin nicht tot, ich tauschte nur die Räume. Ich leb' in euch, ich geh' in eure Träume, da uns, die wir vereint, Verwandlung traf. Ihr glaubt mich tot, doch dass die Welt ich tröste, leb' ich mit tausend Seelen dort, an diesem wunderbaren Ort, im Herzen der Lieben. Nein, ich ging nicht fort, Unsterblichkeit vom Tode mich erlöste." 2019, zu Vaters 100. Geburtsjahr, hatte ich die Seele berührenden Verse des legendären Bildhauers, Baumeisters und Dichters der italienischen Hoch-Renaissance zufällig entdeckt. Sie beflügelten auf wundersame Weise, mich selbst nun endlich auf die Lebensspuren des Vaters zu begeben, um Antworten zu finden.

Als Kind den Vater zum Helden erhoben

Zuvor und irgendwann kehrte der Alltag wieder ein. Was die Erinnerung bewahrte, das war das Bild von einem gütigen, nachsichtigen und einfühlsamen Vater, das so recht nicht meinen einstigen Vorstellungen entsprach. Geisterten doch seit der vaterlosen Kindheit die unterschiedlichsten Vorstellungen und Begriffe durch die von mir gewollte Welt um ihn, aufgeschnappt daheim von der Mutter oder den Großeltern. Dazu zählten „Tapferkeitsoffizier", „Flucht übers Schwarze Meer", „Vermisst in den Weiten Russlands" und anderes mehr. Irgendwie hatte ich ihn längst zum Helden erhoben, wie den Großvater in Bischofswerda auch. Von Jessica, übrigens, und ihrer Familie in Trumbull habe ich nach Vaters Weggang in eine andere Welt nichts mehr gehört, geschweige denn erfahren.

Der vermisste Musiker

Es war sehr viel später, als mir der Vermerk im Abschlusszeugnis der achtjährigen Cottbuser Grundschule vom 30. Juni 1956 vor dem Übertritt zur Oberschule auffiel: „Sohn des vermissten Musikers." Im Gegensatz hierzu der Eintrag im

Familienstammbuch im Zusammenhang mit der Geburtsurkunde des Sohnes zum 9. November 1941: Vater Martin Heinz Metzner, Kaufmännischer Angestellter, zur Zeit Gefreiter, gottgläubig. Warum also Musiker, wenn auch zugetan dem Violinenspiel? Mutters Vermutung: Wäre die Beförderung zum „Tapferkeitsoffizier" ruchbar geworden, hätte die DDR-Schulbehörde die Aufnahme zur Oberschule ablehnen können. Wem im Kampf gegen die Sowjet-Armee auf den Schlachtfeldern Russlands „Tapferkeit" mit der Erhebung zum Offizier bescheinigt wurde, galt als höchst bedenklich. Ob dem tatsächlich so war oder auch nicht, Gerüchte dieser Art hielten sich seinerzeit hartnäckig, weil

Gewidmet dem Vater: Kunst des Fotografen, das Violinenspiel symbolischsphärisch ins schöne Bild zu setzen.

gefürchtet. So mancher hätte sich rechtzeitig nach 1945 nach Westdeutschland begeben, um der sowjetischen Besatzungsmacht im Osten zu entgehen.
Quelle: Sämtliche Gedichte Michelangelos. Von Cesar Guasti. Verlag Hansebooks, Norderstedt, 2017.

Luftwaffen-Nachrichtenschule in Budweis. Navigator und Panzerjäger im Süden Russlands. Der Lazarettzug 629: Die Verwundung.

Der Leutnant, der Kriegsoffizier, das Verdienstkreuz

Den Weg in Michelangelos „Räume" zwischen Diesseits und Jenseits bahnten Institutionen, die Vaters Weg durchs Kriegsgeschehen seit dem 1. Oktober 1939 teilweise bestätigten. Die im Berliner Bundesarchiv aufgegangene Auskunftsstelle der Wehrmacht (WASt) zeichnete nach halbjähriger Recherche seinen Weg seit Kriegsbeginn nach. All das akribisch erhoben und zusammengefasst auf der Karteikarte mit der Archiv-Signatur B 563/M-/325-719, Erkennungsmarke 635 Lw.Bau.Kp 1/IV. Hier handelte es sich um die 1. Kompanie Luftwaffen-Bau-Bataillon 1/IV im niederschlesischen Sprottau, heute Szprotava, nahe Groß-Glogau, Glogów, Tschechische Republik. Der nächste Eintrag 14. Mai 1940: Luftflotten-Nachrichtenschule im böhmischen Budweis, heute Ceské Budejovice. Ausbildung im Bereich Fernmelde- und Funkwesen (Bordfunker), Sonderdienste und Verbindungen zwischen den Befehlsstellen. Zum Behelfspersonal zählten zu dieser

Zeit bereits Wehrmachtshelferinnen – freiwillig dienende jungen Frauen, auch „Blitzmädel" genannt. Der Spitzname bezog sich auf das Blitzemblem auf Uniform und Krawatte. Auch Regina, meine Mutter, gehörte zwischenzeitlich als Nachrichtenhelferin zur Flugabwehrtruppe der Luftwaffe; siehe hierzu das Kapitel „Das Blitzmädel und die sowjetische Wismut AG".

Abkommandiert zum Erdkampf

Auf den ersten Blick irritierte der Archiv-Vermerk vom 8. November 1942: 2. Kompanie Panzer-Jäger-Abteilung der Luftwaffen-Feld-Division 5. – Luftwaffe und Feld? Oder Bodenpersonal? Was sich dahinter offenbarte, waren entbehrliche Angehörige der zunehmend durch Verluste reduzierten Luftwaffe, in ihren blaugrauen Uniformen abkommandiert zum „Erdkampf". Das hieß Mann gegen Mann, Sturmangriffe mit leichten Geschützen auf Lafetten und Vorstöße bis zur Hauptkampflinie. Aufgestellt im westpommerschen Groß Born, heute Borne Solinowo, wurde die Division im Eilverfahren durch den Süden Russlands bis zur Halbinsel Krim verbracht, um die durch die Rote Armee erlittenen schweren Verluste auszugleichen.

Einsatzgebiete der „Fünften" waren zur Deckung des Rückzugs von 1942 bis 1944 die Front vom Schwarzen Meer längs des Dnjepr-Flusses, Krasnodar im Osten am Kaukasus, der Halbinsel und Straße von Kertsch bis zu dem gegenüberliegenden deutschen Brückenkopf, der Halbinsel Taman am Asowschen Meer.

Blick auf die Altstadt von Budweis, Ceské Budejóvice.

Zugeteilt der Stabskompanie 150

Auf dieser Operation fußt der Film „Steiner – das Eiserne Kreuz" nach dem Roman „Das geduldige Fleisch" von Willi Heinrich, Bertelsmann Verlag, 1955. Zuletzt wurde die Division fast vollständig in der Süd-Ukraine im nahen Bessarabien, heute Moldawien, aufgerieben. Zu beklagen waren bis dahin laut des Chronisten *Werner Haupt:* „Von den ursprünglich 250 000 Angehörigen der Luftwaffen-Feld-

189

Divisionen fielen in knapp einem halben Jahr Fronteinsatz 90 000 Mann als Gefallene, Verwundete und Vermisste aus." Die Verbliebenen wurden ins Heer überführt. In Vaters Fall war das die 50. Infanterie-Division laut einer Meldung vom 7. September 1944 unter der Bundesarchiv-Signatur B 563 45344/85, zugeteilt der Stabskompanie Panzer-Jäger-Abteilung 150. Sie bestand als Truppenteil aus 534 Mann: 19 Offiziere, 129 Unteroffiziere, 360 Wehrpflichtige und 26 „Hiwis" genannte Hilfswillige aus der Bevölkerung der besetzten Gebiete.

Halbinsel Krim, Sewastopol und die Ostfront

Zurückgeworfen auf die wiederholt zum Frontgebiet gewordene Krim, besiegelte die Rote Armee das vorläufige Ende der 50. Infanterie-Division. Zuvor war sie noch an Kämpfen im westlichen Kaukasus und der Eroberung wie auch der Verteidigung der Hafenstadt Sewastopol am Schwarzen Meer beteiligt. Die Überlebenden und nicht in russische Gefangenschaft Geratenen fanden sich mit jungen Rekruten aus dem Reich im Eilverfahren an der Ostfront wieder. Es war in Ostpreußen südlich von Königsberg, heute Kaliningrad, die russische Exklave an der Ostsee zwischen den NATO- und EU-Staaten Polen und Litauen. Noch am 30. Januar 1945 war dem zum Offizier erhobenen Vater von der Division als „Verleihungsdienststelle" (Militärarchiv Freiburg im Breisgau RH 7/1194) mit dem von Adolf Hitler 1939 gestifteten Kriegsverdienstkreuz mit Schwertern im Eichenkranz (K.V.K.). ausgezeichnet worden. In der Stiftungsverordnung von 1939 heißt es unter anderem: „...für besondere Verdienste in der militärischen Kriegsführung."

Das Erdkampf-Abzeichen der Luftwaffe für die Felddivision

Womit die Mutter Recht behielt

Der Leutnant, der Kriegsoffizier. Und Tapferkeitsoffizier. Das war das geheimnisvolle Wort, das mir die Mutter gleichsam hinter vorgehaltener Hand zuraunte. Verbunden allerdings mit dem dringenden Hinweis,

Das Kriegsverdienstkreuz, gestiftet 1939 von Adolf Hitler

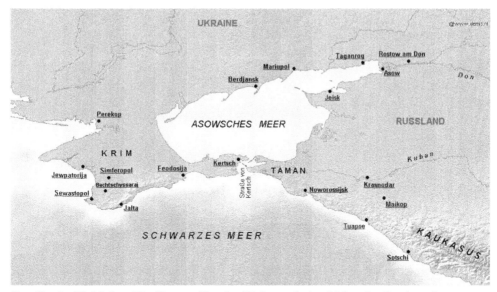

Der Zweite Weltkrieg. Ein Frontgebiet der Wehrmacht im Süden der Sowjetunion.

damit nicht anzugeben. Man wisse ja nicht, was das an Ungemach in der Schule oder bei der sowjetischen Besatzungsmacht auslösen könne. Verstanden hatte ich es nicht – und tat es trotzdem. Den Zweiflern beschied ich mit der mir eigenen Überzeugungskraft, gern abgetan als Starrsinn: „Wenn er aus der Kriegsgefangenschaft heimkommt, da werdet ihr schon sehen!" Gesagt und verwiesen auf den Großvater, der ja auch eines Tages aus dem Krieg zurückgekehrt war. Mutter hatte also Recht behalten, belegt durch die Militärarchive in Berlin und Freiburg. Nicht mehr feststellbar war das Datum der Beförderung. Vermutlich zwischen 1942 und 1944, zwischen dem 23. und 25. Lebensjahr.

Quellen: Die deutschen Luftwaffen-Felddivisionen 1941-1945. Von Werner Haupt. Edition Dörfler im Nebel-Verlag, Eggolsheim, 1993. – Lexikon der Wehrmacht. Einheiten der 50. Infanterie-Division und Deutsche Militärgeschichte, Wikipedia.

Verwundung durch Granatsplitter

Ohne Resultate blieben die Nachforschungen, inwieweit Leutnant Metzner mit der Panzer-Jäger-Abteilung 150 an der Kesselschlacht von Heiligenbeil (Ostpreußen) beteiligt war. Sie fand vom 26. Januar bis zum 29. März 1945 südwestlich von Königsberg, heute Kaliningrad, statt. Am letzten Tag der sowjetischen Großoffensive traf er mit dem *Lazarettzug 629* im bayerisch-oberpfälzischen Furth im Wald ein, um im dortigen Teillazarett II Babylon behandelt zu werden. Befund: Verwundung durch Granatsplitter, vermerkt als „Dienstbeschädigung bei Feindeinwirkung".

Nach 24-tägiger Behandlung im Krankenhaus der Wehrmacht von Oberfeldarzt Dr. Merkle wieder für „kriegsverwendungsfähig" (k.v.) befunden, erfolgte am 21. April die Entlassung und abkommandiert zu einem 10-tägigen Genesungsurlaub im südwestlich von Pilsen gelegenen Taus, heute Domazlice. Anschließend sollte er sich beim Truppenteil Grenadier-Ersatz-Abteilung im niederbayerischen

Furth im Wald unmittelbar an der tschechischen Grenze

Straubing an der Donau einfinden. Auf dem Weg dorthin muss er vermutlich den Amerikanern in die Arme gelaufen sein. Bereits am 28. April hatte die 71. US-Infanterie-Division nach vorangegangenen schweren Bombardements die Stadt im Mittelpunkt des Gäubodens (Dungau) kampflos eingenommen. Vermutlich ging mein Vater freiwillig in die Kriegsgefangenschaft. Sie dauerte wohl nur kurze Zeit. Nach offensichtlich eingehender Überprüfung hinsichtlich seiner bei der Wehrmacht erworbenen Kenntnisse im Nachrichtenwesen und in der Informationstechnik

übernahm ihn die US-Air Force auf ihrer neuen Basis für Kampfflugzeuge nebst Logistik-Zentrum: Standort Katterbach, heute Stadtteil von Ansbach, einstiger Fliegerhorst der deutschen Luftwaffe nebst Kaserne von 1936 bis 1945. „Katterbach Army Airfield" ist aktuell der wichtigste Einsatzplatz von Transport- und Kampf-Helikoptern der US-Heeresflieger im NATO-Bereich Europa.

Quelle: Lazarett der Wehrmacht, Furth i.W., Wehrkreis XIII. Teillazarett II Babylon. Leutnant Heinz Metzner: Krankenblatt mit der Krankheitsnummer: 31 b. Truppenteil: H.Pz.Jg.Abt. 150. Beurteilung: A/7 k.v. entlassen. Oberfeldarzt Dr. Merkle, Oberarzt Dr. Oster. Babylon, 21.4.45.

Genesungsurlaub: Taus, Westböhmen

Außergewöhnliche Einzelfälle
TAPFERKEITSOFFIZIERE

In einer Wikipedia-Abhandlung „Deutsche Militärgeschichte" heißt es zur Thematik „Kriegs- beziehungsweise „Tapferkeitsoffiziere": Sie gingen in der Regel aus den Mannschaftsrängen unter erleichterten Bedingungen hervor, um die Verluste an Offizieren zu mindern. Regimentskommandeure hatten hierbei das Vorschlagsrecht. Die Erwählten durften allerdings nicht älter als 25 sein.

Eingehender definierte *Rudolf Kinzinger,* Bundeswehr-Oberst außer Diensten aus dem niedersächsischen Hammah-Mittelsdorf, Landkreis Stade, den militärischen Dienstgrad wie folgt: „Tapferkeitsoffizier ist kein Rang, sondern die Bezeichnung für einen Offizier, der an sämtlichen Beförderungsbestimmungen vorbei Offizier geworden ist. Dabei handelt es sich um bemerkenswerte,

außergewöhnliche Einzelfälle, die (m.E.) nicht durch irgendwelche Vorschriften ‚untermauert' waren. Von daher sind die Gründe, warum ein Soldat auf diesem Weg zum Offizier befördert wurde, ebenso vielfältig wie die einzelnen Fälle."

Rudolf Kinzinger, Jahrgang 1951, Ingenieur (Dr.-Ing.), hat sich zudem als *Herausgeber* einen Namen gemacht. Beispiele: „Mit Hurra gegen die Wand", Autor Hinrich Boy Christiansen, und „Haarscharf am Abgrund vorbei", Autor Friedrich Behrens.*Quelle:* Veröffentlichung zur Kinzinger-Erklärung „Tapferkeitsoffizier" bei Dieter Hermans, handelnd für die Betreiber GbR-Forum der Wehrmacht, Troisdorf.

Leutnant H. Metzner.

Frei nach einem Film: Wie das Leben so spielt
MÖGLICHE BEGEGNUNG

Es war ein US-amerikanischer Film tragikomischen Inhalts, der 2009 in die Kinos kam: „Wie das Leben so spielt". Irgendwie passte der Titel des Streifens auf eine Konstellation Ende April 1945. Um es vorwegzunehmen: Man hätte sich näherkommen können. Und das auf Grund der geografischen Gegebenheit im doppelten Sinn des Wortes. *Man,* das sind die Eltern und ich, das noch nicht vierjährige Kind. Als *er,* mein Vater, sich zur Genesung in Taus aufhielt, war *sie,* meine Mutter, aus Bischofswerda vor der Sowjet-Armee flüchtend, gerade in Eger eingetroffen – mitgenommen vermutlich von einem Konvoi der Wehrmacht. Erst die

Gegen Kriegsende 1945 zwischen Eger und Taus in geografischer Nähe.

späten Recherchen offenbarten die Nähe von Eger (Cheb) zu Taus (Domazlice): keine 70 Kilometer, etwa anderthalb Autostunden über westböhmische Landstraßen. Nach aller kriegs- und fluchtgrauen Theorie hätte ich schon damals den Vater erleben können und nicht erst nach vielen Jahren. Das wiederum war letztlich dem Erfolg der Fahndung nach ihm zu verdanken. Wie auch immer, es bleibt die von einem Film zur Redensart gewordene fast schon sibyllinische Weisheit: Wie das Leben so spielt. Damit wussten die *Sibyllen* nach dem Mythos der griechischen Antike umzugehen. Im Gegensatz zu anderen weisen Frauen prophezeiten sie die Zukunft unaufgefordert, nicht selten geheimnisvoll von Rätseln umwoben.

Die als Dichtung belächelte Überzeugung von der Existenz des Vaters

Der Triumph des Glaubens

Ein Leben lang, noch heute stets von Neuem, hat beschäftigt, was mich schon von Kindesbeinen bewog, an den lebenden Vater zu glauben und nicht an den für tot erklärten. War es Starrsinn oder einfach nur Rechthaberei? Widerspenstiges Verhalten dann durchaus zu eigen, wenn meine als Dichtung belächelte Wahrheit in Frage gestellt wurde. Dann löckte ich wider den Stachel und verwies mit tückischem Unterton auf andere Kinder, die doch alle einen Vater hätten; selbst dann, wenn sie sich noch in Kriegsgefangenschaft befänden. Irgendwann verfestigte sich über die Jahre meine Beschlussfassung zum Glaubensbekenntnis: „Ich weiß, dass er lebt!" So sog ich fortan alles auf, was meiner Überzeugung dienlich war. Beispielsweise die Redensart: „Totgesagte leben länger." Da lohnte später der Blick ins „Buch der Bücher", die Bibel. „Es ist aber der Glaube eine feste Zuversicht auf das, was man hofft, und ein Nichtzweifeln an dem, was man nicht sieht." So zu entdecken im „Brief an die Hebräer", Neues Testament, Hebräer, 11,1. Ähnliches ist unter Hiob

Apostel Paulus (10-60), der Missionar des Urchristentums.

und Matthäus zu finden. *Martin Luther*, der Reformator, verdichtete die jeweiligen Passagen auf ein unsterbliches Sprichwort: „Der Glaube kann Berge versetzen." So beispielsweise die von Apostel Paulus von Tarsus (um 10-60) im 1. Brief an die Korinther: „Wenn ich in Gottes Auftrag prophetisch reden kann, alle Geheimnisse Gottes weiß, seine Gedanken erkennen kann und einen Glauben habe, der *Berge versetzt,* aber ich habe keine Liebe, so bin ich nichts." Ein weiteres Sprichwort verstärkt noch Vorangegangenes: „Ein Glaube ohne Tat ist ein Feld ohne Saat." Die *Tat* in meinem Falle, das war die zu Beginn der 1960er Jahre die Fahndung nach dem Vater. Das Bibliographische Institut im Duden Verlag vermerkt in diesem Zusammenhang: „Überzeugung ist eine feste, unerschütterliche, durch Nachprüfen eines Sachverhalts oder durch Erfahrung gewonnene Meinung – oder ein fester Glaube."

Dag Hammarskjöld vor dem UNO-Hauptquartier New York.

In Erinnerung geblieben, oft und gern bei passender Gelegenheit eindrucksvoll zitiert: „Glauben, das heißt nicht zweifeln." Es stammt von *Dag Hammarskjöld* (1905-1961), UNO-Generalsekretär. Zu Tode gekommen war er in Folge eines bislang ungeklärten Flugzeugabsturzes im Grenzgebiet von Kongo-Katanga und Nordrhodesien, heute Sambia. Ursprünglich wollte er die Feindseligkeiten zwischen dem unabhängig gewordenen Kongo und der abgespaltenen, der rohstoffreichen Region Katanga befrieden. Posthum ihm verliehen der Friedensnobelpreis.

Der Philosoph, Dichter und Komponist *Friedrich Nietzsche* (1844-1900) wusste mit einer ihm ganz eigenen Version zum Thema zu beeindrucken: „Zwar hat der Glaube bisher noch keine wirklichen Berge versetzen können, obschon dies, ich weiß nicht wer, behauptet hat. Aber er vermag Berge dorthin zu versetzen, wo keine sind." Und bei *Gaius Iulius Caesar* (100-44) ist nachzulesen: „Die Menschen glauben fest an das, was sie wünschen."

Das Nachwort in eigener Sache: Die Kraft der Überzeugung widerstand den vermeintlichen Tatsachen vom Vermisstsein und der Todeserklärung. So wurde die Fahndung nach dem Vater zu einem Triumph des unerschütterlichen Glaubens an seine Existenz.

Quellen: Aphorismen. Thomas Schetter, Forst. – Zitate.at gmbh. A-2540 Bad Vöslau. – Bibel, Neues Testament. – Zu Nietzsche: Menschliches, allzu Menschliches. Ein Buch für freie Geister. Edition Holzinger, Berliner Ausgabe, 2013. – Schlag nach bei Cäsar. Nymphenburger Verlag, 2002.

Fassungslosigkeit! Es war, als hätte sich „Way down", des „Kings" letzte Single, auf merkwürdige Weise bewahrheitet, fast einer Vorahnung gleich.

Der Tag, als Elvis Presley starb

Es war der 16. August 1977, ein Dienstag, und unterwegs auf der Rückfahrt von Küssaberg am Hochrhein nach einem Besuch bei Peter Otto Gern in Richtung Düsseldorf. Das Wetter um Freiburg im Breisgau wusste nicht, was es wollte. Keine 20 Grad. Immer wieder schoben sich dunkle Wolken vor die Sonne. Hin und wieder Regentropfen. Eingeschaltet das Autoradio: Südwestfunk Baden-Baden. Eben noch war der Welthit „Yes Sir, I can Boogie" des spanischen Disco-Duos *Baccara* über den Äther gegangen, Unterbrechung des Programms. Die Eilmeldung: „Elvis ist tot! Gestorben an Herzversagen auf seinem Anwesen Graceland in Memphis, Tennessee." Erste Reaktion: Fuß vom Gaspedal, ausrollen zum Parkplatz. Fassungslos. Der Sender blieb an. Geändert das Programm nun ausschließlich auf Elvis. Ein Song reihte sich an den anderen. Am 8. Januar gerade erst 42 geworden – und dann *das*. Keine Phrase, es ging unter die Haut. Noch im Frühjahr hatte der „King", fast einer Vorahnung folgend, „Way down" aufgenommen, den „Weg nach unten". Lange, sehr lange verharrte ich auf dem Parkplatz.

Treffen im Weißen Haus, Washington: Elvis und Präsident Richard Nixon.

Schallplatten aus dem Fenster geworfen

Der Senkrechtstarter aus Tupelo im Lee County, Mississippi, Jahrgang 1935, war Teil meiner Jugend und wirkt noch heute nach. Der DDR-Führung einst ganz und gar nicht genehm, was auch für die *Beatles* zutraf. „Folgerichtig" sollte dieser Presley verunglimpft werden. Das besorgte die *Junge Welt*, das Zentralorgan der *Freien Deutschen Jugend* (FDJ): „Sein ‚Gesang' glich seinem Gesicht: dümmlich, stumpfsinnig und brutal. Der Bursche war völlig unmusikalisch (...) und röhrte wie ein angeschossener Hirsch, nur nicht so melodisch." Unsere Mutter muss das übrigens ähnlich empfunden haben. Unvergessen ihr „Fensterwurf" der teuer erworbenen Schallplatten. Zum Glück fielen sie auf den Wiesenstreifen auf der Wohnungsseite zur Hermann-Löns-Straße mit der Kaserne der Roten Armee. Fortan versteckt im Bücherschrank, kamen die Singles zum Einsatz, wenn allein daheim: Dann die Fenster sperrangelweit auf und volle Lautstärke „Heartbreak Hotel". Unversehens versammelten sich die russischen Soldaten am Drahtzaun, bis ein gestrenger *Serschant,* der Unteroffizier, seine „Iwans", wie wir sie nannten, in die Kaserne kommandierte.

Umgeben von Verehrerinnen. Vom Glück, ein Autogramm zu ergattern.

Lebensgefühl der Nachkriegsjugend

Überschäumende Begeisterung, wo auch immer Elvis auftrat: Gleich ob als „Elvis the pelvis" wegen des ihn so kennzeichnenden Hüftschwungs zu „Jailhouse Rock" oder einfühlsam mit „Love me tender", der romantischen Ballade aus dem Jahr 1861. Unzweifelhaft (und das aus eigenem Erleben), dass er eine Art von „Bewegung" auslöste, ein noch nicht definiertes Lebensgefühl der Nachkriegsjugend. Zumindest jedoch eine Protestkultur, stärker ausgeprägt im Osten als im Westen, dem deutschen Wirtschaftswunderland. Das ließ sich im Osten schon an den Äußerlichkeiten erkennen: Haarschopf mit cremeartiger Brillantine gepflegt, Tolle à la Elvis, Blue Jeans, schwarzweiß das Schuhwerk, schwarz die Lederjacke. Verehrt zugleich jugendliche Filmhelden. So *James Dean*

(1931-1955) mit „Denn sie wissen nicht, was sie tun" und „Giganten". Auch der sieben Jahre ältere *Marlon Brando* (1924-2004) mit „Endstation Sehnsucht" und „Faust im Nacken". Elvis Presley und diese beiden, das machte die „Sache" für mich und meine Freunde so richtig rund.

Übrigens, spätestens gegen Ende der 1960er Jahre war bei der Mutter ein bemerkenswerter Sinneswandel feststellbar und hiermit gern noch einmal

Ein Poster von 1962 zum Film der „Girls".

erinnert: Elvis gefiel ihr nun ganz außerordentlich – bis zur Schwärmerei. Im Besonderen ausgelöst vom Song „In The Ghetto". Anrührend der Inhalt: Das von einer weinenden Mutter erzählende Lied schildert die Armut in einem Ghetto in Chicago und vom Wegschauen der Gesellschaft. Ihr Sohn war auf die schiefe Bahn geraten und erliegt bald einem gewaltsamen Ende. Elvis verstand dieses Lied als Appell, vorgetragen mit warmer und gefühlsbetonter Stimme, bei anzutreffendem Elend nicht wegzusehen. Der Song war in Deutschland ein Nummer-eins-Hit, wofür er zudem für verkaufte 500 000 Singles eine „Goldene Schallplatte" erhielt.

Des Sängers Sprengkraft

Bei fast jedem sich anbietenden Jahrestag des Gedenkens an den berühmten Sohn aus bescheidenen Verhältnissen in den unterschiedlichsten Medien ein Thema, auch unter dem Aspekt der wissenschaftlichen Auf-

Das Grab im Meditationsgarten Graceland, Memphis, Tennessee.

arbeitung, wie beispielsweise an der Freien Universität Berlin. In der Veröffentlichung von 2007 unterstrichen die Verfasser des Beitrags „Vor 30 Jahren starb Elvis" unter anderem: „Auch in Deutschland wurde der Rock 'n' Roll zum Vorbild einer Generation von halbstarken Rebellen, die sich dem Muff der 50er Jahre widersetzten." Und: „Die Halbstarken in West und Ost hatten zwar keine expliziten

politischen Inhalte, aber einiges an subversiver Kraft." Und weiter. „Der junge Elvis scheint eine Sprengkraft besessen zu haben, die nicht so einfach zu integrieren war."

Ein Symbol der guten Laune

Jimmy Carter über Elvis: Ein Symbol.

US-Präsident *Jimmy Carter,* seit dem 20. Januar 1977 im Amt, würdigte auf bewegende Weise am 17. August den tags zuvor so unerwartet Verstorbenen: „Elvis Presleys Tod nimmt unserem Land ein Stück von sich selbst. Er ist einzigartig und unersetzlich. Mehr als 20 Jahre ist es her, als er in eine Szene platzte mit einer Wirkung, die es bis dahin noch nie gegeben hatte und die es wohl auch nicht mehr geben wird. Seine Musik und seine Persönlichkeit, die Zusammenführung von weißer Country-Musik und schwarzem Rythm & Blues, veränderten für immer das Antlitz der amerikanischen Kultur. Er hatte eine riesige Anhängerschaft, und er war für Menschen auf der ganzen Welt ein Symbol für die Vitalität, die Aufsässigkeit – und die gute Laune seines Landes."

Forscher auf den deutschen Spuren

Der Blick auf Elvis' Ahnentafel offenbart eine interessante Vielfalt. Die Vorfahren stammten mit großer Wahrscheinlichkeit aus Westeuropa. Väterlicherseits von deutschen, vermutlich auch von schottischen Einwanderern. Mütterlicherseits wiederum von irischen und französischen Emigranten. Eine der Urururgroßmütter namens „Morgentaube" (Morning Dove), Tochter von William Mansell (1795-1842), soll vom Stamm der

Indianische Wurzeln: Sängerin Cher, Cherilyn.

Cherokee, deutsch Tscherokesen, gewesen sein – so recherchiert vom Autor Fred L.Worth: *Elvis: His Life from A to Z*, erschienen im Verlag Random House, 1992. Die Tscherokesen sind noch heute das größte indigene Volk Nordamerikas. Das

Eine junge Musikantin vom Stamm der Tscherokesen.

Siedlungsgebiet der Ureinwohner, in Kanada *First Nations* genannt, reichte ehemals vom Ohio River bis in die derzeitigen US-Bundesstaaten Georgia und Alabama. Auf indianische Wurzeln kann auch eine Reihe von Hollywood-Stars verweisen. Unter ihnen Chuck Norris, Burt Reynolds, Kevin Costner, Johnnie Depp und die scheinbar ewig junge, die singende Künstlerin Cher (Cherilyn).

Aufsehen erregte am 19. April 1999 die überregionale Tageszeitung „Die Welt" mit dem Artikel „Forscher auf den deutschen Spuren von Elvis", Autorin: Mirjam Mohr. So sollen dessen Vorfahren aus der Pfalz stammen, aus Hochstadt, gelegen zwischen Landau und Speyer. Laut der amerikanischen Ahnenforscher Donald W. Presley (!) und Edwin C. Dunn ist ein gewisser Johann Valentin Pressler 1709 mit seiner Familie ausgewandert. Aus Pressler habe sich im Laufe der Zeit der Name anglisiert zu Presler, Priesly und Presley. – Der Star und die weltweite Philatelie: Elvis auf Briefmarken. Die vielleicht berühmteste

war die von der US-Post aus dem Jahr 1992. Vor der Drucklegung konnten im Rahmen einer Umfrage 1,2 Millionen Bürger über das Motiv entscheiden: Es war der junge Elvis. Aufgelegt mit 500 Millionen Stück, wurde die Marke bis heute zur meistverkauften. Zuvor, 1988, entdeckte die Deutsche Bundespost den „King of Rock `n` Roll" neben Buddy Holly, Jim Morrison und John Lennon in der Serie „Für die Jugend".

In seinen über 30 heiteren, teilweise dramatischen Filmen („Rhythmus hinter Gittern", „Flammender Stern", „Lied des Rebellen") eiferte Elvis seinen Vorbildern nach. Es waren Marlon Brando und James Dean. Während seiner Armeezeit zur Ableistung des Wehrdienstes in Deutschland von 1958 bis 1960 fand er Gefallen an Karate, was ihm zur Leidenschaft wurde. Ausgebildet hatte ihn der Pionier dieses Sports, *Jürgen Seydel* (1917-2008). Bundespräsident Richard von Weizsäcker zeichnete ihn 1989 mit dem Bundesverdienstkreuz aus.

Weltweit verehrt. Ein Elvis-Monument in Kraków, Krakau, Polen.

Quellen: John T. Wooley und Gerhard Peters, 17.8.1977. Siehe presidency zcsb edu. Wikipedia. – Günter Ehnert: Hit-Bilanz. Deutsche Chart-Singles 1956-1980. Verlag populärer Musik-Literatur, Norderstedt. – Deutscher Wetterdienst. Historische Wetterdaten, Offenbach. Zentraler Vertrieb, Klima und Umwelt. – Mitteldeutscher Rundfunk, Leipzig. Serie Zeitreise, Beitrag Yeah, yeah, yeah. (zu Beatles und Elvis). – Fachschaftsinitiative Geschichte. Freie Universität Berlin, 2007. Beitrag Revolution rocks: Vor 30 Jahren starb Elvis. – Greil, Marcus: Dead Elvis. Die Legende lebt. Hannibal Verlag, 1997. – Rex und Elisabeth Manfeld: Elvis in Deutschland. Collectors Service Verlags- und Vertriebs GmbH, Bamberg, 1981. – Elaine Dundy: Elvis und Gladys. Littlehampton Book Services Ltd, 1985. – Walter D. Kamphoefner: Elvis and other Germans. Some Reflections and Modest Proposals on the Study of Ferman-American Ethnicity, 2009. In Cora Lee (Hrsg.): Path Crossing, Essays in German-American Studies. Peter Lang, 2010.

Schicksalsjahr 1977: Abschied von den die Zeit prägenden Persönlichkeiten

GROSSE NAMEN

Carl Zuckmayer. *1896. Schriftsteller: „Der fröhliche Weinberg", „Hauptmann von Köpenick", „Des Teufels General". Autobiographie: „Als wär's ein Stück von mir".

Josef „Sepp" Herberger. *1897. Fußballspieler. Reichstrainer (1936-1942); Bundestrainer (1950-1964) der deutschen Mannschaft. Höhepunkt 1954: Titel der Weltmeisterschaft: „Wunder von Bern".

Ludwig Erhard. *1897. Politiker, Wirtschaftswissenschaftler (Soziale Marktwirtschaft), Bundeskanzler (1963-1966). Vater des deutschen „Wirtschaftswunders". Sein Kennzeichen war die Zigarre.

Ludwig Erhard, der zweite deutsche Bundeskanzler nach Konrad Adenauer.

Wernher von Braun. *1912. Deutscher und nach dem Zweiten Weltkrieg US-amerikanischer Raketeningenieur. Wegbereiter der Raketenwaffen und der Raumfahrt. NASA: Mondlandung 1969.

Maria Callas. *1923. Weltberühmte Sopranistin. Griechisch-amerikanische Opernsängerin. Gewürdigt als „die Unerreichte", *Primadonna assoluta*.

Bing Crosby. *1903. US-amerikanischer Schauspieler und Sänger, Bassbariton. Weltberühmt geworden: „White Christmas", meistverkauftes Lied aller Zeiten.

Charles Spencer „Charlie" Chaplin. *1889. Britischer Komiker, Schauspieler, Regisseur, Drehbuchautor, Filmproduzent. Erster Weltstar des Kinofilms mit „Tramp", gedreht 1917. Mitbegründer der erklärten „Traumfabrik Hollywood".

Maria Callas, weltberühmte Sopranistin.

Die Fußballweltmeisterschaft. Die Junta und die Montoneros.
„Argentinisches Tageblatt" in Buenos Aires. Die Kontaktaufnahme.

Argentinien international im Blickpunkt

Es war das Jahr Argentiniens, 1978. Für die Enthusiasten um das Spiel mit dem runden Leder das absolute Spitzenereignis: die Fußballweltmeisterschaft im Juni. Noch nie hatte mich das Treiben auf dem grünen Rasen derart fasziniert. Ausschlaggebend hierfür war die Kampfeslust der Argentinos, schon zu erleben in der ersten Begegnung: 2:1 gegen die Ungarn. Für mich völlig klar: Wer so zu stürmen verstand, der konnte, nein – der musste einfach Weltmeister werden. Unvergessen *Luis César Menotti,* der Trainer, der Kettenraucher, am Spielfeldrand ruhig auf und ab gehend; stets höchst beherrscht, immer elegant gekleidet mit Anzug und Krawatte. Und dann die Bestätigung meiner „Vorausschau": Im Estadio Monumental Riverplate Buenos Aires bezwang Argentinien die Niederlande mit 2:1. Zudem von dieser WM in Erinnerung geblieben ist das Zwischenrundenspiel Österreich gegen Deutschland, eingegangen in die deutsche Fußballhistorie als die „Schmach von Córdoba". Für die Alpenrepublikaner war es das „Wunder", geschehen im Estadio Olímpico der Millionen-Metropole, mit dem 3:2.

Der Cabildo von 1726 in Buenos Aires, einst Regierungssitz des Vize-Königreichs.

Der Mündungstrichter des Paraná in den Atlantischen Ozean: Río de la Plata.

Da lohnt ein Blick zurück, wie dicht sich Schmach und Wunder begegnen können. Es war 1974 im Hamburger Volksparkstadion, als Deutschland West, Bundesrepublik, in der Zwischenrunde auf Deutschland Ost, DDR, traf. Das überraschende Ergebnis: 0:1. Torschütze war *Jürgen Sparwasser* vom FC Magdeburg. Selbst hatte ich den sensationellen Sieg nicht für möglich gehalten, wettete dennoch gegen die vor dem Bildschirm versammelten Andersdenkenden um fünf Flaschen Sekt. Und das eigentlich nur „aus Daffke", berlinisch für Spaß an der Freude. Die Niederlage war übrigens fürs Endergebnis ohne Belang: Die West-Mannschaft, Trainer *Helmut Schön,* überwand die starken Niederländer mit 2:1 im Münchner Olympiastadion. Das war am 7. Juli 1974, ein Sonntag, als *Sepp Maier* seinen Ruf als weltbester Torhüter begründete. Tags darauf schwärmte die in Spanien landesweit erscheinende Montagszeitung „Hoja del Lunes": „Deutschland, ein Hurrikan – Maier ein Koloss!"

Übrigens, im Verlauf der legendären TV-Übertragung des Spiels BRD-DDR, verfolgt im Redaktionsraum von *frau aktuell*, der Hauskonkurrenz von *Echo der Frau* (Verlag Welt am Sonnabend) war mir eine am Türpfosten lehnende erfreuliche Erscheinung aufgefallen: Blond das lange Haar, blau die Augen, blau die Jeans, aus einem blau gemusterten Stoff das kleidsame Oberteil mit orientalischen Ornamenten. Nicht zu ahnen war, dass ich mich mit ihr sechs Jahre später im Standesamt zu Rosdorf-Settmarshausen nahe Göttingen einfinden würde.

Zugetan: Dorothea und Sabine.

Udo und die Nationalelf

Musikalisch eingeläutet worden war das argentinische Jahr 1978 von keinem Geringeren als *Udo Jürgens* (1934-2014), dem Grandseigneur der in die Tiefe gehenden und Emotionen weckenden Lieder deutscher Sprache – mit „Buenos días, Argentina". Aufgenommen hatte er den Song mit der mehr oder weniger stimmgewaltigen Nationalelf, zu der neben anderen Berti Vogts, Bernd Hölzenbein, Rainer Bonhof, Dieter Müller und Karl-Heinz Rummenigge zählten. Das Lied wurde zu Udos größtem Erfolg, auch finanziell: 500 000 Platten, ein Kassenschlager.

Mit nunmehr 37 setzte schlagartig die Erinnerung an die Lesefreuden der Jugend ein, an *Karl May* (1842-1912) und an die fiktive Gestalt *Winnetou,* Häuptling der Mescalereo-Apachen, angesiedelt im Südwesten der frühen Vereinigten

Udo Jürgens und der Hit zur Fußball-WM.

Staaten. Im südamerikanischen Bereich waren es die Romane „Am Río de la Plata" und „In den Cordilleren". Die in den beiden Bänden geschilderten Ereignisse beinhaltet die Suche nach einem geheimen Schatz der Inkas. Die an Abenteuern reiche Reise führte von Montevideo, Uruguay, nach Buenos Aires, Argentinien, und weiter nach Corrientes am Río Paraná, der im 220 km breiten und 290 km langen Mündungstrichter, dem Río de la Plata („Silberfluss"), nach 3 200 Flusskilometern im Atlantik aufgeht. Erinnerungen an die einst im Licht der Taschenlampe unter der

Zum Endspiel am 25. Juni 1978: Argentinien in Blau, die Niederlande in Orange.

Argentiniens Nationaltrainer César Menotti. Weltbester Torwart Sepp Maier aus Bayern. Der Magdeburger Torschütze Jürgen Sparwasser von der DDR-Mannschaft.

Bettdecke „verschlungene" Lektüre waren das eine, Faszination und immerwährendes Fernweh das andere. Für einen im Osten Deutschlands Aufgewachsenen nicht untypisch, da Reisen bestenfalls nur in die so genannten „sozialistischen Länder" des von Moskau dominierten Ostblocks möglich waren.

Der hilfreiche Señor Pellegrini

Jetzt nun, 1978, sammelte ich alles, was sich an Informationen über Argentinien anbot; selbst die Botschaft Argentiniens in Bonn nicht auslassend. Kultur-Attaché *Eduardo A. Pellegrini* schickte eine kleine Broschüre – mit dem Bedauern, mit mehr momentan nicht dienen zu können: „Infolge der Fußball-Weltmeisterschaft ist unser Touristikmaterial vollkommen ausgegangen. Wir warten dringend auf Nachschub." Eine derartige Nachfrage nach Land und Leuten habe er noch nie erlebt. Mein Interesse am zweitgrößten Land des Subkontinents nach Brasilien muss Señor Pellegrini bewogen haben, auch hilfreiche Adressen zu vermitteln, „da beruflich als Journalist spezialisiert", wie er annahm. Das waren das „Intergovermental Commitee for European Migration" in Bad Godesberg (Bonn) und das Konsulat in Düsseldorf. Und der interessanteste Hinweis auf die in deutscher Sprache herausgegebene Zeitung, das „Argentinische Tageblatt", Diario Argentino.

Noch während der Fußball-WM deckte ich mich mit weiterem Wissenswerten übers riesige Territorium zwischen Anden und Atlantik ein. Bald rundete sich das Bild: Was für ein Land! Von reicher Kultur, bewirkt durch die um 1880 beginnende Einwanderung von Italienern, Spaniern und Portugiesen. Schon 30 Jahre zuvor waren es Deutsche und Schweizer, die Argentina, die Republik, aus den unterschiedlichsten Gründen für sich entdeckten. Allein schon wegen der Nord-Süd-Ausdehnung von rund 3 700 Kilometern bis Feuerland, Tierra del Fuego, mit fast

Wenige Kilometer von Bern entfernt: Schloss Jegenstorf aus dem 12. Jahrhundert.

allen Klimazonen. Ideale Voraussetzungen für ein neues, ein die Existenz sicherndes Leben. Gegeben beispielsweise in der *Pampa*, der subtropischen Grassteppe, der von Horizont zu Horizont reichenden Region der *Gauchos*, Argentiniens Cowboys: Rinder, Pferde, schier endlose Weizenfelder.

Von magnetischer Kraft zudem Buenos Aires, das Herz unterm Wahlspruch „In Einigkeit und Freiheit – En Unión y Libertad", zugleich Südamerikas größtes Kulturzentrum. Über allem gekrönt noch von des Doppelkontinents höchsten Berg an der chilenischen Grenze, dem *Aconcagua* (6.961 m), in der indigenen Quechua-Sprache „Steinerner Wächter" genannt. Mein Fernweh war wieder geweckt. Also folgte ich der Empfehlung von Señor Pellegrini und schrieb die Zeitung an.

Anforderung des Werdegangs

Kern der gewünschten Kontaktaufnahme war der Wunsch des persönlichen Kennenlernens zwecks eines Porträts des seit 1874 bestehenden Verlagshauses, gegründet vom Schweizer Einwanderer *Johann Alemann* aus Jegenstorf bei Bern. Zum anderen schwang die Überlegung mit, vielleicht einen beruflichen Wechsel nach Buenos Aires ins Auge zu fassen. Das hatte der Adressat durchaus erkannt und antworte umgehend im Juli, kaum dass die Fußball-WM vergangen war. Der Angeschriebene, das war *Dr. Roberto T. Alemann,* Jahrgang 1922. Erbeten der berufliche Werdegang. Den wiederum bald bestätigt mit dem Kompliment, „dass Sie

206

eine volle journalistische Laufbahn hinter sich haben." Das schmeichelte, zugegeben, da beurteilt von einem in Argentinien weithin Angesehenen als Politiker, Rechtsanwalt, Journalist, Zeitungsverleger und mehrfacher Buchautor, unter anderem 1996 mit den Erinnerungen „Recordando a Kennedy".

Bedenken von Gutmeinenden

Ursprünglich wollte er mir entgegenkommen, vorgeschlagen Zürich als Treffpunkt, was aber an Terminschwierigkeiten scheiterte. Den Vorschlag, selbst nach Buenos Aires zu reisen, nahm ich mit Freuden an. Am 21. November 1978 dann der 12 000-Kilometer-Flug von Düsseldorf über Amsterdam und Rio de Janeiro in Richtung der Kapitale am Río de la Plata. Zeit genug, um alles gedanklich zu bewegen, was ich übers Land mit den einst vermeintlich reichen Silbervorkommen wusste. Argentina, entlehnt vom lateinischen argentum fürs Edelmetall, so genannt von den spanischen Eroberern, den Conquistadores. Zuvor war der Italiener *Amerigo Vespucci* (1454-1512), der seefahrende Kaufmann, Navigator, Entdecker und Erforscher der südamerikanischen Ostküste in portugiesischem Auftrag, bereits vor Ort. Er wurde zum Namensgeber für *Amerika,* den Doppelkontinent, abgeleitet von seinem latinisierten Namen: *Americus Vespucius.*

Amerigo Vespucci, der Namensgeber für Amerika.

Stadt-Guerilla, Militärs und die Politik

Im Vorfeld der der Reise fehlte es nicht an Warnungen von Gutmeinenden, die sich auf einen Kommentar im Ersten Fernsehprogramm (ARD) zum Zeitpunkt der Fußball-WM bezogen. Die Passage im Originaltext: „Während Präsident Videla hier friedlich redet, fließt das Blut durch die Straßen Argentiniens." So zitiert im „Zeitgeschehen"-Artikel des Nachrichtenmagazins DER SPIEGEL Nr. 21/2014. Ich hielt das damals für übertrieben. Oder wollte es nicht glauben. Ich wusste von der Militärdiktatur, der Junta, bestehend aus den Oberbefehlshabern von Marine, Heer und Luftwaffe. Noch im Jahr zuvor, im September 1977, war General und Staatschef *Jorge Videla* von Präsident *Jimmy Carter* im „Weißen Haus" in Washington empfangen worden. Zu dieser Zeit standen im Mittelpunkt der US-Politik die sich anbahnende Revolution in Nicaragua gegen den Somoza-Clan; ebenso die Folgen des Militärputsches von 1973 in Chile, angeführt von Augusto Pinochet, der Präsident Salvador Allende stürzte. Kompromisslos allerdings hatte die Junta den so genannten *Montoneros,* den Kampf angesagt. Es handelte sich um die berühmt-berüchtigte Stadt-Guerilla von Buenos Aires. Sie galt nach bürgerkriegsähnlichen Zuständen als zerschlagen. Deren Schlachtrufe „Venceremos – wir werden siegen" hatten sich somit ins Gegenteil verkehrt, spektakuläre Aktionen ihr Ende gefunden. Attentate auf Politiker, Polizisten und Soldaten waren an der Tagesordnung; auch schwere Räubereien, Bank-überfälle und Lösegelderpressungen. In einem Fall 60 Millionen US-Dollar und nachträglich noch einmal 1,2 Millionen für Kleidung und Lebensmittel, verteilt in den Armenvierteln von Buenos Aires. Waffen wiederum beschafften sie sich aus den Arsenalen der regulären Armee. Hierzulande war oft von schweren Verletzungen der Menschenrechte seitens der Junta zu lesen und zu hören.

Die Politik unter Kanzler Helmut Schmidt und Außenminister Dietrich Genscher hielt sich zurück. Gepflegt wurde die „stille Diplomatie", schließlich waren die wirtschaftlichen Beziehungen überaus erfreulich – und das immerhin seit 1857: Offiziell verankert im „Vertrag über Freundschaft, Handel und Schiffahrt" zwischen dem Deutschen Zollverein und der Argentinischen Konföderation. 1977, im Jahr vor der Fußball- Weltmeisterschaft, genehmigte der Bundessicherheitsrat die Lieferung von sechs U-Booten. Der Auftragswert: rund zwei Milliarden D-Mark.

Für die DDR waren Verstöße gegen das Menschenrecht kein Thema. Man bevorzugte das wirtschaftliche Zueinanderfinden. Das traf gleichermaßen für die von der Sowjetunion beherrschten sozialistischen Ostblockstaaten zu. 39 Jahre nach dem perfekt inszenierten Fußballereignis von 1978 brachte die Buchautorin *Angela Abmeier* zu Papier: „Ansonsten hatten die Deutschen wenig gemein, außer an einem entscheidenden Punkt: Bonner wie Ostberliner Diplomaten bitten um notorisches Verständnis für das Gastland und betrachten das Militärregime über alle ideologischen Grenzen hinweg als das ‚geringere Übel‘ an."

Quellen: DER SPIEGEL, Nr. 21, 2014. – Antje Krüger: Die argentinische Diktatur im Spiegel der ost- und westdeutschen Presse, dargestellt an der Berichterstattung über die Fußballweltmeisterschaft 1978. Freie Universität Berlin, Otto-Suhr-Institut. GRIN Verlag, München, 2007. – Angela Abmeier: Kalte Krieger am Río de la Plata? Die beiden deutschen Staaten und die argentinische Militärdiktatur (1976-1983). Schriften des Bundesarchivs. Droste Verlag, Düsseldorf, 2017.

Der Gruß von Udo Jürgens: Ich bin hier! Das Musical Evita. Roberto Alemann, Persönlichkeit vom Scheitel bis zur Sohle. Italien am Hafen.

Buenos días, Buenos Aires!

Es war ein gedanklicher Zeitvertreib während des insgesamt 15-Stunden-Fluges. Was würde mich erwarten? Vor Augen noch immer die Fernseh-Bilder von der Weltmeisterschaft, der sensationelle Sieg der Argentinos, der überschäumende Jubel und die ungezählten Reportagen über Land und Leute. All das wollte so gar nicht zu den in deutschen Medien publizierten Beiträgen passen; auch nicht die guten Beziehungen der Junta zum fernen Deutschland. Und im Ohr noch Udos Hit, im Besonderen die letzte Strophe: „Buenos días, Argentina! Er war lang mein Weg zu dir. Doch nun schwenk' ich den Sombrero: Buenos días, ich bin hier!"

Zeitgleich zur Fußball-WM die Uraufführung des Musicals „Evita" von Andrew Lloyd Webber am 21. Juni in London. Es handelt von *Eva Duarte* (1919-1952), der Radiomoderatorin und Primera Dama, der First Lady Argentiniens und zweite Ehefrau von Staatspräsident *Juan Perón* (1895-1974). Schon im Jahr zuvor war aus dem Studio-Album eine Single ausgekoppelt worden: „Don't cry for me, Argentina", gesungen von der Engländerin Eliane Paige. Vom Fleck weg international ein Nummer-eins-Hit. Zeilen des Songs: „Weine nicht um mich, Argentinien. Die Wahrheit ist, ich hab' dich nie verloren, durch meine wilden Tage und mein verrücktes Leben." 1996 folgte „Evita", die verfilmte Biografie mit *Madonna*

Plaza de Mayo, Platz der argentinischen Mairevolution.

Louise Ciccione, Jahrgang 1958, gewürdigt „als beste Schauspielerin in einem Musical" (Golden Globe Award). Die aus Bay City im US-Bundesstaat stammende Tochter eines Automechanikers gilt als die erfolgreichste Sängerin der Welt, vor allem kommerziell gesehen – mit einem geschätzten Vermögen von über einer Milliarde US-Dollar.

Wenn selbst ohne einen breitkrempigen Schattenspender unterwegs, um beim Beispiel Udo Jürgens

Madonna: Evita im Film.

zu bleiben, auch ich war in Buenos Aires angekommen: 21. November, ein Dienstag im späten argentinischen Frühling: Flughafen Ezeiza, Landung 13.13 Uhr Ortszeit. Passkontrolle, Visumvermerk, kein Interesse am Kofferinhalt, freundlich das „Pase, Señor!" und durchgewinkt. Am Ausgang ein Chauffeur zur Abholung bereit. Halbstündig die Fahrt nach Belgrano, einen der 48 Stadtteile von Buenos Aires, bevorzugter Wohnsitz der Bessergestellten, von Laubbäumen gesäumt die sauberen Straßen. Die Redaktion befand sich damals im Osten der Metropole nahe der Plaza de Mayo im historischen Zentrum, wo am 25. Mai 1810 nach einer unblutigen Revolution die Trennung vom spanischen Vizekönigreich Río de la Plata erfolgte. Das führte 1816 zur Gründung des Staates Argentinien.

Vom Interesse an Wortschöpfungen

Herzlich der Empfang in familiärer Atmosphäre. Begrüßt von *Dr. Eduardo Alemann,* Präsident und Seniorchef des allen Stürmen der Zeit widerstandenen Zeitungsunternehmens. Zwischendurch rutschte eine halbflügge Enkelin aufs Großvaters Schoß. Zu Tee und Gebäck gesellte sich *Roberto T. Alemann,* der zum Treffen geladen hatte – eine Persönlichkeit vom Scheitel bis zur Sohle. Die Gesprächsebene war eine besondere, eine durchaus ungewohnte, da selbst auf liebenswürdige Weise in den Mittelpunkt gerückt. Um so manches befragt, plauderte ich vergnügt aus vollem Herzen über die Zeit als Volontär und Redakteur, Höhen und Tiefen nicht auslassend.

Groß das Interesse auch an aktuellen Wortschöpfungen aus beiden deutschen Ländern zwischen Oder, Elbe und Rhein. In lebhafter Erinnerung allein schon der teilweise erzielten Heiterkeit wegen. Beispiele waren Kostenexplosion (im Gesundheitswesen), Stagflation (Stagnation und Inflation) oder Industriekultur (Denkmalpflege in Verbindung mit Industrie und Geschichte). Weiteres in Kurzform: Butterberg, Bürgerinitiative, Piktogramme, Spontis und Softies.

Präsident Juan Domingo Perón und Gemahlin Eva.

Das historische Wappen unter spanischer Herrschaft.

Im Bereich der Spöttereien schoss der DDR-Volksmund den Vogel ab. Beispiele: Arbeiterschließfächer für Wohnungen in Plattenbauten, Horch und Guck für Staatssicherheitsdienst (Stasi), Blaue Fliese stand für den 100-DM-Schein. Die Jahresendflügelpuppe sollte den Weihnachtsengel verdrängen, was nicht gelang. Und da war da noch „Erichs Krönung". Es handelte sich zu halben Teilen aus einem Mix von Kaffeebohnen, aufgehübscht mit Hülsenfrüchten und Getreidekörnern. Urheber des Gebräus war Erich Honecker, der Staatsratsvorsitzende, begründet mit Devisenmangel. Doch bei Kaffee verstanden die Leute nun wirklich keinen Spaß. Schon im Jahr darauf, 1979, war's mit dieser „Krönung" vorbei.

Im Trubel der Metropole

Tagsüber, wenn die Gastgeber ihren vielfältigen Verpflichtungen nachgingen, stürzte ich mich in den Trubel der farbenfrohen Metropole. Was damals beeindruckte, das war die Sauberkeit dieser europäischsten Kapitale auf Amerikas südlichem Kontinent. Von den Bahnsteigen der Bahnhöfe hätte man picknicken können. *La*

Volksmund: Die blaue Fliese.

Boca (spanisch der Mund), der bekannteste Stadtteil an der Einmündung des Riachuelo-Flusses in den Río de la Plata, ein Pflichtbesuch. Allein schon der vielen originellen Häuser wegen, errichtet aus dem Blech abgewrackter Dampfer, bemalt

DDR-Plattenbau in Ost-Berlin als Arbeiterschließfächer verspottet.

in Gelb und Blau mit Schiffslack. Nicht zu vergessen *La Bombonera,* die „Pralinenschachtel", mit den steil aufsteigenden Tribünen, Heimatstadion von Fußball-Superstar *Diego Maradona* (1960-2020). So gut wie alles mutet italienisch an: die vielen Restaurants, die kleinen Straßen, wo junge Maler ihre Werke präsentieren. Nicht zu schweigen von den Sälen, in denen der Tango das Geschehen beherrscht.

Eine Empfehlung: Wer Buenos Aires, die 1536 gegründete Stadt der „Guten Lüfte", ursprünglich Santa María del Buen Ayre, Schutzheilige aller zur See Fahrenden, ent-

Teatro Colon, Columbus-Theater. Südamerikas bedeutendstes Opern- und Konzerthaus seit 1908.

Caminito, Weg der Künstler, im Stadtteil La Boca.

La Bombonera mit den steil aufsteigenden Tribünen.

Shopping-Meile Florida mit Restaurants, Cafés, Teesalons bietet auf 1000 Metern alles, was gut und teuer ist. Rechts: Galerías Pacifico, das berühmte Einkaufszentrum.

decken will, der starte vom Bahnhof Retiro. Dicht das Netz der Nahverkehrszüge. Oder er nutze die „Colectivos" genannten kleinen Busse. Und an Taxis mangelt es nicht. Damals, 1978, eine wahrhaft spottbillige Beförderung aufgrund der Währungsdifferenz vom Peso zur D-Mark.

Zwischen Vergangenheit und Zukunft

Schachbrettartig angelegt, besticht die Stadt mit einer Vielzahl von Plätzen, den prächtigen Plazas, den Avenidas, den Alleen, Boulevards und den Bauwerken im Wechselspiel zwischen Vergangenheit und Zukunft. An der Plaza de Mayo, einem rechteckig angelegten Park gleichend, ist es der rosafarbene Präsidentenpalast *Casa Rosada*. Wenige Schritte weiter die Kathedrale, in der *José de San Martín* (1778-1850), der Nationalheld und Kämpfer für die Unabhängigkeit, seine letzte Ruhe fand. Der *Cabildo*, einst Regierungssitz des spanischen Vizekönigs, beherbergt das Nationalmuseum mit Gemälden, Artefakten und Pretiosen aus dem 18. Jahrhundert. Die Nationalbank wiederum beeindruckt nicht nur mit über 10 000 Tresoren, sondern mit einer achteckigen Kuppel, eine der weltgrößten.

Unweit des Bahnhofs Retiro zu finden der Stadt schönste Shopping-Meile, berückend schmal und tausend Meter lang: Es ist die *Calle Florida*, sie bietet alles, was gut, exklusiv und teuer ist. Die elegante Fußgängerzone säumen dicht an dicht die unterschiedlichsten Läden, Boutiquen, Bars, Restaurants, gekrönt noch mit dem berühmten Einkaufszentrum, den *Galerías Pacifico*. Von besonderer Art ist die Architektur, marmorn die Säulen, holzverkleidet die Portale und mit Fresken von Künstler des Landes eingefasst die Kuppel über den drei Stockwerken. Auch hier hat der Tango eine Heimat, wenn er nicht gerade auf dem kunstvoll gestalteten Gassenbelag zelebriert wird. Und das im Beisein von Komödianten und „lebenden Statuen": Männer und Frauen in scheinbar erstarrter Bewegungslosigkeit, Illusionen und Phantasien beflügelnd.

Das Tigre-Delta, ein Höhepunkt

Einer der Höhepunkte der argentinischen Tage war der Ausflug mit der Alemann-Familie ins Naherholungsgebiet der Hauptstädter, ins *Tigre-Delta*. Es befindet sich im Gebiet des vielarmigen und breit gefächerten Labyrinths des in den Río de la Plata mündenden Río Paraná. Nach dem Amazonas (6 992 km) ist der im Süden Brasiliens entspringende Strom (4 880 km) Südamerikas zweitlängster. Dr. Roberto Alemann navigierte mit eigenem Boot durch die Schönheiten der dschungelartigen Natur – vorbei an Häusern auf Stelzen als Schutz vor dem alljährlichen Hochwasser, wenn sich die heranströmenden Fluten den Weg in den Río de la Plata bahnen. Vorbei an mancher der über tausend kleinen Inseln mit den schmucken Residenzen betuchter Städter. Gesäumt zudem das Deltageflecht von Stegen und Anlegern zu Restaurants, Bars und Country-Clubs.

Das Tigre-Delta im Labyrinth des in den Río de la Plata mündenden Paraná.

Unter schattigen Bäumen schließlich der rustikale Hochgenuss: *Asado,* auch Parrillada genannt: Gegrilltes vom Rind, dazu Salat, Brot und Rotwein. Die Viehhirten, die Gauchos der Pampa, waren es, die schon um 1800 ihre Mahlzeiten „à la cruz" über einem Kreuzstück aus Metall über dem offenen Feuer zubereiteten, später über der Parrilla, einem Drahtgitter. Und *Mate,* der Paraná-Tee, aus kleingeschnittenen Blättern des gleichnamigen Strauches, war damals das Getränk gegen den Durst.

Die Gauchos, übrigens, sind die Nachkommen früher Einwanderer aus Portugal und Spanien. Sie teilten sich gleichsam in Harmonie die schier endlosen Grassteppen mit den *Indigenas,* den Ureinwohnern. Mit der Verschmelzung beider Kulturen trug das zur Entstehung des argentinischen Nationalgefühls in hohem Maße bei.

Gauchos: Argentiniens Cowboys.

Die getanzte Leidenschaft
TANGO ARGENTINO

Die gewaltige Einwanderungswelle von 1865 bis 1895 brachte ihn hervor, den *Tango argentino,* nicht zu vergleichen mit dem Standard-Tango mit den Regeln des internationalen Turniertanz-Programms. Was sich einst in Buenos Aires, Rosario und Montevideo, den großen Hafenstädten am Río de la Plata, zu einer Identität zu formen begann, das war der Tanz eines zur Nation gewordenen Volkes, einem Schmelztiegel gleich. Millionen Einwanderer aus aller Welt, vornehmlich aus Europa, bereicherten Argentiniens Kultur. Musik und Gesänge der Italiener, Spanier, Portugiesen, Polen, auch der Deutschsprachigen, vermischten sich mit

heimischer Folklore. Und irgendwann war er plötzlich gegenwärtig, der Tango (von lateinisch tangere/tango; ich berühre), zuerst vermutlich in *La Boca,* dem Hafenviertel von Buenos Aires – dem Stadtteil, wo sich in der Mehrzahl Genueser, Neapolitaner und ebenso Andalusier angesiedelt hatten. Zur typischen Begleitmusik empfahl sich das mit Knöpfen versehene *Bandoneon.* Vorläufer im 19. Jahrhundert war die „Concertina" vom Instrumentenbauer Carl Zimmermann aus Carlsfeld im oberen Erzgebirge bei Eibenstock. Weiterentwickelt schließlich vom Musiklehrer Heinrich Band aus Krefeld am Niederrhein.

German Cornejo und Gisela Galeassi, ein berühmtes argentinisches Tango-Duo.

Tango, das ist der Ausdruck von Leidenschaft und Melancholie, auch von Heimweh, enttäuschter Liebe, Schmerz, Trauer und Not. Einer der ersten berühmt gewordenen Titel bezog sich beispielsweise schon 1888 auf Letzteres: „Da me la plata – gib mir das Silbergeld!" Tango, das ist Individualität, weiterentwickelt seit nunmehr 150 Jahren. Für manchen zudem eine Art von Machismo genannten Männlichkeitskult: *Er* dirigiert *sie* per Blickkontakt. Und das ganz ohne Regeln. Ein Kulturgut, dem in Argentinien keine Grenzen gesetzt sind.

Der Bühnenautor, Schriftsteller und Komponist *Enrique Santos Discépolo* (1901-1951) benannte das Außergewöhnliche mit diesen Worten: „Der Tango ist ein trauriger Gedanke, den man tanzen kann."

Mehrmals verboten die Zeitung. Attentat und Bombenanschlag. Boykott von Anzeigen. Treu der republikanischen Linie. Problematik Falkland-Inseln.

Schweizer Querschädel – und manches Bekenntnis

Die Abende im Hause Alemann waren geprägt von der aktuellen Situation diesseits und jenseits des Atlantiks, von Argentinien und Deutschland; auch von Bewunderung fürs ferne Alemania, wirtschaftlich und politisch. Gerühmt die konsequente Haltung des seit 1974 amtierenden Bundeskanzlers Helmut Schmidt gegen den Terror der linksextremistischen RAF, der Rote-Armee-Fraktion: „Der Staat muss darauf mit der notwendigen Härte antworten." Nach der Entführung des Arbeitgeberpräsidenten *Hanns Martin Schleyer* (1915-1977) war die Freilassung

Im Mai 1961 traf US-Präsident John F. Kennedy Dr. Roberto Alemann, Argentiniens Wirtschaftsminister.

von Gesinnungsgenossen gefordert worden. Der Kanzler lehnte ab – in Übereinstimmung mit der gesamten Regierung, der Opposition und den Sicherheitsbehörden. Für den hanseatischen Politiker war es die schwerste Entscheidung seines Lebens, wie er später bekannte. Am 18. Oktober erschoss die RAF den 62-jährigen Manager und Wirtschaftsfunktionär nahe Mülhausen (Mulhouse) im Elsass.

Eine explosive Lage

Der Terroraktionen in Deutschland schlugen den Bogen zu den Erfahrungen der Alemann-Familie mit den Montoneros in ganz eigener Sache. Es war das Attentat auf Juan, den Bruder von Roberto Alemann. Als sich der damalige Finanzstaatssekretär auf dem Heimweg befand, fielen Schüsse. Über 100 Kugeln durchsiebten sein Auto. Das Wunder: Er blieb unverletzt. Das Privathaus wiederum war Ziel eines Bombenanschlags. Enorm der Sachschaden. Juan Alemann hielt mit seiner Einschätzung explosiven Lage nicht hinterm Berg: „Die meisten von ihnen waren Terroristen. Die musste man bekämpfen." Die These, dass es ein Kampf gegen Andersdenkende war, die stimmte einfach nicht. So gesagt noch nach 28 Jahren in einem Interview mit dem Journalisten Oliver Wegner, veröffentlicht im Beitrag „Durchschnittsalter: über 70" am 7. Januar 2006, taz-die Tageszeitung. Archiv.

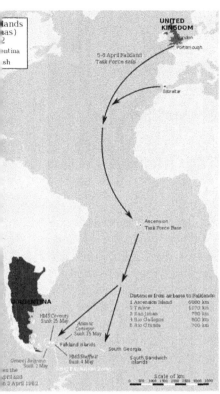

Seekarte: Großbritannien und die Falkland-Inseln.

Wunder des Überlebens

Leicht war es eigentlich nie für die „Schweizer Querschädel" aus dem Berner Umland, wie sie sich selbst gern nennen. Ihre Zeitung wurde wegen ihrer republikanischen Grundhaltung mehrfach verboten. Wegen ebendieser rief das nach 1933 sogar deutsche, den Nationalsozialisten nahestehende Unternehmen auf den Plan. Deren Waffe: Boykott von Anzeigen. Schon damals kam es zu Bombenattentaten auf den Verlag. Redakteure wurden auf offener Straße von Schlägerbanden angegriffen. Argentinien durchlebte hautnah das in die Geschichte eingegangene „berüchtigte Jahrzehnt" (década infame) ob der illegitim eingesetzten Regierungen und des zunehmenden Einflusses faschistisch agierender Militärkreise. Seniorchef Dr. Eduardo Alemann, 1978 im rüstig-aktiven Alter von 85, angesprochen auf das Wunder des Überlebens: „Dass wir einen ebenso unerbittlichen wie kompromisslosen Kampf gegen das Hitler-Regime geführt haben, und dass wir stets unserer republikanischen Linie treu geblieben sind." Dann war noch die galoppierende Hyperinflation der 1970er Jahre. Manche Konkurrenz des „Argentinischen Tageblatts" blieb auf der Strecke. Unschlagbar dennoch der Optimismus von Dr. Roberto Alemann: „Es ging irgendwie weiter – wie es in Argentinien immer irgendwie weitergeht." Recht behalten hat er, der Professor für Wirtschaftspolitik, der spätere Wirtschaftsminister in den Jahren von 1960/61 und Botschafter in den USA zu Zeiten von John F. Kennedy.

Plaza Islas Malvinas: Ort des Gedenkens an die Gefallenen in Ushuaia im Süden Argentiniens.

217

Unvergessen geblieben das Kompliment von Juan, dem Bruder, per Adresse an die Bundesrepublik Deutschland im Vergleich zur Junta: „Die Offiziere", meinte er, „verstehen ja eine ganze Menge. Bezüglich der Wirtschaft aber brauchten wir hier einen Helmut Schmidt, der uns den wirtschaftlichen Laden in Schwung bringt."

Die Malwinen, ein großes Thema

Abendfüllend ein weiteres Thema: die *Falkland-Inseln* im Atlantik, deutsch Malwinen, spanisch Islas Malvinas. Die Geografie: 661 km entfernt von Ushuaia (Tierra del Fuego), der südlichsten Stadt Argentiniens, und 1 913 km von

Präsident und General Leopoldo Galtieri.

Buenos Aires. Wechselvoll die Geschichte: mal französisch (1764), mal kurzfristig britisch (1766), dann Übergabe an das spanische Vize-Königreich Río de la Plata. Nach der Revolution gegen die spanische Krone gehörten die Inseln zum 1816 gegründeten Staat Argentinien. 1833 etablierte das Vereinigte Königreich unversehens einen Flottenstützpunkt und nahm die Überseeinseln widerrechtlich in Besitz. Mehr noch, die Weltmacht entledigte sich zwangsweise der argentinischen Inselverwaltung. Seitdem, Stand 1978, schwelte die Auseinandersetzung um den Besitz des Archipels der 200 Inseln. Im Zusammenhang dieses Sachverhalts ließ Dr. Roberto Alemann Verständnis für das noch in Deutschland verbreitete Bedauern über die „Gebietsverluste nach dem Zweiten Weltkrieg" erkennen.

Erinnerung an den Falkland-Krieg von April bis Juni 1982: Übung der britischen Artillerie.

Die komplizierte Situation

Dass die Junta unter der Führung von General *Leopoldo Galtieri,* dem Staatspräsidenten, 1982 die „Wiedergewinnung" der Malvinas im doppelten Sinn in Angriff nehmen sollte, war 1978 kaum zu vermuten. Auch nicht von Dr. Roberto Alemann, der im Dezember 1981 zur Bewältigung der immens hohen Inflation wieder das schwierige Amt des Wirtschaftsministers übernommen hatte. So bekannte er in einem Schreiben an mich vom 3. Mai 1982, dass „inmitten des Malvinen-Konflikts die Situation noch komplizierter geworden ist". Und zum Falkland-Krieg: „Eine solche Erfahrung hatten wir hier bislang noch nicht gesammelt." Was ihm seinerzeit als Minister blieb, war der Versuch, die wirtschaftlichen Folgen des verlorenen Krieges zu begrenzen, was ihm gelang. Und noch eines: Der Militärschlag führte zum Sturz der Junta und bahnte den Weg zu einer neuen Demokratie. Den Anspruch allerdings auf die Inselgruppe behielt sie bei.

Hauptort der Malwinen: Stanley, einst Puerto Argentino.

Bewegung kam in den Zwist 2016, ausgelöst von der UN-Commission on the Limits oft the Continental Shelf, den Grenzen des kontinentalen Festlandsockels, verbunden mit dieser Rechtsauffassung: Argentiniens Gewässer schließen die Falklandinseln mit ein. Prompt die Entgegnung aus Stanley, dem Hauptort: Die Vereinten Nationen *dürften* nicht über umstrittene Gebiete entscheiden. Der Ausgang damit wieder offen.

Wappen der Falklands.

Im Widerstreit: Dafür oder dagegen

Am 29. November 1978 waren sie vorbei, die ereignisreichen Tage und Abende in Buenos Aires. Rückflug nach Deutschland und damit genügend Zeit für zu ordnende Gedanken und Gefühle. Und das im beginnenden Widerstreit fürs Dafür oder Dagegen, einen neuen Anfang anzugehen. Der Verstand war dagegen, das Gefühl dafür.

Mit Buenos Aires, der Metropole von schönster europäischer Anmutung, hatte ich etwas erfahren, was mir lag, sehr sogar: Das Moderne zwischen Kultur und bewegender Historie – und die Einwohner, die *porteños*, abgeleitet von *del puerto*, vom Hafen. Vielleicht manches zu subjektiv gesehen und somit erklärbar – unterm strahlend blauen Frühlingshimmel am Río de la Plata. Dennoch unterschwellig Bedenkliches suchend, geschuldet der negativen Berichterstattung in Deutschland. Und trotzdem, es war wie eine Liebe auf den ersten Blick. Reizvoll die Vorstellung, hier fürs „Argentinische Tageblatt" tätig zu sein, für eine Verlegerfamilie von so

In Reih und Glied: Pinguin-Parade. Auch im Wappen des britischen Antarktis-Territoriums.

beeindruckend gewinnender Art, Persönlichkeiten allesamt. Doch letztlich überwog der Verstand. Als alleinerziehender Vater einer inzwischen elf-jährigen Tochter, nunmehr bereits im zweiten Schuljahr auf dem Düsseldorfer Humboldt-Gymnasium und das mit guten Noten, erschien der Wechsel bedenklich, zu abrupt. Nicht absehbar zudem die weitere Entwicklung der politischen Lage. Andererseits noch heute absolut sicher: Wenn damals allein, ich wäre geblieben.

Vor Jahr und Tag gelang dem Berliner *Horst D. Tschadow,* langjähriger Mitarbeiter und Verfasser großer Reiseberichte für die Magazine *VIF Gourmet-Journal* und *Savoir-Vivre,* eine Überraschung mit wahrhaft Gewichtigem. Es war ein Werk umwerfenden Formats: „Argentina" mit den Maßen 36 x 26 cm. Hinreißend bebildert mit rund 360 Motiven auf 300 Seiten, herausgegeben vom Staatssekretariat für Tourismus. Somit wieder vor Augen das Sehnsuchtsziel. Es war mit einem der Heimatstadt

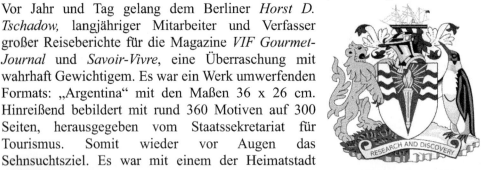

gewidmeten Wort von *Jorge Luis Borges* (1899-1986) versehen, dem Begründer des „Magischen Realismus", dem Autor vieler phantastischer Erzählungen und Gedichte: „Für mich ist es ein Märchen, dass Buenos Aires entstanden ist. Ich halte es für ewig wie das Wasser und die Luft."

Jorge Luis Borges, Buenos Aires.

Quellen: Falkland Islands lie in Argentinian waters. UN-Commission rules. In: The Guardian, 28.3.2016. – Argentina. THR. Präsidialamt Staatssekretariat für Fremden-verkehr Argentinien. Autoren Horacio Vázques und Rosa Serra. Buenos Aires, 1995.

Zwei berühmte Frauen von ganz
unterschiedlicher Art: Deutschlands
erstes Super-Model und die
berühmte Seherin vom Niederrhein.

Veruschka Gräfin von Lehndorff
und die Krefelderin Käthe Niessen

Fotomodell und Fotografin.

Spätestens nach der Exkursion ins zur bleibenden
Erinnerung gewordene Buenos Aires reifte der
Beschluss zum beruflichen Wechsel hierzulande.
Vielleicht war es die Ersatzhandlung für den nicht
gewagten Neuanfang in einer anderen, einer
politisch turbulenten Welt. Bald waren es sieben
gute Jahre mit *Echo der Frau* in Düsseldorf.
Immerhin hatte sich die wöchentlich verkaufte
Auflage seit 1973 von Null auf knapp 400 000
Exemplare entwickelt. Vielleicht war es auch das
Erfolgserlebnis, zu dem sich der Volksmund gesellte: „Man soll aufhören, wenn es
am schönsten ist." Das war die aufgegangene Konzeption von einer unterhaltenden
Publikumszeitschrift, gewidmet der modernen Frau von 40 plus; damals eine
Marktlücke. Das gelang beweiskräftig mit Bildern, Texten und ansprechender Optik,
bewirkt von Grafik und Layout. Möglich geworden war das dem Glücksfall von
einer ausschließlich weiblichen Redaktion, von der Chefredaktion und dem Chef
vom Dienst abgesehen. Tagtäglich zudem das prickelnde Gefühl vom Werden und
Wachsen einer Illustrierten maßgeblich beteiligt zu sein.
Für Überraschungen bei der Wahl von ungewohnten Titelbildern war gesorgt, was in
der Verlagsspitze, bei Geschäftsführer *Peter Preiss* nicht selten bedenkliches

Supermodel Claudia.

Stirnrunzeln bewirkte, befürchtete er doch, seiner Erfahrung
entsprechend, fallende Verkaufszahlen an den Kiosken.
Fürs Gegenteil sorgte beispielsweise eine Vielseitige:
Veruschka Gräfin von Lehndorff, Schauspielerin („Blow up"),
Malerin, Fotomodell und selbst Fotografin. Die
hochgewachsene Schönheit von 190 Zentimetern (!) war das,
was einmal eine *Claudia Schiffer* gegen Ende der 1980er
Jahre werden sollte – das Supermodel, damals Deutschlands
erstes. Geworden zu einem Schönheitsideal, das es bis dahin
nicht gab – nicht von allzu kurviger Figur und betont schlank.
Der Verkauf von „unserem Blatt" war überwältigend.

Schlossteich von Königsberg, heute russisch Kaliningrad.

Den Name Veruschka, Koseform von Vera, wählte die Selbstbewusste aus ostpreußischen Adelsgeschlecht übrigens als Pseudonym. Die vollständigen Vornamen der zur Kunstfigur Stilisierten: Vera, Anna, Gottliebe. Den Vater verlor die in Königsberg (heute Kaliningrad) Geborene bereits mit fünf. Heinrich Graf von Lehndorff-Steinort hatte als Offizier aktiv am 20. Juli 1944 an der Verschwörung gegen Adolf Hitler teilgenommen, geahndet mit der Hinrichtung.

Die Seherin: Göttliche Offenbarung

Außergewöhnlich die Begegnung mit einer ganz anderen Berühmtheit – die mit *Käthe Niessen* (1909-1993), genannt die „Seherin vom Niederrhein". Gehört und zu lesen war von ihr Verblüffendes, was die Neugier des gelernten Redakteurs und Reporters beflügelte. Lange noch vor der Mondlandung von Apollo 11 am 20. Juli 1969 hatte sie die Erde aus der späteren Sicht der US-Astronauten beschrieben – als einen himmelblauen Topas in Blau und Weiß, schwebend in der unendlichen Weite des Weltalls. Die Bestätigung der Voraussicht verstand die tiefgläubige Katholikin als eine göttliche Offenbarung. Zudem noch die Mahnung, mit diesem der Menschheit anvertrauten Gestirn in seiner Verletzlichkeit sorgsamer umzugehen. Das untermauerte 1972 der *Club of Rome* mit der Studie von den „Grenzen des Wachstums". Finanziert übrigens mit einer Million D-Mark der *Volkswagenstiftung*. Die Kernaussage: Ginge es so weiter wie bisher, dann blieben der Erde noch 100 Jahre. Gemeint die Zunahme der Weltbevölkerung, Industrialisierung, Umweltverschmutzung, Nahrungsmittelproduktion und die Ausbeutung von Rohstoffen bis zu deren Erschöpfung.

Die Voraussichten der Katholikin Käthe Niessen.

Der Blick in die Vergangenheit

Erwacht spätestens jetzt das journalistische Interesse, Käthe Niessen in Krefeld am Frankenring 64 kennenzulernen. Kaum an der liebevoll gedeckten Kaffee- und Kuchentisch Platz genommen, umfing ein Gefühl von Wohlbefinden. Mit anderen Worten: Ich mochte sie von Beginn an. Nachdem die Dinge zur vorgeschlagenen Mitarbeit bei *Echo der Frau* besprochen waren, fragte sie, ob ein Blick in die Zukunft

Der heilige Dionysius: Wappen von Krefeld.

von Interesse sei. Das verneinend, wenn auch verbunden mit der Bitte, ob sie denn in meine Vergangenheit „schauen" könne. Und sie konnte. Sie schloss die braungoldenen Augen, nachdem sie sich eben noch über ihre akkurat gekämmte Hochfrisur gestrichen hatte. Was sie dann offenbarte, das war ebenso überraschend wie bewegend: „Da ist jemand, der dich von Geburt an begleitet hat. In deiner Kindheit unmittelbar. Später in den teilweise turbulenten und nicht immer erfreulichen Jugendjahren." Und dann: „Es ist dein Großvater." Sprachlosigkeit meinerseits. Gesagtes konnte sie nicht von irgendjemandem erfahren haben. Außerdem war diese Begegnung unsere erste. Was schließlich unter die Haut ging, mehr als nur eine Streicheleinheit für die Seele: „Er behütet dich noch heute, wo auch immer du gerade bist."

Der wunderbare Stern

Nachzutragen bleibt, dass Käthe Niessen schon zu Beginn der 1970er Jahre voraussagte, dass in absehbarer Zeit „die große Mauer von jungen Leuten niedergerissen werde". Das bewahrheitete sich am Abend des 9. November 1989 für mich im schönsten Sinne, war es doch mein 49. Geburtstag. Ein Denkmal wurde der bekennenden Rheinländerin noch zu Lebzeiten gesetzt: Es war das Buch mit den Inhalten „Selbstzeugnisse, Berichte, Prognosen". Auf die Frage übrigens, wann die Begabung zur Seherin erkennbar wurde, wusste Tochter Marianne, verheiratete Tissen, aus Mutters Erzählungen zu berichten: „Nachdem ihr als Kind ein wunderbarer Stern erschienen war."

Quelle: Käthe Niessen, Enthüllungen einer Hellseherin. Ariston Verlag, 1982. – Das Stichwort: The Club of Rome. Zusammenschluss von Experten aus 90 Ländern, gegründet 1968. Hauptziele der internationalen gemeinnützigen Organisation: Nachhaltige Entwicklung und Schutz der weltweiten Ökosysteme.

Wie ein himmelblauer Topas: Der Erdaufgang.

Der Gärtner von Radio Luxemburg. Der Freund des Dalai Lama. Der Start in die 1980er Jahre. Das sehr persönliche Großereignis in Settmarshausen.

Erinnerungen und der doppelte Neuanfang

Die 1970er Jahre, das war die Zeit interessanter Begegnungen, die bis heute nachwirken, beruflich wie privat. In der Rückschau fest verankert beispielsweise der „Gartenonkel von Radio Luxemburg", *Werner Pötschke* (1910-1999), zu Hause im Städtchen Kaarst nahe Düsseldorf. Dort war und ist weiterhin noch alles zu erhalten, was den Bedarf fürs Grünende und Blühende angeht – von eigenen Rosenzüchtungen bis zur Vielfalt des Gemüses. Es imponierte, was er über den Sender zu vermitteln verstand. Ein Anruf, ob bereit für eine Kolumne, kam er noch am selben Tag in die Redaktion, sagte zu und erwies sich bald als Gewinn fürs „Blatt" und die Leserschaft. Schon von der Erscheinung her beeindruckend und längst zum Logo geworden: unterm leichten Sonnenhut blau die Augen, Kinnbart, gewinnend das ihm ganz eigene Lächeln. Es war, als streichelte er insgeheim noch einmal jede Pflanze und Blume, bevor sie über den Ladentisch gingen. Nicht zu vergessen seine Sprüche- und Kalenderausgaben, vor allem aber die meistverkauften *Großen Gartenbücher,* wie das von 2002, erschienen im Pötschke Verlag.

Gartenonkel Werner Pötschke:
Alles von der Rose bis zur Rübe.

Hanns Kurth, ein Erlebnis

Vom Habitus her, vom Auftreten, irgendwie ohne Fehl und Tadel, so das Empfinden, war er eine Erscheinung. Um mit meinem Großvater zu sprechen: Man nahm „Haltung" an, gleichsam innerlich salutierend. Was ich über ihn in eher kurz gefassten Nebensätzen erfuhr, förderte die Vorstellung von einem, der aus der so genannten „guten alten Zeit" gefallen schien – als kaiserlicher Diplomat oder gefragter Ratgeber auf höchster politischer Ebene. Die Rede ist von *Hanns Kurth* (1904-1976), der am Stadtrand von Düsseldorf residierte. Und das am liebsten auf der überdachten Terrasse, gleich ob bei Wind und Wetter, Regen oder Sonnenschein, selbst bei klirrender Kälte; dann dick

Die historische Flagge der
Theokratie Tibet im Himalaya.

vermummt, warm behandschuht mit Löchern für die Fingerspitzen und vor sich eine kleine Reiseschreibmaschine. Der auf Frischluft Schwörende hatte über ein Jahrzehnt im Reich der Mitte gelebt, sprach fließend das hochchinesische Mandarin, mehrfach erlebt mit voller Hochachtung. Immer dann, wenn er in eines der Düsseldorfer China-Restaurants zum kreativ redaktionellen Gedankenaustausch lud. Die Freude über den sprachkundigen Herrn mit dem gepflegten Spitzbart war den guten Geistern im Service deutlich anzumerken. Für mich ein Erlebnis, auch wenn ich naturgemäß nichts verstand.

Tenzin Gyatzo, der XIV. Dalai Lama.

Ozeangleich der Lehrer

Noch bevor sich die Pekinger Volksdemokratie von Mao Tse-tung 1950 der Theokratie Tibet auf dem „Dach der Welt", Himalaya, in rund 3 700 Metern Höhe bemächtigte, lebte er im Hauptort Lhasa in der Nachbarschaft des *XIV. Dalai Lama,* übersetzt „Ozeangleicher Lehrer" (des Buddhismus). Seine Begegnungen und Gespräche mit dem damals noch jungen weltlichen und geistigen Oberhaupt der Tibeter waren, so Kurth, von „enormer Tiefe und beglückend" zugleich – von Freund zu Freund. In Erinnerung noch die aktuell gebliebenen Zitate: „Was wir im Leben zu beherzigen haben,

Der Putala-Palast in Lhasa, damals Sitz des Oberhauptes der Tibeter.

ist mehr Menschlichkeit." „Schweigen ist manchmal die beste Antwort." Das gilt auch für das als Warnung gemeinte Wort, dass „Mutter Natur ihren Kindern zeigen könne, dass ihr der Geduldsfaden gerissen sei".

Die Beiträge von Hanns Kurth belebten die redaktionellen Inhalte, vom persönlichen „Bedarf" ganz abgesehen. Bestseller waren seine Bücher. Zu den herausragenden Beispielen zählen „Aus dem Jenseits zurück – Berichte von Totgeglaubten", „Die wichtigsten Traumbilder und ihre Bedeutung", „Lexikon der Traumsymbole", „Jung und attraktiv zwischen 18 und 80". Ein großes Thema zudem die Linderung von Beschwerlichkeiten, fußend auf Erkenntnissen mehrjähriger Aufenthalte in Chinas Riesenreich: „YA YA oder die alte asiatische Kunst, Schmerzen wirksam zu bekämpfen". – Unvergessen die Begebenheit an einem Herbsttag des Jahres 1976. Tatort mein Schreibtisch. Auf

Hanns Kurth 1975.

ihm zur Linken am Rand ruhend ein aus edlem Holz ein wunderschön geschnitzter Fisch aus dem Reich der Mitte, mir vor Kurzem verehrt vom Autor. Eben noch über einen Text brütend, sprang (!) das kleine Kunstwerk vom Tisch. Welche Bewandtnis es damit hatte, erschloss sich mir erst Tage später mit der Nachricht, dass Hanns Kurth am selben Tag von dieser Welt gegangen war.

Entschluss zum neuen Bündnis

Für einen doppelten Neuanfang sorgte ich 1980, richtiger gesagt sorgten *wir*, beruflich wie privat mit dem Abschied von Düsseldorf nach ereignisreichen Jahren zuvor in Hamburg, Offenburg und Bergisch

Der kunstvoll geschnitzte Fisch aus dem Reich der Mitte.

Gladbach. Was 1974 mit dem Eindruck von einer „erfreulichen Erscheinung" (erwähnt im Kapitel „Argentinien international im Blickpunkt") während der Fußball-übertragung Bundesrepublik-DDR noch nicht einmal zum Kennenlernen geführt hatte. Das nun war zu Beginn des neuen Jahrzehnts zu einem außergewöhnlichen Ereignis geworden. Außergewöhnlich allerdings für einen alleinerziehenden „Vater mit Kind", wie es damals hieß, zudem eher selten in dieser Konstellation anzutreffen. Schließlich hatte er sich nach der Scheidung der ersten Ehe fest vorgenommen, nie wieder eine solche einzugehen. Doch wie so oft im Leben und das frei nach *Wilhelm Busch,* dem begnadeten humoristischen Dichter und Zeichner: „Erstens kommt es anders und zweitens als man denkt." Die noch nicht angetraute *Dorothea* zweifelte zwar nicht am vorgesehenen Bündnis fürs Leben, hatte aber einige Bedenken, wie wohl die Eltern *Brock, Hans* und *Eva,*

„Mumm" genannt, der Tochter Heiratsabsicht aufnehmen würden. Stichwort: Geschiedener mit Kind. So zögerte sich der Antrittsbesuch zur „Besichtigung" des Aspiranten erst mal hinaus.

Das Knusperhäuschen am Hang

Doch dann, irgendwann, ein fröhliches Machtwort gesprochen: „Bringen wir's hinter uns!" Selbst in bester Stimmung per PS mit dem Kennzeichen D-TH von Düsseldorf

Der ganze Stolz des Vaters Am Gatzenberg 10. in Richtung Göttingen unterwegs.

Das Ziel: Rosdorf-Settmarshausen, Am Gatzenberg 10. Freundlich die Begrüßung vor der Eingangstür des „Knusperhäuschens" am Hang, so ob des einladenden Aussehens spontan getauft. Die erste Hürde, wenn es denn eine gab, war schnell genommen, vielleicht zu verdanken diesen Worten bei der Übergabe des Blumenstraußes: „Wenn er Ihnen, Frau Brock, nicht gefällt, nehme ich ihn natürlich gern wieder mit." Davon konnte keine Rede sein. Diese eher ungewöhnliche Ansprache, so heißt es, ist immer wieder mal zitiert worden. Der zweite Besuch dann mit

Spannung vor der ersten Begegnung: Schwiegereltern Hans und Eva Brock.

Tochter Sabine, mittlerweile im ersten Teenager-Jahr. Sie kam, sah und siegte. Es war die von Anfang an gefühlte Herzlichkeit, zuteil auch ihrem Vater.

Wappen von Rosdorf. Die Kleeblätter symbolisieren die Ortsteile, darunter die Gemeinde Settmarshausen

Am 20. Juni 1980, ein Freitag, die Trauung vor dem Rosdorfer Standesamt. Am Vorabend hatte sich bereits ein Teil der Geschwister eingefunden: Eine jede, ein jeder gereichte auf Anhieb zur Freude, allein schon ihrer Unterschiedlichkeit wegen, was naturgemäß auch auf deren Angetraute zutraf. Mit einem Wort: Vollzogene Aufnahme in eine hoch interessante Familie mit sieben Geschwistern – und aller Ehren wert: Herzdame Dorothea, die studierte Graphik-Designerin, Hochschule für Bildende Künste, Kassel; Susanne, Lehrerin an Grund-, Real- und Integrierter Gesamtschule; Cornelia, Übersetzerin Französisch und Englisch, Fremdsprachen-Sekretärin; Gerhard, Bibliothekar, Goethe-Institute Tunesien, Argentinien, Spanien, Deutschland (Kempten); Johannes, Landschaftsgärtner, selbstständig; Andreas, Oberstudienrat Gymnasium; Peter, Diplom-Ingenieur, Tiefbau.

Die Schwiegereltern wiederum waren im überaus erfreulichen Sinne wie aus dem Bilderbuch entlehnt. Die Mutter Eva Brock, Assessorin, examinierte Gymnasiallehrerin, in ihrer sprichwörtlichen Güte nebst umwerfendem Gedächtnis, einer Enzyklopädie gleich. Der Vater Hans Brock, Oberstudienrat am Göttinger Max-Planck-Gymnasium, war für mich ein ganz besonderer *seiner* Art, mit dem mich vieles verband. Manche Gespräche bis weit nach Mitternacht sind längst zur Legende geworden. Der Hochzeit folgte unmittelbar das Wiedersehen mit Mexiko, danach der Umzug von Düsseldorf nach Taufkirchen vor den Toren Münchens, neuen Aufgaben mit prägenden Erfahrungen entgegensehend.

Unterwegs in Reutlingen, München, Oldenburg, Bremen, Baden-Baden und Nikosia. Alles überstrahlend am 1. September 1983: Juliane, die Tochter.

Wo sich eine Tür schließt, öffnet sich eine andere

Die ersten fünf der 1980er Jahre, sie waren ein Ausflug ins Reich schwer einzuschätzender Herausforderungen. Sie kamen dem Erkunden eines neuen Terrains gleich. Hierbei allerdings das Risiko des Scheiterns durchaus im Blick. Was alles erleichterte, war, dass in keinem Fall die Bewerbung vonnöten, da von anderer Seite empfohlen worden. Überdies mangelte es nicht an Selbstbewusstsein, gestützt

auf ein berühmtes Wort: „Wo sich eine Tür schließt, öffnet sich eine andere." Zugeschrieben einem berühmten Pariser namens *Jean-Baptiste Poquelin,* Künstlername *Moliére (1622-1673),* französischer Schauspieler, Theaterdirektor und Dramatiker („Der eingebildete Kranke"). Aufkommendes Zweifeln ließ sich am besten mit diesen Zeilen begegnen: „Und jedem Anfang wohnt ein Zauber inne, der uns beschützt und der uns hilft zu leben." Ein Auszug aus dem „Stufen"-Gedicht von *Hermann Hesse* (1877-1962), dem Nobelpreisträger für Literatur. Einem Wahlspruch gleich die vorletzte Zeile des kleinen Poems: „Des Lebens Ruf wird niemals enden."

Molière, ein Klassiker.

Günter Lütze, der Ruhelose
Der Reigen der Erfahrungen nahm seinen Anfang mit dem vielseitigen Unternehmer *Günter Lütze* (Bau und Immobilien), Firmensitz im Stuttgart nahen Reutlingen. Zugleich hatte er Verlage in seiner Heimatstadt und München etabliert. Letztere Dependance war von Reiz und ganz im Sinne der Horizonterweiterung als Verlagsleiter: *Mode & Wohnen, Mode International* und die Gründung der Illustrierten *Sonja,* konzeptionell ausgerichtet auf die lebensfrohe Frau mit etwas mehr Figur. Die erste Ausgabe verkaufte sich aus dem Stand mit 150 000 Exemplaren. Als Verleger blieb er mir in Erinnerung als ein vermeintlich Ruheloser. Doch war er zugegen, dann

Reutlingens Marktplatz mit historischem Haus und dem Denkmal von Kaiser Maximilian II.

bewunderte ich seine Disziplin, die kaum einen Hauch von Hektik erkennen ließ. Ging es um transatlantische Geschäftskontakte, pflegte er das damals schnellste Fluggerät zu nutzen, die „Concorde". Sie bewältigte die Distanz von London und Paris bis New York und Rio de Janeiro mit zweifacher Schallgeschwindigkeit in deutlich unter vier Stunden. Seine Begeisterung fürs pfeilschnelle Fliegen fand sich in einem „Beutestück" wieder – mit einem ausgemusterten Sitz, aufgestellte in seinem Reutlinger Büro an der Silberburgstraße. Wer mochte, nahm Platz und fühlte sich vielleicht versetzt in die Historie, als das Meisterwerk der Flugtechnik am 2. März 1969 vom südfranzösischen Flughafen Toulouse-

Pfeilschnell nach Übersee. 1969 Premierenflug der Concorde von Toulouse.

Blagnac abhob. In diesem Sitz verweilend auch an dem Tag, als ich den Verleger um die Auflösung meines Vertrages bat. Die geballte Modewelt war auf Dauer gesehen nicht mein Fall. Überraschend das Verständnis. Mehr noch, nicht nur im Zeugnis wurde das „freundschaftliche Verhältnis" über den Tag hinaus festgehalten, was ein paar Jahre später zu interessanten neuen Ufern führen sollte.

Kurt Blüchel, Meister der Prachtbände

Wer in München unterwegs ist, dem wird es an interessanten Begegnungen nicht mangeln. Eine davon war die mit *Kurt Blüchel,* dem aus der Nähe von Bayreuth stammenden Medizin-Journalisten. 1974 hatte er mit dem Bestseller „Die weißen Magier" für Aufsehen gesorgt. Das traf auch für den Band „Das Medizin-Syndikat" zu. Wie kaum ein anderer setzte er sich zudem mit der Problematik der bedrohten Umwelt auseinander. „Naturwunder Deutschland" stand ihm der berühmte Tierfilmer *Heinz Sielmann* zur Seite, ebenso der Wissenschaftsjournalist und Schriftsteller *Horst Stern* („Mit Tieren per Du", „Rettet den Wald").
Damit war die thematische Bandbreite des Verlegers und Autors nicht erschöpft. Während meiner einem Intermezzo ähnelnden Präsenz im Naturalis Verlag standen groß angelegte Produktionen an: „Die schöne Welt der Pferde" und „Deutscher Märchen Schatz" von 1982 (Schweizer Lizenzausgabe „Silva Märchen Schatz") mit hinreißenden Bildern, Gemälden gleich, wie ich sie zuvor noch nicht gesehen hatte. Daher an dieser Stelle auch genannt die Illustratoren: Wilfried Blecher, Günter Mattei, Bernhard Oberdieck, Mario Kessler und Sylvia-Maria Kaufmann. Es war eine Freude, mit ihnen an diesem Prachtwerk von übergroßem Format beteiligt zu sein. Und dann war noch „Das große Buch der Kosmetik und Körperpflege" von *Petra Schürmann"* (1933-2010), der „Miss World" von 1956, damals zugleich TV-Moderatorin und Schauspielerin. Hinzu kam noch der „Zauber der Mineralien" mit dem Diplom-Mineralogen *Dr. Olaf Medenbach* von der Ruhr-Universität Bochum.

Kurt Blüchel und sein Verlag, das waren wertvolle Erfahrungen, die mir, wenn auch sehr viel später, als Buchautor zugutekamen. Aus der Rückschau gern zugegeben: Man lernt nie aus. Ein *Goethe*-Wort aus „Faust I" (Vers 2017) unterstrich diese Überzeugung noch: „Ein jeder lernt nur, was er lernen kann, doch der den Augenblick ergreift, das ist der rechte Mann."

Otto Müller, der Umtriebige

Die Maxime nun, getreu einem Zitat von *Ernst Gerstl* („Gedankenwege"), dem Lehrer, Schriftsteller und Aphoristiker aus Niederösterreich: „Jede neue Herausforderung ist ein Tor zu neuen Erfahrungen." Hierfür sorgte *Otto Müller,* der ehemalige Generalbevollmächtigte der Lütze-Unternehmen. Inzwischen beim renommierten Stalling Verlag in Oldenburg, gegründet anno 1789, unter Vertrag, angeschlossen in Bremen die Tochterfirma Schmalfeldt, benötigte „Verstärkung". Positioniert als Assistent des technischen Vorstands. Zum Aufgabenbereich zählte die redaktionelle Betreuung der Zeitschrift „Gala", nicht zu verwechseln mit der gleichnamigen Illustrierten von 1994, gegründet vom Verlag Gruner + Jahr. Das interessante Angebot umfasste überdies das Projekt „Das deutsche Bierlexikon" und die Entwicklung weiterer Bücher. Alles in allem eine gewaltige Aufgabe, aber verlockend genug für einen Neustart. Ganz nach meinem Geschmack die volle Auslastung.

Doch dann der Niederschlag: Was sich da so optimal zu erweisen schien, fiel wie ein Kartenhaus zusammen. Eine nun wirklich neue Erfahrung, wenn auch gegenteiliger Art. Dass schon seit geraumer Zeit schwere Schatten auf dem Druck- und Verlagshaus lasteten, war mir am Tag des Beginns der vielversprechenden Tätigkeit nicht bekannt; schon gar nicht der bald bevorstehende Konkurs. Dass Otto Müller alles versucht hat, die wirtschaftliche Schieflage zu beheben, davon gehe ich noch heute aus. Selbst war das Erlebte eine Erfahrung mit Tiefgang, was ein Goethe-Zitat treffend unterstreicht: „Man kann die Erfahrung nicht früh genug machen, wie entbehrlich man in der Welt ist."

Quelle: Wilhelm Meisters Lehrjahre. Johann Wolfgang von Goethe. Reclams Universal-Bibliothek, 2008.

Oldenburgs Neues Rathaus, erbaut Ende der 1880er Jahre.

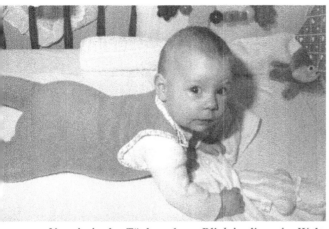

Neugierig des Töchterchens Blick in die weite Welt.

Julianes verspätete Ankunft

Fern aller beruflichen Unwägbarkeiten überstrahlte eines alles an einem Donnerstag: Es war der 1. September 1983. *Juliane* hatte sich, wie einst Schwester *Sabine* 1967 auch, erst nach reichlichem Zögern im Münchner Harlachinger Krankenhaus eingefunden. „Ausgerechnet" worden war sie ursprünglich für den 29. August, meiner Mutter Geburtstag. Dessen ungeachtet lange zuvor schon mit der Mama bestimmt, wie das Kind heißen sollte – mit meiner Mutter zweitem Vornamen. Im Sternzeichen Jungfrau geboren, stand es, astrologisch gesehen, von Beginn an unterm Schutz und Einfluss von *Demeter,* einer Göttin der griechischen Mythologie, bei den alten Römern *Ceres genannt.* Deren Zuständigkeit erstreckt sich aufs Werden und Vergehen Jahreszeiten, die Fruchtbarkeit, auf Saat und Getreide. Im Sinne von *Konfuzius* (551-479), Chinas großen Philosophen, sollten „Harmonie und Mitte, Gleichmut und Gleichgewicht" zu den tragenden Säulen des Lebens der Tochter werden. Vielleicht auch im Verständnis des Lehrers der menschlichen

Ordnung: „Große Weisheit kommt von großem Zweifel." Was wiederum die systematische Untersuchung der Dinge beinhaltet wie die daraus zu ziehenden Schlussfolgerungen.

Ein selbstverfasstes Gedicht ist Juliane zum Lebensmotto geworden: „Aus Liebe handeln, unsere Welt verwandeln. Die Gedanken lenken, mit dem Herzen denken. Liebe spüren, Liebe geben. Jede Sekunde, jeden Moment, mit jeder Zeile, zu hundert Prozent. Ein Herzenswunsch, mein größter Traum, dafür gebe ich mir Raum. Mit dir so leicht, mit dir ‚erlaubt', erst ungewohnt, dann vertraut."

Schon als Kind wusste Juliane mit Wortschöpfungen zu begeistern. Herausragend hierbei eine, die noch heute in Gebrauch ist: Der Anfang *vor* dem Anfang, das war für sie der „Vorfang". Und wenn ihr mal zum anderen etwas danebenging, aus dem Händchen rutschte und zu Boden fiel, dann wusste sie den Vorgang unschlagbar zu begründen: „Das wollte es so!" Dann zum anderen noch dies: Beim morgendlichen Abschied am Kindergarten oder schon mal zwischendurch um ein Küsschen gebeten, war die Antwort: „Ich hab' jetzt keins mehr."

Das berufliche Schicksal

Seit dem Stalling-Abstecher verfestigte sich die Vorstellung von der alternativen Selbstständigkeit. Und das durchaus im verwegenen Sinne, das berufliche Schicksal nun selbst steuern zu können. An Kontakten sollte es eigentlich nicht mangeln. Ein

Wort von *Winston Churchill* (1874-1965) aus dem Buch „Zitate" sollte das Ansinnen unterstützen: „Erfolg ist nicht endgültig, Misserfolg ist nicht fatal; was zählt, ist der Mut weiterzumachen." Gesagt von einem, der als bedeutendster britischer Staatsmann des 20. Jahrhunderts gerühmt wird, zweimal Premierminister und Nobelpreisträger für Literatur („My Early Life", „The Second World War"). Aufträge kamen nicht zuhauf, doch gesichert erst einmal die Basis des Unterfangens im Ergebnis von plus minus null, damit ohne

W. Churchill: Was zählt, ist der Mut.

Verluste. Das besserte sich mit den Sonderausgaben „Königin Silvia", „Schön, schlank und gesund" für den Baden-Badener Sonnenverlag sowie mit diversen Serien. Wie aus heiterem Himmel, unverhofft kommt (doch) manchmal oft, überraschte dann Verleger *Dr. Gerd J. Rose* mit der Offerte zum Chefredakteur von der Zeitschrift *Frau mit Herz.* Erfreulich die Konditionen. Nach siebzehn Monaten harmonischer Zusammenarbeit mit der in München-Harlaching angesiedelten Redaktion wollte ich einer neuerlichen Überraschung nicht folgen. Es ging um die geplante Zusammenlegung der Verantwortung mit *7 Tage,* der hauseigenen Konkurrenz, was meinen Vorstellungen nicht entsprach; also Abschied. Der Verleger bedauerte, ich auch. Und im Zeugnis hieß es unter anderem: „Sowohl im aktuellen

München-Harlaching: Gutshof Menterschwaige.

Themenbereich der ‚Traumfabrik' *Frau mit Herz* mit ihren freundlichen Berichten über Prominente aus Gesellschaft und Show wie auch in dem gleichwertigen Bereich der Servicethemen Mode, Gesundheit und Ratgeber, hatten wir in Herrn Metzner den geeigneten Blattmacher gefunden." Ich war beeindruckt.

Intermezzo Zypern: Panzeraufmarsch

Der Entscheidung vorausgegangen war ein Kurzurlaub in Agia Napa auf Zypern. Das Wetter im leichten Grau war zum Frösteln. Grund genug, die Stimmung mit einem Ausflug übers reizvolle Eiland der schaumgeborenen Aphrodite aufzubessern.

Green Line: Abschottung der in Nikosia und Levkosa geteilten Hauptstadt.

Nikosia, das Ziel, die seit 1974 geteilte Hauptstadt. Es war der 15. November 1983. Eben noch zwischen den Demarkationslinien unterwegs, fuhren plötzlich Panzer auf. Bedrohlich die stählernen Kolosse, wie ich sie zuletzt mit elf am 17. Juni 1953 in Cottbus erlebt hatte. Zum Hintergrund des kettenklirrenden Aufmarsches erfuhr ich noch am Abend im Hotel: Der von der Türkei besetzte Nordteil war zur *Türkischen Republik Nordzypern* proklamiert worden. Deren Hauptstadt jetzt Nord-Nikosia, türkisch *Levkosa.* Zuvor umfasste die 1960 gegründete *Republik Zypern* die Insel in

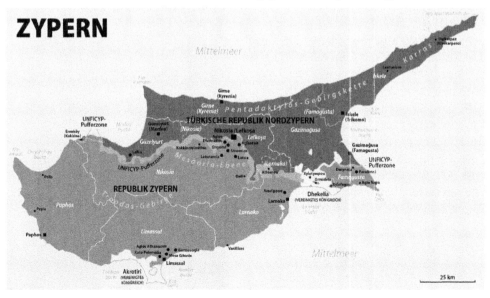

Pittoreske Altstadtgasse in Nikosia.

ihrer Gesamtheit, zuvor als Kronkolonie unter der Hoheit des Vereinigten Königreiches. Übrigens, am Tag der Ausrufung Nordzyperns ist kein Schuss gefallen.

Das Thema Wiedervereinigung kam erstmals 2004 auf, vorgelegt mit dem „Annan-Plan" von den *Vereinten Nationen* (UN). Die Volksbefragung ergab im türkischen Nordteil 65 Prozent, im griechischen Südteil erfuhr sie die mehrheitliche Ablehnung. Seitdem Status quo, alles wie gehabt. Eine eher vorsichtige Annäherung dann im April 2021 unter dem Schutzschirm der Vereinen Nationen (UN) mit den Garantiemächten Griechenland, Türkei und Großbritannien – zumindest bis zum Zeitpunkt der Drucklegung dieses Zeitzeugen-Buches. Immerhin war 1990 Deutschlands Wiedervereinigung möglich geworden, an die kaum

jemand wirklich geglaubt hatte. Tags nach der Teilung Nikosias „eroberte" ich bei kühlem, aber sonnigen Wetter Zyperns höchsten Berg, den *Olympos* (1 192 m) per Lift, erfreute mich des Ausblicks – und der Entscheidung zur Beendigung des zum Interim gewordenen Engagements. Noch heute empfinde ich das Panzer-Erlebnis als eine Art Weggabelung. Soll heißen: Von Dingen lassen, bevor sie von einem lassen, sofern schließlich rechtzeitig erkannt.

Paphos auf Zypern: Wo einst die Göttin, die schaumgeborene Aphrodite, dem Meer entstieg. Standbild von Yiota Joannidou.

Rückkehr ins Reutlinger Unternehmen zur Zeit der Krise im Bau. Als Verlagsleiter übergeordnet dem Rennrad-Magazin und Genießer-Journal.

Der weiße Ritter aus München

Die freundschaftlich gebliebene Verbindung mit dem Unternehmer und Verleger *Günter Lütze* führte 1984 zu einer neuerlichen Verpflichtung, diesmal als Verlagsleiter im Stammhaus zu Reutlingen. Reizvoll im Allgemeinen, die Münchner Erfahrungen (Mode und Wohnen, Mode International) kamen zupass, und im Besonderen die monatlich erscheinenden Zeitschriften, wie da zum einen *Tour,* 1977 als *RADmagazin* von *Hans-Joachim Möller* gegründet, 1979 umbenannt in *Tour*, das Rennrad-Magazin. Chefredakteur von 1981 bis 1993: *Carlson (Ulrich) Reinhard* (1953-2020). Ein klassischer Seiteneinsteiger, der sich eines besinnlichen Tages für den Journalismus entschieden hatte. Selbst erfolgreich das Studium der Soziologie und Philosophie als Magister Artium in *Freiburg* im

Das neugotische Colombischlössle in Freiburgs Innenstadt beherbergt das Archäologische Museum.

Breisgau absolviert, überzeugte er von Beginn an mit außergewöhnlichem Einfühlungsvermögen in den Radsport und deren Helden. Das führte schnurgerade nach kaum einem Jahr zur Ernennung zum Chefredakteur.

Was Bewunderung abrang, war seine Fähigkeit (fast) alle Größen vor seine Kamera zu bekommen und zugleich für Aufsehen erregende Interviews zu gewinnen. Und das stets vor Ort des Renngeschehens, gleich ob bei der Tour de France, Paris-Rubaix, beim Giro de Italia oder der Ida y Vuelta in Spanien. Wie kaum ein anderer verstand er es, das Sportliche mit Land und Leuten zu verbinden. Daraus entstanden blendend verfasste Reisereportagen, zu versehen mit dem Prädikat der Exklusivität. Das imponierte ungemein, hatte ich doch selbst noch in den 1950er Jahren einem in Bischofswerda und Cottbus durchfahrenden *Gustav Adolf „Täve" Schur* zugejubelt; siehe das Kapitel „Mit dem Fahrrad frei wie ein Vogel". Neunmal zum DDR-Sportler des Jahres gekürt, war er zugleich Weltmeister der Amateure und zweimaliger Gewinner der Internationalen Friedensfahrt (Ost-)Berlin, Prag, Warschau.

Eines der letzten Fotos von Carlson Reinhard im thüringischen Wutha-Farnroda.

Carlsons perfekte Mannschaft

Imponierend auch das Team von Carlson Reinhard. Geschart um sich den Ingenieur, Rennfahrer und Langstreckenläufer *Christian Smolik* für die Technik, *Dr. Peter Konopka* für medizinische und gesundheitliche Fragen, *Wolfgang Gronen* als Radsporthistoriker, den Freund und Förderer *Wolfgang Renner*. Der ehemalige Cyclocross-Fahrer (Querfeldeinrennen) mit Meistertiteln führte als erster deutscher Unternehmer (Centurion) das Mountainbike ein. Mit einem Wort: Das perfekte Team! Mit Carlson Reinhard war der Weg gebahnt für Europas erfolgreichstes Rennrad-Magazin. Fürs optisch gefällige Bild in Sachen Fotos, Graphik und Layout sorgte der so herrlich böhmisch parlierende *Eddy Kahlich*. Ein Bespiel, als es um *die* Pedale oder *das* Pedal ging: „Weißt du, Carrson, ich spreche nicht gut Deitsch. Wirrde sagen: derr Pedall."

Manches ließe sich über ihn noch erzählen. Zum Beispiel, dass er nach dem Studium unter Cree-Indianern in Ontario weilte – der Provinz der 250 000 Seen (!), der Vielzahl der Flüsse, Gesamtlänge 100 000 Kilometer und der weltberühmten Niagara-Fälle. Es ging im Projekt „Grand Council Treaty" um elf historische Verträge und deren Folgen, ausgehandelt von kanadischen Regierungen und den Ureinwohnern, den „First Nations". Auch als Buchautor war er präsent. So mit *Tilmann Waldthaler:* „Sieh' diese Erde leuchten", „Bei Sonne Wind und Regen – Unterwegs auf Deutschlands schönsten Radwegen" und „Nordkap-Neuseeland – Noch einmal mit dem Fahrrad um die Welt". Zuletzt im Selbstverlag: „Der Grand Prix Tante Martha". Eine amüsante Lektüre.

Wolfgang Renner, der Freund. Erfolgreich in Cyclocross.

Dem Genuss verschrieben

Das pure Kontrastprogramm zu *Tour* signalisiert schon mit dem Titel: Das war das *VIF Gourmet-Journal,* namensrichtig ganz dem Genuss verschrieben. Günter Lütze hatte es vom Hamburger Verlag Axel Springer erworben, weil dem nicht profitabel genug. Die Vorgeschichte des Blattes begann mit *Klaus Besser* (1919-1995), ehemals Chefredakteur Neue Rhein und Ruhr Zeitung (NRZ) und der Wochenzeitung *Welt der Arbeit* des Deutschen Gewerkschaftsbundes (DGB). Schließlich war es die bahn-

brechende Gastronomiekritik, die ihn neben *Wolfram Siebeck* und *Gert von Paczensky* zu einer Ikone des scharfzüngigen Fachs werden ließ. Im Visier Deutschlands Spitzenköche. Das fand seinen Niederschlag mit der Gründung von *Besser's Gourmet Journal – Die Kunst, richtig zu genießen.* Nach der Trennung vom Großverleger *Axel Cäsar Springer* (1912-1985), der ihm ein Freund geblieben war, folgerichtig die Wandlung des Namens zuerst in *Ullsteins* und schließlich in *VIF Gourmet-Journal.*

Sondierung auf der Achalm

Mit der Krise in der Bauwirtschaft zeichnete sich um 1984 auch bei der Lütze Firmengruppe eine Schieflage ab, die zur Behebung die Veräußerung der Zeitschriften bedingte. Nunmehr auf der Tages-

Die Achalm, Reutlingens Hausberg. Ein Gemälde von Wilhelm Laage (1868-1930), Betzingen.

ordnung der Erhalt der Titel mittels der Übernahme. Manche Sondierung führte zu Gesprächen, wenn auch ohne sofortige Ergebnisse, im Hotel auf der *Achalm* (706,5 m), Reutlingens Hausberg, oberhalb der Streuobstwiesen. Selbst gestählt vom Wechselspiel der letzten Jahre, vom Aufhören bis zum Neuanfang, war ich sicher, dass sich eine neue Tür öffnen werde. Zweckoptimismus? Vielleicht. Aber da waren ja noch Großvaters *Nornen,* die am Schicksal der Menschen webenden weiblichen Wesen der nordischen Mythologie. Gern zitiert zudem den großen *Cicero* (106-43), Roms berühmtester Redner, Politiker, Anwalt, Schriftsteller und Philosoph: „Fang nie an aufzuhören, hör nie auf anzufangen!" Dem galt es jetzt nachzukommen.

Status der Selbstständigkeit

Eben noch verharrend in der Habachtstellung, plötzlich die Wendung. Der „Weiße Ritter", zur Hilfe aus der Münchner Sonnenstraße herbeigeeilt, das war ein gewisser *Hajo Artopé,* ehemals Anzeigendirektor aller *Burda*-Objekte in Offenburg und seit 1977 Verleger nach der Übernahme des Atlas-Verlages für Spezialzeitschriften in München. Als Verlagsleiter stand ich folgerichtig für die Abwicklung der Regularien zur Verfügung: Die Herren Lütze und Artopé hatten sich zur Übernahme der beiden Titel „fair geeinigt", wie es verlautete. Nach Erhalt des letzten Gehaltsschecks war davon auszugehen, dass meine Mission beendet, zuletzt zusätzlich noch als kommissarischer Chefredakteur von VIF Gourmet-Journal. Damit rückte die schon zwischenzeitlich ausgeübte Selbstständigkeit, erneut als Redaktionsbüro, in die realistisch umrissene Planung. Doch dann der unvermutete Kurswechsel, der beides

Die Münchner Sonnenstraße historisch auf einer Postkarte von 1918 mit der Matthiaskirche.

ermöglichte: Selbstständigkeit *und* Chefredaktion. Der aus Ostpreußen stammende Verleger der florierenden Zeitschriften TENNIS-Revue und GOLF-Journal, beispielsweise, nun auch mit den beiden Lütze-Titeln ausgestattet, bot die Anstellung für das Genießer-Magazin. Der einzige Einwand meinerseits: Status der Selbst-ständigkeit auf der Basis des Redaktionsbüros, handelnd im eigenen Namen bei Auftrags-vergabe an Fotografen und Autoren. All das aus dem Stand gewährt – und Handschlag.

Wie Gott in Deutschland

Maßnahme eins die neue Konzeption. Weniger Frankophiles, also nicht *nur* leben und genießen nach der Redensart „Wie Gott in Frankreich", sondern die allmonatliche Entdeckungsreise zwischen Nordsee und Alpen – zu Städten und Landschaften, die kulinarisch zu blühen begonnen hatten. Maßnahme zwei: Jeweils vor Ort und Region freie Mitarbeiter mit Sachverstand und Leidenschaft zu finden, flankiert von überragenden Fotografen, die genussvolle Meisterwerke, Stichwort „Große Küche", ins brillante Bild zu setzen verstanden (siehe DAS VIF-TEAM). Weitere Säulen der Berichterstattung, das waren exklusive Interviews und die groß angelegte Rubrik Restaurantkritik; daraus resultierend der VIF-*Restaurantführer*.

Vorbild und Fernsehautor Thilo Koch (1920-2006).

Umgehend engagiert hierfür auch *Klaus Besser,* Großmeister der von Köchen gefürchteten spitzen Feder. Schon zu Zeiten als Jungredakteur bei den Tageszeitungen zählte neben *Peter Scholl-Latour* (1924-2014), Top-Journalist und Buchautor („Der Fluch der bösen Tat. Das Scheitern des Westens im Orient") gleichermaßen *Thilo Koch* (1920-2006) aus Halle an der Saale zu meinen Vorbildern. Mir schon im Rundfunk (NDR) ein Begriff, den noch steigernd dann im ARD-Fernsehen („Weltspiegel") und Korrespondent in Washington („Guten Abend drüben in Deutschland"). Hinzu kamen 150 Dokumentarfilme und Sachbücher. Und irgendwann war es fällig: das Bundesverdienstkreuz 1. Klasse. Eben ihm, dem Zeitzeugen, hatte ich die neue Rubrik „VIF-Tischgespräche" zugedacht. Spontan telefonisch „angeklopft" in Hausen ob Verena nahe Tuttlingen am Fuß der Schwäbischen Alb, auf Interesse gestoßen und umgehend verpflichtet. Was er allmonatlich fürs Journal in den Interviews beim exquisiten Imbiss oder während einer kulinarischen Oper zutage förderte, war großartig, von der brillanten Auswahl der jeweiligen Prominenz ganz zu schweigen.

Sich zu vereinen, heißt teilen lernen

So dauerte es nicht lange, bis eine erste Sammlung der fürs Journal geführten Interviews zu einem Buch führte: „Thilo Koch Tischgespräche", Westermann Verlag, Braunschweig, 1989. Herausragend das journalistische Rendezvous mit *Richard von Weizsäcker* (1920-2015), getitelt mit „Der erste Bürger unseres Staates". Der vom damaligen Bundespräsidenten gewünschte Ort der Handlung war kein Gourmet-Tempel, sondern die „Trattoria Robichon" in Bonn-Bad Godesberg. Nach Kalbsleber mit Zwiebeln, Salat und rotem Landwein und etwas Eis zum Dessert eines der Geständnisse zur Frage vom irdischen Glück: „Aufstieg im Karwendel kurz vor Sonnenaufgang." Unvergessen geblieben ist ein Wort des einstigen

Richard von Weizsäcker, der Bundespräsident.

Regierenden Bürgermeisters von West-Berlin (1981-1984) und ersten Staatsoberhaupts zur Wiedervereinigung Deutschlands am 3. Oktober 1990: „Sich zu vereinen, heißt teilen lernen." Tief beeindruckend zudem: „Der Mensch braucht die Natur, die Natur den Menschen nicht. Der Mensch ist ein Teil der Natur, er ist ihr nicht übergeordnet. Erst wenn er das begreift, hat er eine Überlebenschance."

Ein Meister des leisen Humors

Ein Weiterer der Interview-Serie war *Peter Ustinov* (1921-2004), von Queen Elizabeth II. zum *Sir* geadelt, ein Multitalent: Filmschauspieler als „Kaiser Nero" oder „Privatdetektiv Hercule Poirot" nach einer Romanfigur von Agatha Christie, Schriftsteller, Verfasser von Drehbüchern, Autor von Karikatur- und Sachbüchern. Zudem inszenierte er Opern und Theaterstücke. Ein Meister des leisen Humors („Ach, du meine Güte!"), dem sich weltweit alle Türen öffneten. Allein schon als Good-Will-Botschafter fürs Kinderhilfswerk der Vereinten Nationen wegen. Der Treffpunkt zweier Gentlemen: Da war das „Le Gentilhomme" in Genf. Eine der Fragen, warum er sich so gern mit

Sir Peter Ustinov.

deutschen Themen beschäftige. Die Antwort barg allein schon eine kleine Geschichte für sich: „Oh, ich bin in Schwäbisch-Gmünd getauft worden. Und das kam so: Meine Mutter war in Kairo, mein Vater in London. Meine Mutter wollte zu meiner Taufe nicht nach London, mein Vater nicht nach Kairo. Sie verabredeten, sich in der Mitte zu treffen. Aus einem *unerfeindlichen* – no: unerfindlichen Grund beschlossen sie, dass diese Mitte Schwäbisch-Gmünd sei. Meine Mutter hatte die Idee, mich mit Jordanwasser zu taufen. Sie brachte es mit – in einem Krug. Aber der zerbrach, so wurd' ich mit gewöhnlichem schwäbischen Wasser getauft. Schicksal." Wenn es für den Vielseitigen ein Lebensmotto gab, dann „schräg" in die Dinge hineinzusehen und nicht alles allzu ernst zu betrachten, stets optimistisch zu sein.

L.-G. Buchheim.

Vom U-Boot zur Kunst

Mit dem Roman „Das Boot" und dem daraus entstandenen Film fürs Fernsehen erlangte der Zeitzeuge des Zweiten Weltkriegs, der Maler und Fotograf *Lothar-Günther Buchheim* (1918-2007) Weltruhm, übersetzt in 30 Sprachen. Zur Trilogie folgten „Die Festung" und „Der Abschied". Insgesamt verfasste der im thüringischen Weimar Geborene und im sächsischen Chemnitz Aufgewachsene um die 50 Bücher. Dass der Gründer des

„Buchheim Museums der Phantasie" in Bernried am Starnberger See für weitere Aufmerksamkeit sorgte, das war die gesammelte Fülle wertvollster Werke. Und das sind die Gemälde von Heckel, Kirchner, Mueller, Nolde, Pechstein, Schmidt-Rottluff, Beckmann, Corinth, Dix,

U 995 vom Typ VII C41, meistgebautes U-Boot im Zweiten Weltkrieg (1939-1945).

Feininger, Macke, Marc, beispielsweise; insgesamt 464 Exponate. Also überschrieb Thilo Koch folgerichtig mit „Vom U-Boot zur Kunst". Treffpunkt diesmal die „Aubergine" vom „Jahrhundertkoch" *Eckart Witzigmann* in München. Weiter zu den Kunstwerken: Wie habe er denn sie alle erwerben können? „Man muss früh genug aufstehen. Bescheid wissen und hinterher sein." Von der Mutter habe er das *Gegenwartsprinzip* gelernt. Das heißt? „Das Gute erkennen, während es entsteht. Ich kannte ja die meisten Expressionisten schon vor und während des Krieges, dann danach in der schlechten Zeit. Für manches bin ich 3. Klasse nach Paris gefahren, bot 320 Mark, wenn die anderen bei 300 Mark passten; danach konnte ich mir keinen Kaffee mehr leisten."

*Zu Gast bei „Jahrhundertkoch"
Eckart Witzigmann in München.*

Frank Elstner.

Der Erfinder von Wetten, dass…?

Dem Erfolgsgeheimnis von einem auf die Spur zu kommen, das war Thilo Kochs erklärte Absicht, als er *ihn,* den mit der berühmten suggestiv-sanften Stimme, ins noble Freiburger „Colombi" bat. Er, das war *Frank Elstner,* Jahrgang 1942, der Chefsprecher, Moderator und Programmdirektor der „Vier fröhlichen Wellen von Radio Luxemburg". Die damals sonntägliche Hitparade ließ unsereins nicht aus. Nahtlos folgte der Einstieg ins Fernsehen: „Spiel ohne Grenzen" und „Die Montagsmaler". Nicht absehbar war seinerzeit seine Erfindung von „Wetten, dass".

Ein Geniestreich, in Europa geworden die erfolgreichste TV-Show. Und das bis 1987, dann abgegeben an den Radio- und Fernsehmoderator *Thomas Gottschalk.* Fast fließbandartig reihten sich Elstners Produktionen aneinander. Allein für die Sendung „Die stillen Stars" gewann er 138 Nobelpreisträger. Thilo Koch zur Erkenntnis der Elstner-Genialität: Er schenke etwas, er schenke sich selbst, indem er mitteile und weitergebe, was ihm spontan einfalle und gefalle, wovon er fest glaube, dass auch andere es mögen werden.

Eingangshalle des Colombi-Hotels.

Die Frage, ein Fehltritt

Was Frank Elstner möglicherweise nicht sonderlich gemocht haben könnte, das war meine Unbedarftheit, milde gesagt, eines mich selbst überraschenden Fauxpas im Verlauf eines Treffens nach der 33. Verleihung der hoch begehrten „Löwen" von Radio Luxemburg in Dortmund. *Udo Jürgens,* übrigens, war einer der Geehrten für „Griechischer Wein". Doch zurück zum Fehltritt. Während des harmonisch verlaufenden Gesprächs fiel mir nichts Besseres ein, als ihn nach der Ursache des verkleinerten rechten Auges zu fragen. Er lächelte und wechselte das Thema. Blitzartig war mir klar, dass Frank Elstner schon oft damit konfrontiert worden sein musste. Tatsache bleibt, mein Einfühlungsvermögen war für Sekunden abhandengekommen. Die Lehre daraus: Gewisse Fragen sind besser zu unterlassen, auch als Journalist. Was es mit dem Auge auf sich hatte, erfuhr ich sehr viel später von einem Kollegen: Es handelt sich um eine selten vorkommende Fehlbildung namens Mikrophthalmie.

Gott als Erschaffer des Universums nach geometrischen und harmonischen Prinzipien. Eine der kostbar gestalteten Titelseiten einer Bible moralisée, entstanden um das Jahr 1220.

Feuergeist und Himmelsstürmer

Einen sehr persönlichen Wunsch zur Serie der „Tischgespräche" erfüllte Thilo Koch sofort: Es ging um *Erich von Däniken,* 1935 geboren zu Zofingen im Schweizer Kanton Aargau. Im Zürcher Grand Hotel Dolder traf er ihn, den Buchautor, den „Abenteurer zwischen Himmel und Erde", wie ihn treffend charakterisiert. Schon 1968 hatte er mit dem Erstlingswerk „Erinnerungen an die Zukunft" (Ungelöste Rätsel aus der Vergangenheit) weltweit den Nerv eines Millionenpublikums getroffen, den meinen, zugegeben, zugleich. Hatte ich doch eben noch sein Buch „Der Tag, als die Götter kamen" erstanden und vom Fleck weg „verschlungen". Däniken, sich selbst nicht als Wissenschaftler bezeichnend, sprach da eher von einer „phantastischen Wissenschaft". Sie brachte ihm über 63 Millionen verkaufter Bücher ein und das in 32

Erich v. Däniken.

Sprachen. Sein Gesamtwerk gilt heute als „pseudo-wissenschaftliche Prä-Astronautik". Mit anderen Worten gedeutet: Parawissenschaft für die angenommene Präsenz außerirdischer Intelligenzen auf der Erde zu Zeiten der Vorgeschichte und des Altertums.

Thilo Koch schildert ihn als Feuergeist und Himmelsstürmer, bewundert ihn für die nicht zu erschütternde Überzeugung, dass „die Außerirdischen wiederkommen". Er, Däniken, erwarte sie – „und nicht den Messias". Einem Glaubensbekenntnis gleich dann zudem das Argument fürs unmöglich Erscheinende in Anlehnung an „Zurück zu den Sternen" (1969): „Gott", sagt er, „musste, da er doch allmächtig und unfehlbar ist, sein Werk am siebten Tage gut finden. Aber er brauchte die Außerirdischen, auch deren Technologie, wie sie schon Hesekiel in der Bibel beschrieb, er benötigte sie für die Schöpfung, die ja kein Endprodukt ist, sondern ein steter Prozess, von dem wir Menschen ein winziger Teil ist." Der Nachtrag: In der Leserschaft sollen es viele gewesen sein, so oft vermittelt oder in Leserbriefen bekannt, VIF Gourmet-Journal allein schon wegen der „Tischgespräche" regelmäßig erstanden zu haben.

Namen zum Gelingen des Genuss-Journals
DAS VIF-TEAM

Ständige Mitarbeiter. Klaus Besser. Thilo Koch. Dr. Rolf Hasenclever. Heinzrolf M. Schmitt. August F. Winkler. Hans Peter O. Breuer. Alexander Wischnewski. Rolf und Ellen Falout. Dolly Denker. Hans Baumann. Karl Rudolf. Ilse Besser. Max Inzinger. Heidi Weidner. Rudolf Knoll. Dr. Josef Luckau. Wolfgang Schmerfeld. Karl H. Cohnen. Professor Heinz Fischer. Laszlo Molnar. Dr. Ulrich Köppen. Cornelius Zimmermann. Stephan Schurr. Horst D. Tschadow. Konrad Sönnichsen. Einar von Heeg. Ingrid Blumenthal (Ost-Berlin und DDR). Professor Wolfgang Altendorf. Professor Hademar Bankhofer. Harry Bischof. Rainer Deglmann-Schwarz. Holger Hofmann. Dr. Ulrich Köppen. Gabie Heer. Klaus P. Pfund. Bert Schreiber. Petra Thiele. Dr. Johannes Székely.

Ausland. Dr. Wolfgang Neuhuber, Österreich. Wolfgang O. Steinhardt, Italien. Gilbert Pacozzi, Schweiz. Jörg Zipprick, Frankreich.

Fotografen. Peter Frese. Klaus P. Exner. Bruno Hausch. Armin Faber. Joachim Heer.

Graphik und Layout. Wolfgang Eckl.

Sekretariat. Sieglinde Schäfer (Werkmann). Elisabeth Wuchenauer (Urthaler). Marianne Raab.

Verleger: Hajo Artopé, Atlas-Verlag für Spezialzeitschriften, München.

Rolf Hasenclever: Unternehmer, Jazzer, Kolumnist, Buchautor, Doktor ehrenhalber, Bundesverdienstkreuz, Hobbykoch, Chevalier d'honneur.

Freude ist so wichtig wie das tägliche Brot

Zu den Autoren von *VIF Gourmet-Journal* und *SAVOIR-VIVRE,* dem 1994 in Aarau, Schweiz, gegründeten Journal für Genießer, gesellte sich ein Abonnent, dessen „Sprichwörtlichkeiten" sich weithin reger Resonanz erfreuten. Er kam nicht aus dem journalistischen Bereich, er war ein Unternehmer von Rang und Namen: *Rolf Hasenclever* (1928-2008). Zahlreiche Auszeichnungen stehen dafür: vom

Flagge Vatikanstadt.

Großen Verdienstkreuz mit Stern der Bundesrepublik bis zum Doctor honoris causa. Die Würde des *Doktors ehrenhalber* hatte ihm die Päpstliche Salesianer Universität

Dr. Rolf Hasenclever, Lüdenscheid.

in Rom verliehen – ihm, dem gelernten Werkzeugmacher aus dem westfälischen Lüdenscheid im Sauerland. Nach dem Studium zum Maschinenbau-Ingenieur trat er in die Firma des Vaters ein, dem Werkzeug- und Formenbau „Hasenclever & Co." Bereits mit 32 erwuchs ihm die Verantwortung als Alleininhaber mit der bald weltweiten Vernetzung, begründet somit die Unternehmensgruppe *HASCO.* Ob seiner Fähigkeiten war er für Freunde und Nahestehende ein Phänomen. Wie auf einer Perlenschnur reihten sich technische Erfindungen und Patente. Legendär geworden zudem seine zielgerechte Verkaufspsychologie.

Sport prägte das Denken und Handeln

Den Musen zugetan, brachte er schon als Pennäler erste Gedichte zu Papier, komponierte Schlager, nahm Klavierunterricht und gründete mit 18 eine eigene Band. Das Spiel mit Klarinette und Saxophon brachte er sich selbst bei. Damit nicht genug. Längst zum Jazz-Musiker geworden, tat er sich mit Gleichgesinnten zusammen. Das Ergebnis war Lüdenscheids erster „Jazzclub", was ihm die Ernennung zum Referenten für Musikerfragen in der „Deutschen Jazz Föderation" einbrachte. Sport war ihm zeitlebens ein bedeutsames Thema. Es prägte sein Denken und Verhalten, gewonnen beim Geräteturnen, Reiten, bei Ski alpin und Tennis. Bei

Letzterem bescheinigte er sich „bestenfalls ein freundliches Mittelmaß". In der Kurzbiografie, erschienen zum 65. Geburtstag, heißt es unter anderem: „Er weiß Wichtiges vom Unwichtigen zu trennen. Versteht sich kurz und unmissverständlich auszudrücken. Verabscheut unnötiges Gerede, kommt gleich zur Sache und verlangt auf seine Fragen klare Antworten." Unter der Vielzahl der Gratulanten zu Hasenclevers Festtag befanden sich zwei Bundeskanzler: Deutschlands *Dr. Helmut Kohl* und Österreichs *Dr. Franz* Vranitzky.

Blick auf Lüdenscheid, gelegen im sauerländischen Süden Westfalens.

Erfolg kann man lernen

Ganz dem gesunden Menschenverstand verschrieben und psychologisch pointiert, das sind Hasenclevers Bücher. Zu den Beispielen zählen „Erfolg – so nebenbei", „Erfolg kann man lernen", „Leitsprüche – Aus dem Leben für das Leben". Eines seiner schönsten Werke: „Mach's dir nicht so schwer – Genieße dein Leben". Das reich bebilderte 174-Seiten-Buch entstand in Zusammenarbeit mit *Sieglinde Layr,* Österreichs kreativster Aquarellistin in Gars am Kamp, Waldviertel, Niederösterreich. Wer ihr begegnete, wird sich an ihre Philosophie erinnern: „Sich mindestens zehnmal am Tag über irgendetwas freuen." Dem pflichtet der Autor im Vorwort bei: „Träume und genieße Märchenhaftes – die ins Kunstwerk verwobenen Träume einer Frau, wie sie nicht schöner und anmutiger ins faszinierende Bild gerückt werden können." Und: „Freude ist so wichtig wie das tägliche Brot."

Dass Rolf Hasenclever auch als Hobbykoch zu beeindrucken verstand, sei nicht nur am Rande vermerkt. Und das gewürzt liebend gern mit seinen ganz eigenen (Leit-) Sprüchen: „Wem das Essen heute zu salzig und morgen zu laff ist, sollte selber Koch werden." Oder versöhnlicher: „Was für den Magen ein gutes Frühstück, das ist für die Seele ein gutes Wort."

Österreichs kreativste Aquarellistin: Sieglinde Layr aus Gars am Kamp.

Als durchaus kritischer Gourmet wusste er durchaus diverse Auswüchse zu benennen, angeprangert in manchem Beitrag über „Sitten und Unsitten bei Tisch". Das betraf auch die Thematik vom Wohlbefinden, ganz nach dem Motto „Das Leben könnte sehr viel schöner sein, wenn…" Dass die *Confrérie de la Chaîne des Rôtisseurs,* Paris, auf ihn aufmerksam wurde, verwundert nicht; auch nicht, dass sie ihn adelnd zum „Chevalier d'Honneur" erhob. Die *Chaîne,* kurz benannt, ist eine international agierende Gesellschaft, verpflichtet der Haute Cuisine, der hohen Kunst des Kochens, Hüter gastronomischer Werte wie auch der gepflegten Tischsitten. Sie ist mit rund 24 000 Mitgliedern in 75 Ländern vertreten. Die ursprüngliche

Mensch und Natur: Für die Aquarellistin Sieglinde Layr ein unerschöpfliches Thema. Motive: „Sonderbares Fest" und „Tourist".

Gilde der Röster lässt sich zurückverfolgen bis ins Jahr 1248. Das war zur Zeit des 1297 heilig-gesprochenen Königs *Ludwig IX.* Aufgelöst 1793 im Verlauf der Französischen Revo-lution, fiel sie fast der Vergessenheit anheim, bis sie 1950 als Chaîne in der Metropole an der Seine erstand. Unter den (Neu-)Gründern von Rang war 1950 ein gewisser Maurice-Edmond Sailland (1872-1956), der unter dem Pseudonym agierende *Curnonsky,* gerühmt als *„Prince des Gastronomes",* zudem beteiligt am Werden des „Guide Michelin". Das Credo des Journalisten, Verfassers von Romanen und Theaterstücken: „Gute Küche heißt, dass die Dinge so schmecken, wie sie sind." Die Buchempfehlung: Curnonsky oder das Geheimnis von des Maurice-Edmond Sailland.

Von Inge Huber, Collection Rolf Heyne, München 2010. Übrigens ein Geburtstagspräsent vom Weggefährten Alexander Wischnewski in den Redaktionen VIF Gourmet-Journal, München, und SAVOIR-VIVRE, Grünwald.

Ost-Berlin, Prag, Warschau und Budapest:
Spannungsgeladene Tage, Wochen, Monate.

Die Vorboten der friedlichen Revolution

In all den Jahren seit dem Seitenwechsel von Ost nach West
hat das Interesse zur Information über den DDR-Staat und
das sozialistische Ausland nicht nachgelassen. Zugute kam
dem der eingeschlagene Weg zum Journalismus, der
Reportagen in den vom sowjetischen „großen Bruder in
Moskau" kontrollierten Ostblock ermöglichte, vornehmlich
Ungarn, Jugoslawien, die Tschechoslowakei, Rumänien,
Bulgarien bis an die „Russische Riviera" am Schwarzen

*Ausgebürgert in
die Bundesrepublik:
Wolf Biermann.*

*Franz Josef Strauß:
Kredithilfe in Höhe
von einer Milliarde.*

Meer, bis Sotschi am Fuße des Kaukasus. Vornehmlich standen
die privaten Ausflüge in die alte Heimat an: Bischofswerda
nahe Dresden und Cottbus an der Spree. Zu sehen und zu hören
war manches, was nicht gefallen konnte. Die Versorgungslage
ließ zu wünschen übrig. Dennoch rühmte sich die DDR, noch
immer besser dazustehen, als deren „Bruderländer".
Kontinuierlich stieg die Zahl der Ausreisewilligen Richtung
Westdeutschland. Dem wiederum standen Ausbürgerungen
gegenüber, wie beispielsweise die von *Wolf Biermann,* dem
bekennenden Regimegegner, Dichter und Liedermacher: 1976
das deutsch-deutsche Medienereignis. Desolat die Wirtschafts-
lage. Die Kreditwürdigkeit des Arbeiter- und Bauernstaates
hinterm politischen „Eisernen Vorhang" schmolz wie der letzte Schnee in der
Frühlingssonne. Luft verschaffte 1983 vorübergehend die vom bayerischen
Ministerpräsidenten *Franz Josef Strauß* (1915-1988) eingefädelte
Kredithilfe von einer Milliarde D-Mark. Doch die Krisensymptome
blieben. Zu dieser Zeit sah ich übrigens den „netten Herrn Heinrich"
wieder, wenn auch aus einiger Entfernung – sechs Tische weiter in
einem Hotel-Restaurant im ungarischen Balatonalmádi am Plattensee. Es blieb beim Blickkontakt und beim Nimmerwiedersehen.

Unterm Schutz der Kirchendächer
Inzwischen hatten sich „nichtsozialistische Gruppierungen" unter den schützenden
Kirchendächern gebildet. Gotteshäuser als Rückzugsräume für Oppositionelle, für
die Staatsmacht ein kaum zu lösendes Problem. Für Historiker war das der
Grundstein für die friedliche Revolution. Trotz aller wirtschaftlichen Widrigkeiten
nahm die Militarisierung zu. Selbst Frauen sollten fortan zur Verstärkung der

Nationalen Volksarmee (NVA) der Wehrpflicht unterliegen. Vom „Frieden", den es erhalten galt, war viel die Rede. Dem entgegen stand die Stationierung sowjetischer Trägerraketen mit Atomsprengköpfen. So auf der „Operationsbasis Bischofswerda" in der Umgebung meiner Geburtsstadt. Es war der zum Sperrgebiet erklärte Wald zwischen den Dörfern Uhyst am Taucher und Stacha. Bekannt wurde das erst 1990 nach der Wiedervereinigung, wie auch jeweils bei Halle, Altenburg und Karl-Marx-

Operationsbasis Bischofswerda: Geheimeinheit Trägerraketensystem der Sowjetischen Streitkräfte.

Stadt, heute Chemnitz. In der DDR bislang undenkbar: Erste De-

Symbol der DDR-Friedensbewegung.

monstrationen fanden statt. Wenn auch in Jena, Leipzig, Dresden und Ost-Berlin bislang bescheidenen Ausmaßes. Schließlich waren die politisch Beherzten noch eine Minderheit. Bald aber schwoll die Zahl der DDR-Unwilligen erneut an. Nun war man nicht mehr bereit, auf die Genehmigung oder Ablehnung zu warten. Die Massenflucht über Ungarn nahm ihren Anfang. Ungezählte suchten ihr Heil in den bundesdeutschen Botschaften in Budapest, Warschau und Prag. Selbst erlebt im Juni 1989 in der tschechoslowakischen Kapitale, als Frauen und Männern mit ihren Kindern auf dem Arm versuchten, den hohen Zaun des Palais Lobkowicz, Sitz der deutschen Botschaft, zu überwinden – wobei von Polizeikräften teilweise nicht ernsthaft behindert. Das ging unter die Haut. Erschütterung bei einem, der 1960 als junger DDR-Bürger den zweiten Anlauf zum Seitenwechsel nach Westdeutschland geschafft hatte – ein Jahr vor dem Berliner Mauerbau, dem von der Staatsführung so genannten „Antifaschistischen Schutzwall". Das eine wie das andere: Es ist noch immer so, als wären diese Vorboten der Wende erst gestern gewesen. Und das getreu einem Wort von *Novalis* (1772-1801), dem Philosophen und Schriftsteller der frühen Romantik: „Alle Erinnerung ist Gegenwart."

Frühromantiker Novalis um 1800.

Michail S. Gorbatschow.

Gorbatschow, Glasnost, Perestroika

Das Prager Erlebnis ließ erneut das Bild von den jungen Leuten vor Augen stehen, die eines Tages die Mauer niederreißen werden, vorausgesagt von der *Käthe Niessen,* der Seherin vom Niederrhein; siehe hierzu das Kapitel über sie und Veruschka von Lehndorff. Doch dann deutete sich das unmöglich Erscheinende am politischen Horizont an. Für den Silberstreif sorgte ausgerechnet der neu ins Amt gekommene General-sekretär des Zentralkomitees der Kommunistischen Partei der Sowjetunion (KPdSU): *Michail Sergejewitsch Gorbatschow,* Jahrgang 1931. Der Mächtigste des russischen Riesenreiches stand überraschend für *Glasnost,* gleich Offenheit, und *Perestroika,* russisch Umbau, Umgestaltung. Am 6. Oktober 1989, am Vortag der Feierlichkeiten des 40. DDR-Gründungstages, bekannte er vor westlichen Journalisten völlig Überraschendes und längst legendär Gewordenes: „Ich denke, Gefahren warten nur auf jene, die nicht auf das Leben reagieren." Daraus wurde verkürzt nach einer Übertragung ins Englische das in die Geschichte eingegangene Zitat: „Tógo, kto oposdajet, nakaschajet schisn. – Wer zu spät kommt, den bestraft das Leben." Worte, empfunden wie eine Erlösung. Rundfunk, Fernsehen, Zeitungen, nichts wurde fortan ausgelassen,

Briefmarke von 1990.

um auf dem Laufenden zu bleiben. Voll im Gang die friedliche Revolution, ohne

Eine der Leipziger Montagsdemonstrationen.

dass auch nur ein Schuss fiel. Begon-nen hatte das massive Aufbegehren spätestens Anfang September. *Leipzig* wurde ob des Mutes der Demonstranten zur „Heldenstadt" erhoben. Kaum noch gefürchtet der Überwachungsstaat. Erkennbar nicht nur in der Messe-Metropole, sondern auch in Dresden, Karl-Marx-Stadt, heute wieder Chem-nitz, Magdeburg, Plauen, Arnstadt, Rostock und Schwerin, beispielsweise. Hunderttausende signalisierten der Staatsführung, einem Schlachtruf gleich: „Wir sind das Volk!"

Großer Auftritt: Jan Josef Liefers.

Demonstration der Theatermenschen

Am 4. November versammelten sich 500 000 auf dem Ost-Berliner Alexanderplatz zur „Demonstration der Theatermenschen", der Schauspieler, Schriftsteller und Kulturwissenschaftler. Deren Kernpunkte: Gegen Gewalt, für verfassungsgemäße Rechte, wie Presse-, Meinungs- und Versammlungsfreiheit. Unter der Rednerprominenz ein 25-jähriger Dresdner, engagiert am Deutschen Theater. Er schloss seine Rede mit der Forderung: „Die vorhandenen Strukturen (…) lassen Erneuerung nicht zu. Deshalb müssen sie zerstört werden. Neue Strukturen müssen wir entwickeln, für einen demokratischen Sozialismus. Und das heißt für mich unter anderem auch Aufteilung der Macht zwischen der Mehrheit und den Minderheiten." Es war *Jan Josef Liefers,* der vielseitige Protagonist auf den Bühnen, der Musiker, Regisseur, Produzent und Mittelpunkt von über 60 Filmen im Fernsehen. Seit 2002 zweimal jährlich zudem im sonntäglichen, alle Quoten sprengenden „Tatort" als fiktiver Münsteraner Professor Dr. Dr. Karl-Friedrich Boerne. Auf höchst unterhaltsame und vor allem unverwechselbar wortwitzige Art und Weise steht er schließlich dem Kommissar Frank Thiel, verkörpert von Axel Prahl, bei der kriminalistischen Arbeit zur Seite. Und das, obwohl nicht immer auf Zustimmung treffend.

Quelle: Entwicklung der DDR bis Ende der 80er Jahren. Von Günther Heydemann. Informationen zur politischen Bildung im Heft 270 vom 4. Februar 2002.

Ost- Berlin: Zug der Demonstranten zum Alexanderplatz.

Berlin, nun freue dich! Wieder vereint nach 28 Jahren. Die Chronologie des 9. November 1989. Auslöser der Ereignisse die missverständlichen Angaben zu den Reiseregelungen im Verlauf einer Pressekonferenz in Ost-Berlin.

Die Tore der Mauer stehen weit offen

In die Geschichte eingegangene Pressekonferenz: Reiseregelung am 9.11.1989 mit Günther Schabowski (2. von rechts).

Wenn man denn möchte, dann ließe sich dem Berliner Klima am 9. November im doppelten Sinne eine gewisse Symbolkraft zuschreiben. So fasste der *Deutsche Wetterdienst* (DWD) in Offenbach zusammen, was für den Tag, die Nacht und den Morgen darauf zu registrieren war: Milde Westwetterlage. Zwischenhoch-Einfluss nach der Kaltfront eines Sturmtiefs. Wechselnd bewölkt. 10 Grad plus. Aufklaren in der Nacht. Leichter Bodenfrost. Minus 2 Grad am Fuß der Berliner Mauer. Und dann wörtlich: „Nach der geschichtsträchtigen Nacht lachte am nächsten Morgen die Sonne am Himmel."

Was sich am Abend meines Geburtstages in Berlin abspielte, erfuhr ich erst sachlich vermeldet um 22.42 Uhr von Nachrichten-Moderator *Hanns-Joachim Friedrichs* (1927-1885) in der Nachrichtensendung „Tagesthemen" (ARD): „Die Tore der Mauer stehen weit offen." Was zu sehen, zu hören und somit zum Miterleben war, das geriet zu einer Nacht der Glückseligkeit, von den Tränen der Ergriffenheit ganz zu schweigen. Was erträumt und doch eigentlich längst nicht mehr für möglich gehalten, das hatte sich zu einem Weltereignis verfestigt: Ost- und West-Berlin

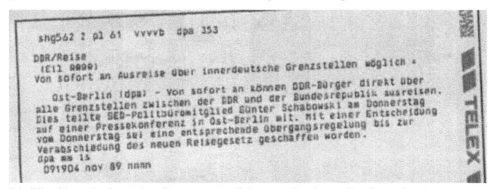

Die Eilmeldung der Deutschen Presseagentur (DPA) zum Passieren aller Grenzübergänge.

Ex-Oberstleutnant Harald Jäger (links) und in dessen TV-Rolle Charly Hübner.

wieder eins. Sich bislang Fremde, sie fielen sich in die Arme, tanzten auf der Mauer, während schon die ersten „Mauerspechte" das Symbol der Teilung zu zerlegen begannen. Sektkorken knallten: 28 Jahre des Weggesperrtseins waren Vergangenheit. Noch vor Mitternacht bemühte sich die Sprecherin der „Aktuellen Kamera" des DDR-Fernsehens um die Entschärfung der Situation. Vergeblich der Hinweis, dass „die Reisen in den Westen" beantragt werden

müssen. Die meisten waren längst unterwegs zu den Grenzübergängen nach West-Berlin. Die letzten Stunden an einer der Kontrollstationen sind in dem TV-Film „Bornholmer Straße" authentisch nachempfunden, gesendet am 4. November 2014. In der Hauptrolle *Charly Hübner* als kommandierender Oberstleutnant, der befehlswidrig den Grenzübergang öffnete und die Leute ihrer unverhofften frei gewordenen Wege gehen ließ. Im wahren Leben war es *Harald Jäger,* Jahrgang 1943, gelernter Ofensetzer, stammend aus Bautzen an der sächsischen Spree*:* „Es war das Schrecklichste, das Schrecklichste und Schönste, das ich erlebte."

Bösebrücke an der Bornholmer Straße.

Ansturm auf die Übergänge

Was an diesem 9. November 1989 geschah, das blieb in der Erinnerung wie in Marmor gemeißelt. Es begann 18.53 Uhr im Ost-Berliner „Internationalen Pressezentrum der DDR" (IPZ) an der Mohrenstraße. Kurzfristig einberufen worden war die Konferenz wegen der brisant gewordenen Thematik „Reiseregelungen". Vor der versammelten Journalistenschar erschien kein Geringerer als *Günter Schabowski* (1929-2015), Sprecher des Zentralkomitees der SED-Staatspartei, zuständig fürs Informationswesen, selbst Journalist und bislang Chefredakteur des Parteiorgans

Video bietet eine leistungsstarke Möglichkeit zur Unterstützung Ihres Standpunkts. Wenn Sie auf "Onlinevideo" klicken, können Sie den Einbettungscode für das Video einfügen, das hinzugefügt werden soll. Sie können auch ein Stichwort eingeben, um online nach dem Videoclip zu suchen, der optimal zu Ihrem Dokument passt.

Damit Ihr Dokument ein professionelles Aussehen erhält, stellt Word einander ergänzende Designs für Kopfzeile, Fußzeile, Deckblatt und Textfelder zur Verfügung. Beispielsweise können Sie ein passendes Deckblatt mit Kopfzeile und Randleiste hinzufügen. Klicken Sie auf "Einfügen", und wählen Sie dann die gewünschten Elemente aus den verschiedenen Katalogen aus.

Designs und Formatvorlagen helfen auch dabei, die Elemente Ihres Dokuments aufeinander abzustimmen. Wenn Sie auf "Entwurf" klicken und ein neues Design auswählen, ändern sich die Grafiken, Diagramme und SmartArt-Grafiken so, dass sie dem neuen Design entsprechen. Wenn Sie Formatvorlagen anwenden, ändern sich die Überschriften passend zum neuen Design.

Sparen Sie Zeit in Word dank neuer Schaltflächen, die angezeigt werden, wo Sie sie benötigen. Zum Ändern der Weise, in der sich ein Bild in Ihr Dokument einfügt, klicken Sie auf das Bild. Dann wird eine Schaltfläche für Layoutoptionen neben dem Bild angezeigt Beim Arbeiten an einer Tabelle klicken Sie an die Position, an der Sie eine Zeile oder Spalte hinzufügen möchten, und klicken Sie dann auf das Pluszeichen.

Auch das Lesen ist bequemer in der neuen Leseansicht. Sie können Teile des Dokuments reduzieren und sich auf den gewünschten Text konzentrieren. Wenn Sie vor dem Ende zu lesen aufhören müssen, merkt sich Word die Stelle, bis zu der Sie gelangt sind – sogar auf einem anderen Gerät.

Das Brandenburger Tor und die bis zum 1. Dezember 1989 bestehende Mauer vor der Öffnung des Übergangs nach West-Berlin.

„Neues Deutschland". Umgehend zur Sache kommend, verkündete er, dass man sich entschlossen habe, „heute eine Regelung zu treffen, die es jeden Bürger der DDR möglich macht, über die Grenzübergangspunkte der DDR auszureisen." Und: „Genehmigungen werden kurzfristig erteilt." Die Frage, ab wann das möglich sei, antwortete Schabowski: „Das trifft nach meiner Kenntnis, ist das sofort. Unverzüglich." Bereits Punkt 19.04 Uhr tickerte die Deutsche Nachrichten-Agentur (DPA) per Telex die sensationelle Nachricht als Eilmeldung in alle Welt.

Wie ein Lauffeuer verbreitete sich die Erklärung des hohen Funktionärs in ganz Berlin. Sie führte zu einem Massenansturm auf die neun innerstädtischen Grenzübergänge. Der Hinweis auf die *Genehmigungen* war im Jubel und Trubel völlig untergegangen, das Ende der Mauer besiegelt. 400 Millionen DDR-Mark hatte sie gekostet: 46 km lang, 3,60 m hoch, 1,20 m breit nebst der befestigten Grenzanlagen auf 160 km. Das Symbol der Berliner und der deutschen Teilung mit Minen und Selbstschussanlagen war gegenstandslos geworden.

Die Randnotiz in eigener Sache: Am Tag der Vorstellung im Verlagshaus der *Westfälischen Rundschau* hatte ich vor Ort noch in einem Nebenzimmer einen Test-Artikel freier Wahl zu verfassen. Es war „Ein Tag an der Bernauer Straße", wo während der Mauerarbeiten ein Grenzsoldat in voller Montur mit Helm und Waffe über den Stacheldraht auf West-Berliner Boden sprang. Der Beitrag wurde zum „Türöffner" fürs Volontariat, 1963 zum Einstieg in die journalistische Ausbildung; siehe das Kapitel „Die Bewerbung und der Testartikel". Das Foto vom „Sprung in die Freiheit" gehört übrigens zum UNESCO-Weltdokumenten-Erbe.

Deutschland einig Vaterland

Nach dem Mauerfall vom 9. November beherrschte der Wandel in der DDR die Nachrichtenlage beiderseits der rund 450 Kilometer langen Demarkationslinie. Bis zum 19. November hatten mit behördlicher Genehmigung

Abkommandiert nach Berlin: NVA-Soldaten als Bereitschaftspolizisten.

um die drei Millionen DDR-Bürger die Bundesrepublik und West-Berlin besucht. Das kam einer Völkerwanderung gleich, ausgehend von der Ostseeinsel Rügen im Norden bis zum südlichsten Punkt, bis Schönberg am Kapellenberg im Vogtland. Am 20. des Monats stand Leipzig mit über 100 000 Demonstranten wieder im Blickpunkt. Wie Donnerhall der Ruf nach „Deutschland einig Vaterland". Am 12. Dezember verabschiedete sich das Einparteisystem SED, umbenannt in *Partei des Demokratischen Sozialismus* (PDS), gewandelt 2007 zur *Die Linke.* Was in der nicht nachlassenden Euphorie beinahe unterging, das war am 21. November die sofortige Aufhebung des Schießbefehls (101/89), veranlasst von DDR-Verteidigungsminister *Theodor Hoffmann* an die Grenztruppen. Am 22. Dezember dann überraschend die Öffnung der Grenzübergangsstelle *Brandenburger Tor* für Fußgänger im Beisein von über 100 000 Zeugen des historischen Moments mit Bundeskanzler *Helmut Kohl* und DDR-Ministerpräsident *Hans Modrow.* Die Rede zur Feier des Tages hielt der

Regierende Bürgermeister *Walter Momper* mit der Aufforderung: „Berlin, nun freue dich!" Im Nachhinein von Chronisten die Bekenntnisse der beiden Staatenlenker im Geschichtsbuch der Wende verewigt: Für den Westdeutschen war es „eine der schönsten Stunden seines Lebens", für den Ostdeutschen „ein Zeichen der sich erneuernden DDR". Jubel brandete auf, als Helmut Kohl bewegende Worte fand: „Von diesem Platz aus geht die Botschaft aus der DDR und der Bundesrepublik Deutschland – wir wollen Frieden, wir wollen Freiheit, wir wollen unseren Beitrag zum Frieden in Europa und in der Welt leisten."

Walter Momper.

Nicht gemein machen mit einer Sache

Ein Wort noch zu Moderator Hanns-Joachim Friedrichs, dem einstigen „Ankermann", englisch *anchorman,* der Fernsehnachrichten im Ersten (ARD). Was er einmal in einem Interview, es war sein letztes, bekannte, kam einem Manifest zum Journalismus gleich. Ein Auszug: „Distanz halten, sich nicht gemein machen mit einer Sache, auch nicht mit einer guten, nicht in öffentliche Betroffenheit versinken, im Umgang mit Katastrophen cool bleiben, ohne kalt zu sein. Nur so schaffst du es, dass die Zuschauer dir vertrauen, dich zu einem Familienmitglied machen, dich jeden Abend einschalten und dir zuhören." Ein nachahmenswertes Leitbild.

Quellen: Deutschlandfunk. Dokument der Woche: Das war der Tag am 9.11.1989. Gesendet mit Originalbeiträgen vom 9.11.2014.- Cool bleiben, nicht kalt. – ARD-Doku/Spiegel-TV-DVD Nr. 21: 9. November 1989-Das Protokoll eines historischen Versehens. – Hans-Hermann Hertle: Chronik des Mauerfalls, Seiten 166-168. – Wissen.de. Konradin Medien, Leinfelden-Echterdingen. – Presse- und Informationsdienst der Bundesregierung, Berlin. – Der Fernseh-Moderator Hanns-Joachim Friedrichs über sein Journalistenleben. In: Der Spiegel Nr. 13/27.3.1995.

Erinnerungen an Günter Schabowski nach der
Wiedervereinigung Deutschlands 1990

MENTOR, MACHER UND MENSCH

Einer, der den aus dem vorpommerschen Anklam stammenden
Günter Schabowski (1929-2015) als Chefredakteur und
„Volontärsvater" nach dem Niedergang der DDR in den 1990er
Jahren erlebte, das war *Ingo Schmidt,* damals fest
entschlossen dem Journalismus zugewandt. Da bot sich die
Wochenzeitung *Heimat-Nachrichten* im hessischen Rotenburg
an der Fulda nahe Bad Hersfeld zur Ausbildung an. In seinen Erinnerungen an den
beruflich Neuorientierten würdigte er in der letzten Ausgabe des lokalen Blattes
den als „Maueröffner" in die deutsche Gesichte Eingegangenen als „Mentor,
Macher und Mensch".

Auszüge des Beitrags über journalistische Lehrstunden: „Vom ersten Tag unseres
gemeinsamen Wirkens hat er mir das Gebot der Exaktheit im Formulieren, die
permanent selbstreflexive Überprüfung des Verfassten, das lösungsorientierte
Arbeiten ans Herz gelegt." Manche „Nachhilfestunde" diente zugleich zu Rüstzeug
und Ansporn – eine Schule fürs Leben zudem.

*Chefredakteur Günter Schabowski, Volontär Ingo Schmidt
und Egon Bahr (v.r.n.l.), Mitgestalter der Ost- und
Deutschlandpolitik seit 1969: Wandel durch Annäherung.*

Ganz auf die außerge-
wöhnliche Zusammenar-
beit mit dem „Chef" bezieht
sich dieses nachhaltige
Bekenntnis: „Welcher Vo-
lontär kann schon pendeln
zwischen Kaninchenzucht-
verein und Heimatabend
einerseits und intellektuell
veranlagten Debatten über
prä- und postsozialistische
Zeiterscheinungen ande-
rerseits." Und: „Wir haben
in den nunmehr 20 Mo-
naten unseres gemeinsa-
men Tuns über Gott und die
Welt geredet, über Kon-
zepte und Lösungen

sinniert, manches verworfen, anderes (…) gutgeheißen. Immer voller Leidenschaft, stets ohne Pathos und erhobenen Zeigefinger." So sei es nicht immer leicht gewesen, ihm zu folgen. „Mit seinem Wissensschatz, angesammelt über Jahrzehnte umtriebigen Engagements und zugleich omnipräsentes Ergebnis journalistischer Neugier durfte er zwar keinen ‚neuen' Staat machen, wohl aber eine ‚neue' Zeitung ‚aufbauen'. Ein Blatt, das der Region gut zu Gesichte stand, weil ihm die Menschen wichtig waren; vor allem die, die sich vielleicht keine Kaufzeitung leisten konnten, in diesem immer noch von der Wirtschaft und der Politik vernachlässigten einstigen Zonenrandgebiet." Und so befindet der dankbare Autor: „Ein Wanderer zwischen den Welten, der die Spree gegen die Fulda eintauschte, weil er hier seiner Profession – dem Virus Journalismus auf ewig verfallen – noch einmal mit Leib und Seele nachgehen konnte." So empfunden, niedergeschrieben und ver-

Hessisches Städtchen der Fachwerkhäuser: Rotenburg an der Fulda südlich von Kassel.

öffentlicht in der allerletzten Ausgabe der *Heimat-Nachrichten* am 31. März 1999 in Rotenburg an der Fulda.

Zu Ingo Schmidt, Redaktionsbüro *Feines Land*: Bekennender Niedersachse. Als Journalist und Buchautor unterwegs in der schönen weiten Welt der Gastlichkeit. Spezialgebiete: Kulinarik, Hotellerie, Wein und Reisen. Chefreporter des 1994 in Aarau, Schweiz, gegründeten Genießer-Journals *SAVOIR-VIVRE*.

Der Tag und die Nacht vor Heiligabend: Unterwegs ohne Visum vom niedersächsischen Settmarshausen nach Cottbus im Brandenburgischen

Da sage noch einer, es gäbe keine Wunder mehr!

Weihnachten stand vor der Tür. Die deutsch-deutschen Ereignisse hielten weiterhin in Atem. Der Osten strömte zu Besuchen von Verwandten und Bekannten in den Westen. Deutschland war in Bewegung. Wir auch, allerdings von Taufkirchen vor München nach Settmarshausen bei Göttingen. Mit den Töchtern Juliane, mit sechs ein „I-Dötzchen" geworden, und Sabine, der großen Schwester, inzwischen 22 Jahre jung. Eingeladen hatten die Schwiegereltern Hans und Eva Brock zu gemeinsamen, zu besinnlichen Festtagen. Doch diesmal trieben mich die politischen Geschehnisse in besonderem Maße um. Erst erfasst von merkwürdiger Unruhe, dann die plötzliche die Eingabe zum Entschluss, getroffen von einer Stunde zur anderen: Blitzbesuch in Cottbus, um die Mutter zu überraschen. Triebfeder fürs Handeln zudem am Werden des neuen, des bald wiedervereinigten Deutschlands teilzuhaben – für mich längst keine Frage mehr. Oder einschränkend: Der übermächtige Wunsch hierzu war der Vater der Überzeugung. Versprochen die rechtzeitige Rückkehr am Tag darauf.

Endlosschlange in Richtung Westen am Autobahn-Kontrollpunkt Helmstedt.

Das Ansinnen zum „Husarenritt" nach Cottbus stieß in der Familie nicht gerade auf Begeisterung, da ein Tag vor Heiligabend. Doch ich war nicht aufzuhalten, trotz des Wissens um die noch nicht aufgehobene Visumpflicht zur Einreise *in* die DDR. Ich hätte an der Grenze zurückgewiesen werden können. Im Zweifelsfall wollte ich die Möglichkeit eines Transit-Visums nach West-Berlin nutzen, um kurz davor unerlaubt südöstlich zum Ziel hinterm Spreewald abzubiegen.

Analog zu den Sowjets auf östlicher Seite: Alliierter Checkpoint Sierra Alpha.

Autobahn-Gedenkstätte am DDR-Grenzübergang Marienborn.

Überdies ging ich davon aus, dass viele „Verwegene" Vergleichbares versuchen würden, zumal die Lage an der Grenze unklar war.

Die erfundene Wahrheit

Aufbruch am frühen Nachmittag. Höhe Braunschweig bereits dichter Verkehr. Stärker noch bei Königslutter, 15 Kilometer vor dem Grenzübergang Helmstedt. Bald nur noch Schritttempo und Stau. Nach der Durchfahrt des westdeutschen Bereichs der erste Vorposten in Uniform: Passkontrolle. Dem Hinweis, dass das Visum fehle, begegnete ich mit der Behauptung im Brustton der Überzeugung, dass die Visumpflicht aufgehoben sei, der Feiertage wegen. Erst unschlüssig, dann durchgewinkt: „Weiterfahren!" Sollen sich doch die Offiziere beim nächsten Halt an der Hauptkontrollstelle Marienborn mit mir beschäftigen, mag er gedacht haben. So geschah es auch. Auch hier verstärkte ich die Unwahrheit zur „Wahrheit" noch mit der Behauptung, dass die neue Maßnahme schon in den Rundfunk-Nachrichten verbreitet worden sei. Der sichtlich genervte Offizier in der grauen Uniform der Volksarmee knallte einen Sichtvermerk in den Reisepass und polterte im Befehlston: „Weiter!" Ich beeilte mich, davon zu kommen. Der Tag war gerettet, der Abend noch nicht. Dunkelheit inzwischen und hohes Verkehrsaufkommen. Stellenweise aufkommender Bodennebel. Bis Cottbus noch gut 280 Kilometer. Beschränkung der Geschwindigkeit auf 100 Stundenkilometer. Vorbei an Magdeburg über die Elbebrücke, Dreieck Werder, Einmündung in den Berliner Ring, Holterdipolter-Parcours der Fahrbahnschäden, Abzweig Dresden, das Dreieck Spreewald, Abzweig Cottbus.

Es war einmal. Alles im Blick mit Befehlsbrücke, Kontrollturm, Licht- und Funkmast.

Patrouille West: Amerikanische Soldaten und bundesdeutsche Grenzschützer.

Champagner frei nach Napoleon

Eine halbe Stunde nach Mitternacht das Ziel erreicht. Mutter aus dem Schlaf geklingelt. Sie war sprachlos. Gemeinsam den ein paar Straßen weiter wohnenden Bruder Gisbert „eingesammelt" und zurück zur Wohnung an der Gallinchener Straße. Die Krönung des überfallartigen Blitz-Besuchs in geradezu privat-historischen Ausmaßes in wahrhaft außergewöhnlichen Zeiten: Rosé-Champagner, genossen bis zum fein moussierenden letzten Tropfen aus einer 1,5-Liter-Flasche. Und das frei nach *Napoleon Bonaparte,* dass er in Strömen fließen müsse, wenn eine Schlacht gewonnen sei – und ebenso bei Niederlagen. In unserem Fall jedoch war das Wort von *Walter Momper*, Berlins Regierendem Bürgermeister, wie im Kapitel zuvor, in dieser Nacht noch erweitert worden: „Cottbus, Settmarshausen bei Göttingen, Taufkirchen vor München und Bischofswerda, dem Tor zu Oberlausitz – nun freut euch alle!"

Nach gut vier Stunden beseligten Schlafes Abschied und Aufbruch. Hatte ich doch versprochen, am frühen Nachmittag zurück zu sein. Vor Augen steht noch heute das Bild von einer geradezu filmreifen Impression. Es waren die Auffahrten zur Autobahn, wo sich wie im Gänsemarsch gen Westen Trabbis an Trabbis reihten. Des Rätsels Lösung: Überraschend hatten die Ost-Berliner Behörden zu Heiligabend den Weg nach Westen freigegeben. Was blieb, war lediglich ein bescheidener Sichtvermerk von 35 x 25 Millimetern mit dem Datum *24.12.1989, Marienborn/A DDR* – gestempelt am Grenzübergang in meinen Reisepass zur Weiterreise über Helmstedt und damit zum zeitgeschichtlichen Dokument geworden. Ende gut, alles gut.

Patrouille Ost: DDR-Grenzsoldaten.

Das moderne Sachsenring-

Die Renaissance der Kult-Karossen

Übrigens, die Trabbis. Es waren die Zweitakter-Autos der Marke „Trabant" mit liebevoll kreierten Spitznamen, wie „Plastikbomber", „Gehilfe", „Überdachte Zündkerze" oder „Schlaglochsuchgerät". Die kunststoffverkleideten Kleinwagen aus Duroplast mit dem „Sachsenring-S" auf den Motorhauben zählen seitdem zu den Symbolen der politischen Wende in Deutschland, die am 3. Oktober 1990 nach 41 Jahren DDR mit der Wiedervereinigung die beglückende Erfüllung fand. Da sage noch einer, es gäbe keine Wunder mehr. Hierzu gehört auch die Renaissance des „Spaßmobils" als Oldtimer, 1991 zum letzten Mal vom Fließband des Zwickauer Werkes gerollt. Nicht zu vergessen

drei ganz besondere Exemplare, Spitzname „Rennpappe", aus der Kleinserie P 800 RS für die Werksmotorsportabteilung: Vier-Takt-Motor, Leistungssteigerung mit nunmehr 65 statt 45 PS, Fünf-Gang-Getriebe, ausgewiesen die stattliche Höchstgeschwindigkeit von 165 km/h. Bis zum Frühjahr 2021 wurden rund 39.000 der auf-gemöbelten Kult-Karossen zuge-lassen – im Osten wie im Westen des vereinten Landes.

Nur drei Exemplare: „Rennpappe" P 800 RS.

ZU GUTER LETZT

Statt eines Nachworts: Impressionen in Bildern von einer Zeitreise durch fast fünf Jahrzehnte. Symbolhafte Wegmarken einer Geografie des Schicksals in den bewegenden Welten von Deutschland Ost und Deutschland West.

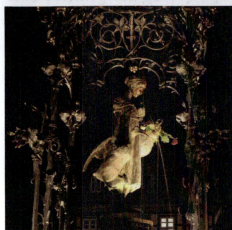

Blau zur Nacht: Cottbuser Altmarkt im besonderen Licht während eines Festivals. Brunnenfigur Gänseliesel: Das Göttinger Wahrzeichen vor dem Rathaus. An einem Novembertag: Dämmerung in Taufkirchen.

Bischofswerda im Advent. Rathaus am Altmarkt.

DANKSAGUNG

Allen, die zum Gelingen dieses Buches beigetragen haben.

Ulrike Bartel, geb. Hermann, Bischofswerda.
Gisbert Suppan, Cottbus.
Sabine Wahlich, Schöneck im Vogtland.
Heinz Reimann, Soest.
Jürgen Cramer, Bergkamen-Overberge.
Madeleine Weber, Dresden.
Karen Wagler, Dresden.
Kurt Erdmann und Jürgen Adolph. Bundesarchiv,
Abteilung Militärarchiv, Freiburg im Breisgau.
E. Kiste, Bundesarchiv, Berlin.
Antje Scheidung, Kreisarchiv, Bautzen.
Dr. Göter, Bischofswerda.
Marianne und Klaus Tissen, Krefeld.
Axel Bauer, Bischofswerda.
Johannes Rainer Klotsche, Bischofswerda.
Ulrike Reinhard, Hamburg.
Michael Daemisch, Freiburg im Breisgau.
Gerad Tralles, Bischofswerda.
Axel Bauer, Werbegemeinschaft Bischofswerda.
Frank Mrosowski, TSV 1848, Bischofswerda.
Dorothea Metzner, Taufkirchen/München.
Sabine Kahrweg, Pibrac/Toulouse.
Juliane Hordenbach, La Palma, Islas Canarias.
Bianca Döring, Herbstein.
Dr. Jan Gülzau, Stadtarchivar, Bischofswerda.
Robert Fischer, Cottbusverkehr GmbH, Cottbus.
Ingo Schmidt, Bassum.

Buchtipp: Alltag in der DDR: So haben wir gelebt.
Von Manfred Beier. Fotografien von 1949-1971.
Fackelträger Verlag, Köln. Sonderausgabe
für KOMET Verlag. Köln, 2010.

BILDNACHWEISE

Dürer. Germanisches Nationalmuseum Nürnberg. CC-PD-Mark/PD-old-100 expired.

Wann kommt mein Vater? Fotograf unbekannt. Gemeinfrei. CCA Share Alike.

Die Taufe erst mit zehn. Christuskirche: WikiAnika. CC-BY 3.0. CCA 3.0 Unported. – Max Planck: George Frantham Bain. Bain Collection Library of US-Congress. – Emanation of Light. Gemeinfrei. Lizenz CCA Share Alike. – Friedrich der Große: Gemälde von Anton Graff. Sammlung Sanssouci. Stiftung Preußische Schlösser und Gärten.

Das Blitzmädel und die sowjetische Wismut AG. Archiv Sabine Kahrweg, Pibrac/Toulouse. – Flakhelferinnen: Bundesarchiv. CC-BY-SA 3.0/CCA Share Alike 3.0 Germany. – Förderturm Niederschlema-Alberoda: Geomartin. CCA Share Alike. 3.0 Unported. – Bi-Crystal Wismut/Bismut: Alchemist-hp + Richard Bartz. CCA Share Alike 3.0 Unported.

Der gute Bekannte aus Bermsgrün. Bahnhof Bischofswerda: Brück & Sohn Kunstverlag Meißen. Karte Nr. 14699. CC-Lizenz CC0 1.0. – Bahnhof Dresden: Erich Zühlsdorf. Bundesarchiv. CC-BY-SA 3.0. – Dampfzug: Chianti. CCA Share Alike 3.0 Unported. – Bermsgrün: Aagnverglaser. CCL4.0 International.

Der 17. Juni 1953 in Cottbus. Stalin und Chöre: Roger und Renate Rössing. Sammlung Deutsche Fotothek. Staats- und Universitäts-Bibliothek Dresden (SLUB). – Panzer: Autor unbekannt. Bundesarchiv. CC-BY-SA 3.0. – Befehl: Pjotr Akimowitsch Dibrowa. Quelle: ddr-museum.de/objects/1017147. – Bertolt Brecht: Jörg Kolbe. Bundesarchiv. CCA Share Alike 3.0 Germany. – Karl-Eduard von Schnitzler: Zimontkowski. Bundesarchiv. Zentralbild 3.10.1956. – Schwarzer Kanal: Fotograf unbekannt. Quelle: EinsExtra. Sreenshot. Hochgeladen von Basic Master.

Aktion Taschengeld: Flachmänner und Kartoffelkäfer. Kinder: Heinz Hirndorf. Bundesarchiv. CCA Share Alike 3.0. Germany. – Soldaten: Mil.ru. CCL 4.0 International. – Sammler: Krueger. CCS Share Alike 3.0. Germany. – Käfer: Scott Bauer. Gemeinfrei. USDA Ars. Agricultural Research Service, USA.

Mit dem Fahrrad frei wie ein Vogel. Bautzen: Stephan M. Höhne. CCL 3.0. Nicht portiert. – Demitz-Thumitz: Montauk71. CC-BY-SA 3.0/de. – WM-Helden: Kandschar. CCA Share Alike 3.0 Unported. – Täve Schur. Foto: Illner. Bundesarchiv. CC-BY-SA 3.0. – Helmut Recknagel. Schaar, Wlocka. CCA Share Alike 3.0. – Saarschleife: Niesefrosch. GNU-FDL. CCL 3.0 Nicht portiert.

Sound der Rebellion und die Helden der Leinwand. Bill Haley: Fotograf unbekannt. Aneto. Nationaal Archief, Hauptarchiv der Niederlande. CCL CC0 1.0. Verzicht auf Copyright. – James Dean: Herman & Associates-Publicity agency for Chlitz Brewing. Pre-1978, no mark.. – Elvis Presley: Metro-Goldwyn-Mayer Inc. Library of Congress. No Copyright. – Little Richard: Gemeinfrei. Globe Poster Baltimore. Versteckte Kategorie. PD US no notice. – Marlon Brando: Carl Van Vechten (1889-1964). CC0. Sammlung Library of Congress. – Gina Lollobrigida: Ivo Bulanda.

Derivative Work: César. CCL 3.0. Nicht portiert. – Brigitte Bardot: Gemeinfrei. MGM. Versteckte Kategorie. PD US. No notice.

Schulabschluss, Konfirmation und der Superintendent. Arbeiter: Brussels Airport. Runway works 2013. CCL 2.0. Generisch. – Kirche: A. Savin. Wikipedia Commons. WikiPhotoSpace. – Wilhelmsmühle: Tourist Cottbus. CCA Share Alike 3.0. Unported.

Im Schatten des Unerfreulichen. Denkmal Korvinkoz-Budapest: Fotograficus.hu. Andreas Poeschek. CCA Share Alike 2.0. Austria. – Imre Nagy: Fotograf unbekannt. Quelle: Fortepan/János: Katalin adományozó. – NVA-Soldatin: Rainer Mittelstädt. Bundesarchiv. CC-BY-SA 3.0. CCL 3.0 Deutschland.

Nichts wie weg nach West-Berlin. Kurfürstendamm/Kranzler: Brodde. Bundesarchiv. CC-BY-SA 3.0. – Kiosk: Fridolin Freudenfett (Peter Kuley). CCA Sahre Alike 3. 0. Unported. – Lager Berlin-Marienfelde: Simon Müller. Bundesarchiv. CC-Linzenz 3.0. Deutschland.

Der Rauswurf von der Oberschule. Altmarkt Cottbus: Th.cb. CCL 3.0. Nicht portiert. – Führerschein: Archiv Ulrich Metzner. – Straßenbahnen (3 Motive) Copyright Cottbusverkehr GmbH. – Cottbuser Postkutscher (Postkarte). Tourist Cottbus. CCA Share Alike 3.0. Unported.

Des versuchten Seitenwechsels zweiter Teil. Berlin Bahnhof Zoo: Willy Pragher (1908-1992). Deutsche Digitale Bibliothek. CC-Lizenz 3.0. Nicht portiert. – Berlin Bahnhof Friedrichstraße: Bundesarchiv. CCA Share Alike 3.0. Germany. – Flughafen Tempelhof. Membeth. CCL CC0 1.0. Verzicht auf Copyright. – Berliner Sektoren (Karte): Stefan-Xp. CCA Share Alike 3.0. Unported. – Reinhard Mey: Friedrich Magnussen; Stadtarchiv Kiel. Gesellschaft für Kieler Stadtgeschichte. CCL 3.0. Deutschland.

Angekommen und geprüft auf Herz und Nieren. Rumeln-Kaldenhausen: Foto: Data doris. CCL 4.0. International. – Bahnhof Uelzen: Frank Vincentz (GFDL). CCA Share Alike 3.0. Unported. – Lager Friedland: Egon Steiner. Bundesarchiv. CC-BY-SA 3.0. CCL 3.0. Deutschland. – Choral: Gemeinfrei. CC0 Attribution Share Alike License.

Die Brücken zur neuen Heimat. Rathausturm Münster: Rüdiger Wölk. CCA Share Alike 2.5. Generic. – Gesandte aus Europa: Gemeinfrei. Foto: Geheugen van Nederland. Gemälde von Gerard ter Borch, 1648. Sammlung Rijksmuseum. CCL Attribution Share Alike. – Zeltlager: Ulrich Metzner. – Schloss: Phantom3Pix. CCL 4.0. International. – Heino: Stefan Brending (2eight). CC by SA. 3.0 de.

Als Gastschüler an zwei Gymnasien. Schulklasse und Gruppe: Archiv Gisbert Suppan. – Lenin: Urheber unbekannt. Gemeinfrei. CCA Share Alike.

Der Glücksfall Hamm in Westfalen. Familie Szelinski: Archiv Gisbert Suppan. – Dortmund: Lucas Kaufmann. CCL Attriburion Share Alike 2.0. Germany. – Hamm. I. Reckmann. CCL 3.0. Nicht portiert. – Gagarin: Mil.ru. Ministerium der

Verteidigung UdSSR. CC-Attribution 4.0. International. – Anita Ekberg: Bud Fraker (1911-2002). Gemeinfrei. CC0. – Mauerbau: Helmut J. Wolf. Bundesarchiv. CCA Share Alike 3.0. Germany. – Ronald Reagan: White House Photographs (1981-1989). CC Attribution Share Alike. – Willy Brandt und John. F. Kennedy: Marion S. Trikosko. US-Library of Congress's Prints und Photographs division. Digital ID cph.3c34151.

Der folgenschwere Zwischenfall. Sportbaracke: Ulrich Metzner. – Burg Altwied: Tohma (talk). CCA Share Alike 4.0 International. – Konstantin Wecker: Gabi Eichner. Urheber: dielinke sachsen. CCL 2.0 Generisch. – F.W.A. Sertürner: Gemeinfrei. PD old. – Musterung: Alexander Hauk. Hauk Medien Archiv.CC Attribution Share Alike 3.0 Unported. – Karte: Lencer. CC Attribution 3.0 Unported. *Wiedersehen mit der Schicksalsstadt Berlin.* Mauersprung: Jotquadrat. CC Attribution Share Alike 3.0 Unported.

Die Bewerbung und der Testartikel. Bernauer Straße: Claudia Tribin. CCL 3.0 Nicht portiert. – Sturmflut Hamburg: Gerhard Pietsch. CC Attribution Share Alike License. – Eislandung: W. Stuhler, Panoramic Freedom. CCL 3.0 Nicht portiert. – Helmut Schmidt: Hans Schafgans. CCA Share Alike 2.0 Generic.

Beginn der Fahndung nach dem Vater. Porträt Heinz Metzner: Archiv Sabine Kahrweg. – Alte Kirche Klotzsche: Jörg Blobelt. CCL 4.0 International. – Burghaig: Benreis, CC Attribution 3.0 Unported. – Fritz Umgelter: Foto: Ingrid Umgelter. CC0 1.0 Universal Public Domain Dedication. – Rathaus Lünen: Data Doris. CC Attribution Share Alike 4. International. – Pfluggasse Dinkelsbühl: Tilman 2007. CCL 3.0. Nicht portiert.

Die Empfehlung des Vizekonsuls. Kirche Trumbull: Lukasch. CC Attribution Share Alike 3.0.Unported. – Karte Connecticut Route: Chinissai. CC Attribution Share Alike 3.0. International license. – Deutsche Botschaft Washington: Josh Carolina from Washington D.C. CCA Share Alike 2.0. Generic.

Noch per Sie der erste Brief. Heinz Metzner: Archiv Familie Metzner, Trumbull, Connecticut, USA. – Funker, Wehrmacht: Utecht. Bundesarchiv. CCL 3.0 Deutschland lizensiert. – Butterberg Bischofswerda: Brücke Osteuropa. CCL 1.0. Verzicht auf Copyright.

Betrachtungen zum beruflichen Werdegang. Ortsschild Katterbach: Alexander Rahm. CC Attribution 3.0. Unported license. – Flugplatz: U.S. Army photo by Training Resource Specialist Charles Rosemond 24.4.2016. – Bordfunkerabzeichen: Urheber Luftwaffe, Wehrmacht. CC Share Alike 1.0. – Frankfurter Bankenviertel: Epizentrum. CCL 4.0. International. – Zeitungen: NatiSythen. CCL 3.0. Nicht portiert.

Schul-Odyssee passé, Start ins Volontariat. Altmarkt Recklinghausen: Nordenfan. CCL 4.0. International. – Konrad Adenauer 1955: Fotograf unbekannt. Bundesarchiv B 145. CC-BY-SA 3.0 DE. – Wahlplakat Adenauer: Paul Aigner, Künstler und

Grafiker. CCA Share Alike 3.0 Germany. – John F. Kennedy: Gemälde von Aaron Shikler. The White House Historical Association. CC0 License/CCA Share Alike. – Amtsgericht Recklinghausen: Nordenfan. CCL Attribution Share Alike 4.0. – Leonardo DiCaprio: Gabbo T. CCA Share Alike 2.0 Generic. – Schacht Ewald Oer-Erkenschwick: Dr. W. Strickling. CCL 4.0 International. – Rathaus Datteln: Mgxzy. CCL Attribution Share Alike 4.0. International. – Schicht im Schacht Zeche Emscher Lippe Datteln: Archiv Gisbert Suppan. – Lotte Lenya: Emil Stumpp (1886-1941). Gemeinfrei. CCA Share Alike.- Briefmarke. Entwurf Lothar Grünewald. Foto: Nightflyer (talk).

Der stille Abschied. Militär-St.-Heinrichs-Orden: Borodun. CC Attribution Share Alike 4.0. International. – Albrechtsorden: AuBa. CC= Lizenz. CCA Attribution Share Alike. Dorothea Lange, Tochter Regina, und Ehepaar Dr. Lange: Hofphotograph Kersten Sohn, Altenburg. – Dr. Walter Lange: Foto Höhne. – Urkunde König von Sachsen, Gedenkteller, Hochzeitsfoto 1912, Ferienbild Vater und Tochter, Dr. Walter Lange 1914: Archiv Ulrich Metzner.

Der Großmeister des Aufspürens. Porträt Reiner Pfeiffer: Archiv Ulrich Metzner. – Fachwerk Waltrop: Sabine Löbbe. CC Attribution Share Alike 3.0. – Lagekarte Waltrop im Landkreis Recklinghausen: TUBS. CCL 3.0. Nicht portiert. – Wasserwerfer: Helmut J. Wolf, Nachlass. CC-BY-SA 3.0. – Landschaft am Balaton: txd Flickr. CCA 2.0. Generic. Uwe Barschel. Foto: CDU-Landesverband Kiel. Objekt-Signatur: 10-012:600. Konrad-Adenauer-Stiftung. – Matthias Matschke: 9EkieraM1. CCL 3.0. Nicht portiert. – Martin Brambach: N8eule78, Original: Krd. CCL 3.0.Nicht portiert. – Motorradfahrer: Archiv Gisbert Suppan. – Harley Davidson: Joachim Köhler. Deutsches Zweirad- und NSU-Museum Neckarsulm. CCA Attribution Share Alike 3.0.

Das Wagnis Ost-Berlin. Reiner Pfeiffer: Archiv Ulrich Metzner. – 5-DDR-Mark: CCA Share Alike License. – 5 DM. CCA Share Alike License. – Kind, Omi und Onkel: Archiv Ulrich Metzner. – Restaurant Moskau: Zentralbild Straube. Bundesarchiv. CCA-Attribution Share Alike 3.0. Germany. – Sputnik: Karin Reichert-Frei. CCL 2.5 Generisch. – Karl-Marx-Allee: Marek Sliwecki. CCA-Share Alike 4.0 International. – Fernsehturm: Raimond Spekking. CCL Share Alike 4.0 International. – Witten-Impression: Mbdortmund. GNU-Lizenz für freie Dokumentation, Version 1,2. Free Software Foundation. – Geburtsanzeige zum 22.3.1967. – Sabine: Archiv Ulrich Metzner.

Des Funktionärs Prognose zum Prager Frühling. Brennender Panzer: Flickr. Gemeinfrei. The Central Intellegence Agency, 1968. – Protest: Reijo Nikkilä. Gemeinfrei. CC Attribution Share Alike. PD Finland. – NVA-Propaganda: Hoepner. ADN-Zentralbild. Bundesarchiv. CC-BY-SA 3.0. – Dubcek-Büste von Ludmila Cvengrosová. Foto: Peter Zeliznák. SK. Slovak copyright law as of 2016. – Kulturolympiade: Imviann. CCL 4.0 International. – Claudia Cardinale: Gemeinfrei.

Mondadori Publishers. Fotograf unbekannt. – Kennedy-Familie: Abbie Rowe (1905-1967). Unrestricted. CC-PD-Mark.US Government.

Bewegte Zeiten, große Ereignisse. Astronauten: NASA. US-National Aeronautics and Space Administration. Photo-ID: GPN-2000-001164. – Dieter Thomas Heck: Stuart Mentiply, Wolfsburg. GNU-Lizenz für freie Dokumentation, Version 1,2. – Peter Scholl-Latour: Bernd Andres. CCL 3.0. Nicht portiert. – Mönckebergstraße Hamburg: User Staro1 on de Wikipedia. CCL 3.0. Nicht portiert. – Schulklasse: Archiv Gisbert Suppan. – Wolfgang Kieling und Anett: Eva Brüggemann. Bundesarchiv. CC-BY-SA 3.0 Deutschland. – Opel Admiral: Berthold Werner. CCL 3.0. Nicht portiert. – Treffen Ernst-Heinz Breil, Prag: Ferenczy-Press/Klosterfrau Health Group, Köln.

Der Lockruf aus Offenburg. Bambi: Dieter Radig. CCL 3.0. Nicht portiert.

Das Traumziel Mexiko-Stadt. Paseo de la Reforma: AlejandroLinaresGarcia. CCL 3.0. Nicht portiert. – Marien-Erscheinung: Gemeinfrei. CCA Share Alike. PD-old-100. Commons: Multi-license copyright tags. – Basilika: Janothird-Commonswiki (Annahme). CCL 1.0. Nicht portiert. – Xochimilco: The Land. Creative Commons Attribution Share Alike 4.0 International. – Cuauhtémoc, Zócalo: El Comandante. CCL 3.0. Nicht portiert.

Der Tag der Erscheinung von Teotihuacán. Sonnenpyramide: Ralf Roletschek. Copyright Roletschek at. Supported by Wikimedia Österreich. – Edelfalter Monarch: Captain-tucker. CCA Share Alike 3.0. Unported License. – Quetzal: D. Hatcher/ José Emilio Zehteno Silvas. Gemeinfrei. CCA Share Alike License. – Weg der Toten: Erick1984. CCL 3.0. Nicht portiert. – Sage Popocatépetl: Antofran. Gemälde von Jesús Helguera. CCA Share Alike 3.0. Unported. – Peter Otto Gern: Archiv Dorothea Metzner.

Das ungewöhnliche Foto mit dem Hakenkreuz. Dr. Walter Lange 1944: Archiv Gisbert Suppan. – Schloss Het Loo: nl-Gebruiker. Gerard M. CCA Share Alike 3.0. Unported. – Großes Wappen des deutschen Kaisers mit dem Schild der Hohenzollern: David Liuzzo. – Prinz Louis Ferdinand von Preußen: Autor unbekannt. Gemeinfrei. CC0 Attribution Share Alike. – Büste Kaiser Wilhelm II. von Max Bezner. (1883-1953). Rijksmuseum Nr. 13272. Foto: Hanseichbaum at English Wikipedia. – Philipp Jenninger 1968: Engelbert Reineke (1939-). Bundesarchiv. CCA Share Alike 3.0. Germany.

Die wegweisende Begegnung in der Dortmunder Westfalenhalle. Arne Müseler (Westfalenhalle),Photo/Map. CC-BY-SA 3.0/https: creative commons, Org./licenses//by-sa/3.0/de/deed.de. – US-Schauspieler George Nader: NBC. Jane Do. Public Domain. – Gustav Lübbe: Alexander Buschorn. CCA Share Alike 3.0. Unported. Attribution: Axb. – Buchmesse: Thomas Pusch. CCL 3.0. Nicht portiert. – Peter Maffay: Privatarchiv Gisbert Suppan. – Schloss Lerbach: Frank Vincentz. CC Attribution Share Alike 3.0. Unported.

Als das Private auf der Strecke blieb. Sabine: Privatarchiv Gisbert Suppan. – Bensberg: CEphoto, Uwe Aranas. CCL 3.0. Nicht portiert. – Gemälde von Raffael (1483-1520): Justitia. Foto: Marie-Lan Nguyen. Gemeinfrei. Sammlung Apostolischer Palast, Vatikanstadt. – Schloss Eller: Heribert Pohl, Germering. CCL 2.0. Generisch.

Die Premiere einer neuen Illustrierten. Parkhotel Düsseldorf: Ailura. CCL 3.0. Österreich. – Esther Ofarim: Rob Mieremet. CC0 1.0. Verzicht auf Copyright. – Faye Dunaway: PBS/eBay. Gemeinfrei. PD US no notice. – Elisabeth Steiner: Rainer Szelinski. CC Attribution Share Alike 3.0. Unported. Julie Andrews. Gemeinfrei. CBS Television. – Costa Cordalis: Raimond Spekking. CC-BY-SA 4.0 (via Wikipedia Commons.

Endlich! Das Treffen mit dem Vater in Ansbach. Platz in Ansbach: Tilman2007. CC-Lizenz 3.0. Nicht portiert. – Grabmal: Rico Heil. CC Attribution Share Alike 3.0. Unported. – Michelangelo: Metropolitan Museum of Art, online collection. Met Object ID 436771. Gemeinfrei. – Violinenspiel: Rick Doble. CC Attribution Share Alike 4.0. Generic.

Der Leutnant, der Kriegsoffizier, das Verdienstkreuz. Budweis: SchiDD. CCL 4.0. International. – Cover: Die deutschen Luftwaffen-Felddivisionen 1941-1945. Von Werner Haupt. Edition Dörfler im Nebel Verlag, Eggolsheim. – Erdkampfabzeichen der Luftwaffe: Gustauve Drakenhime, Adolf Hindenburg (Genehmigung). CC Attribution Share Alike 4.0. International. 3.0. Unported. – Kriegsverdienstkreuz. User: PimboliDD. CC CC0 1.0. Universal Public Domain Dedication. – Landkarte. Autor: Chris Furkert.. CCA Share Alike License. – Taus: Martin Strachon. Wikimedia Commons. Project: Fatime Cesko. – Furth im Wald: Flodur63. CCL 4.0. International. – Privatfotos (2): Archive Suppan, Kahrweg/Metzner.

Der Triumph des Glaubens. Apostel Paulus. Kulturgeschichtliches Album von Belarus, Weißrussland, Minsk. Gemälde auf Holz von 1732. Gemeinfrei. CC-PD-Mark. Wikidata Q238.31106. – Dag Hammarskjöld: UN/DPI. Quelle: web.archive.org.

Der Tag, als Elvis Presley starb. Elvis und Nixon: Ollie Atkins, Chief White House Photographer 1970. Executive Office oft the President of the United States. – Elvis-Autogrammjägerinnen: Powell F. Krueger. Gemeinfrei. Creative Commons C0. – Girls: Paramount Pictures (Corporated author). PD-PRE 1964. – Meditationsgarten: HAL333. CCA Share Alike 4.0. International. – Jimmy Carter: U.S. National Archives and Records Administration. Jimmy Carter Library (NLJC, Atlanta, GA.-Cher: Raph-PH. Quelle: 02201019-32. CCL 4.0. International. – Cherokee: Flick.NT. CCL 2.0. Generisch. US-amerikanisch lizensiert. Urheber: Vastateparksstaff. – Elvis Monument: COBRA-COBRETTI. Gemeinfrei. – Ludwig Erhard: Doris Adrian. Bundesarchiv B 145. CC-BY-SA 3.0. – Maria Callas: CBS Television. Pre-1978 no mark. Gemeinfrei. CC0.

Argentinien international im Blickpunkt. Cabildo: Herbert Brant. Urheber: HalloweenHJB Wikipedia auf Englisch. – Landkarte Kmusser (Autor). Elevation data from SRTM. CC Attribution Share Alike 3.0. Unported. – Tochter Sabine und Dorothea B: Archiv Sabine Kahrweg/Foto U.M. – Udo Jürgens: Steindy (Diskussion. CCL 3.0. Nicht portiert. 2.5. Generisch. – WM-Endspiel 1978: Autor unbekannt. Quelle: Here, Revisionismo Fútbol. Commons CC0. – Jürgen Sparwasser (DDR): Rainer Mittelstädt. ADN-ZB. Bundesarchiv. CC-BY-SA 3.0. – César Menotti: Autor unbekannt. Quelle: El Grafico, 1978. – Sepp Maier: Cropped by Danyele. Nationaal Archief Fotocollection Algemeen Nederlands Fotopersbuerau (ANEFO). – Schloss Jegenstorf: Funck77. CC Attribution Share Alike 3.0. Unported. – Amerigo Vespucci: Sailco. CCL 3.0. Nicht portiert. Büste von Giovan Battista Foggin. Museum Galileo, Florenz. – Montonero-Siegel: Falerístico. CC Attribution Share Alike 3.0. Unported.

Buenos días, Buenos Aires! Plaza de Mayo: Eurico Zimbres. CC Attribution Share Alike 2.5. Generic. – Präsident Juan Perón und Gemahlin Maria Eva: Museo Casa Rosada. Gemälde von Numa Ayrinhac. – Madonna: David Shankbone (1974-). CCL 3.0. Nicht portiert. – Wappen Buenos Aires: The Cosmonaut. CCL 2.5. Kanoda. – 100-DM-Note: Transferred from de. Wikipedia to Commons. PD-Abb. Maler Christoph Amberger at. de Wikipedia. Porträt Sebastian Münster, Kosmograph (1488-1552). – DDR-Wohnhochhaus Typ SK65 Ost-Berlin: Jörg Zägel. CC Attribution Share Alike 3.0. Unported. – Caminito La Boca: Martini. CCL 3.0. Nicht portiert. – Teatro Colon: HalloweenHJB. CC Attribution Share Alike 3.0. Unported. – La Bombonera: nica*. CCL 2.0. Generisch. – Florida Buenos Aires: Chris Goldberg. Posted to Flickr as Downtown BA4. CCL 2.0. Generisch. – Galerías Pacifico: Silvinarossello. CC Attribution Share 3.0. Unported. – Tigre-Delta: MauroCacciola. CCL 2.0. Generisch. – Gauchos: flickr. com. CCL 2.0. Generisch. – Tango-Duo: Fuentes/Fernandez. CCL 1.0. Verzicht auf Copyright.

Schweizer Querschädel mit manchem Bekenntnis. Alemann-Kennedy: Robert L. Knudsen. White House Photographs. John F. Kennedy Presidential Library and Museum, Boston. Gemeinfrei. – Leopoldo Galtieri: Fotograf unbekannt. Quelle: Sitio presidencial argentino. Gemeinfrei. – Artillerie-Übung: Murray Kerr. CCL 3.0. Nicht portiert. – Stanley, Puerto Argentino: CHK46. CCA Share Alike 4.0. International. – Plaza Islas Malvinas: Heretiq. CC Attribution Share Alike 2.5. Generic. – Wappen Falkland-Inseln: Open Clip Art Library CC0 1.0. Universal Public Domain Dedication. Creative Commons CC0. – Pinguine: Ben Tubby. CCA 2.0. Generic. – Wappen Britisches Antarktis-Territorium: Vector Version Masur. CCA Share Alike 2.5. Generic. – Seekarte Großbritannien-Falkland-Inseln: Master Uegly (editing). Falklands Campaign. Department of History, United States Military Academy, at www westpoint.edu. – Jorge Luis Borges: Fotograf unbekannt. Quelle: Revista Gente y la actualidad, 1883, Buenos Aires.

Veruschka Gräfin von Lehndorff und die Krefelderin Käthe Niessen. Veruschka von Lehndorff: Siebbi. CCL 3.0. Nicht portiert. – Claudia Schiffer: Nicolas Genin-Flickr/profile. CCL 2.0. Generisch. – Königsberg/Kaliningrad: Sendker. Reichsbahndienst, 1922. – Käthe Niessen: Privatarchiv Marianne Tissen, Krefeld/tecpro. – Wappen: Heraldiker Wolfgang Pagenstecher. Fotowerkstatt DER UNERFAHRENE/Perkelion. – Erdaufgang: Bill Anders (1933-). NASA Apollo 8. Dezember 24. Photo-ID: A508-14-2383.

Erinnerungen und der doppelte Neuanfang. Praktischer Garten-Ratgeber von Gärtner Pötschke (OHG, Kaarst), 1995/96. Fotos: Orbis-Bildagentur, München. – Hanns Kurth: Porträt Rücktitel, Privatarchiv. Lexikon der Traumsymbole. Ariston Verlag. Genf 1976. – Flagge: Unbekannter Autor. Gemeinfrei. CC-PD-Mark/PD-old-100-expired. – 14. Dalai Lama: Martin Kraft. Free license CC-BY-SA 3.0. – Potala-Palast Lhasa: Antoine Taveneaux. CCA Share Alike 3.0. Unported. – Fisch: Dorothea Metzner. – Haus Gatzenberg und Ehepaar Brock: Archiv Susanne Brock. – Wappen Rosdorf: Vectorization Jürgen Krause. –

Wo sich eine Tür schließt, öffnet sich eine andere. Moliére: René-Gabriel Ojéda. Gemälde von Pierre Mignard (1612-1695). Condé Museum, Château de Chantilly. – Reutlingen Marktplatz: Ra Boe. CC-Lizenz 3.0. Nicht portiert. – Concorde: Eduard Marmet. CCL 3.0. Nicht portiert. – Rathaus Oldenburg: JoachimKohlerBremen. CC Attribution Share Alike 4.0. International. – Babyfotos (2): Archiv Juliane Hordenbach, La Palma, Islas Canarias, Spanien. – Konfuzius: Flickr API detail . Du Bose, Hampton C. New York. A.C. Armstrong & Sons, Publisher. Harold B. Lee Library. Brigham Young University. – Winston Churchill: HU 90973, Collection oft he Imperial War Museum, London. – München-Harlaching, Menterschwaige: Henning Schlottmann. CCL 1.0. Generisch (US-amerikanisch lizensiert). – Nicosia Green Line: Julian Nyca. CC Attribution Share Alike 3.0. Unported. – Zypern-Karte: Maximilian Dörrbecker. CCL Attribution Share Alike 2.5. Generic. – Nikosia (Gasse): Hansueli Krapf. CCL 3.0. Nicht portiert. – Paphos/Aphrodite, Standbild von Yiota Joannidou: Jules Verne Times Two. CCL 4.0. International.

Der weiße Ritter aus München. Colombischlösschen Freiburg im Breisgau: joergens.mi. CC Attribution Share Alike 3.0. Unported. – Carlson Reinhard: Michael Daemisch, Freiburg im Breisgau. – Wolfgang Renner (Cyclocross): Julius Kusuma. CC Attribution Share Alike 3.0. Unported. – Postkarte Sonnenstraße München: Anonym. Privatsammlung Wolfgang Sauber (Xenophon). – Achalm Reutlingen: Gemeinfrei. Gemälde von Wilhelm Laage, Betzingen. – Thilo Koch: Tischgespräche. Georg Westermann Verlag, Braunschweig 1989. NE: Koch, Thilo (Sammlung). – Richard von Weizsäcker: Autor unbekannt. CCL 3.0. Deutschland. – Sir Peter Ustinov: Allan Warren. CCL Attribution Share Alike 3.0. Unported. – Lothar Günther Buchheim: Bildnachlass Friedrich Magnussen (1914-1987). CC Attribution Share Alike 3.0. Germany. – U-Boot: Darkone. CC Attribution Share

Alike 2.0. Generic. – Eckart Witzigmann: Dreamworlds. CCL 3.0. Nicht portiert. – Frank Elstner: JCS. CCL3.0.Nicht portiert. – Colombi-Hotel Freiburg. CCL 3.0. Nicht portiert. – Erich von Däniken: Sven Teschke. CCL 3.0. Deutschland. – Gott, der Geometer: Anonymus um 1220. Frontispiz Bible moralisée. Benoit B. Mandelbrot's „The Fractal".

Freude ist so wichtig wie das tägliche Brot. Rolf Hasenclever: HASCO-Unternehmensgruppe, Lüdenscheid. – Flagge Vatikanstadt: Autor unbekannt. Gemeinfrei. CC CC0 1.0. Universal Public Domain Dedication. – Stadt Lüdenscheid: PeLei. Modified: Asio otus. Gemeinfrei. CC CC0 Lizenz unter Attribution Share Alike. – Sieglinde Layr: Pia Duesmann, A-Mödling. – Layr-Werke „Sonderbares Fest" und „Der Tourist", Archiv Sieglinde Layr. – Siegel: Chaîne des Rôtisseurs, Paris.

Die Vorboten der friedlichen Revolution. Wolf Biermann: Waltraud Grubitzsch, geb. Raphael. Bundesarchiv. CCL 3.0. Deutschland. – Franz Josef Strauß: Robert Ward (DoD photo by). Gemeinfrei. CCL Attribution Share Alike. – Wappen von Balatonalmádi: Waterced. CCL CC0 1.0. Verzicht auf Copyright. – Operationsbasis Bischofswerda: tgsflash. CCL Attribution Share Alike 4.0. International. – Symbol DDR-Friedensbewegung: Urheber unbekannt. Quelle: www.kirche Sebnitz.de. Vektorisiert vom Benutzer: Gnubold. – Novalis: Gemeinfrei. Autorenverzeichnis.de/portaes2-gareis-novalis. Gemälde von Franz Gareis (1775-1803). – Michail Gorbatschow: Juri Abramotschkin. RIA Nowosti. CC-BY-SA 3.0. – DDR-Briefmarke: Gemeinfrei. Hochgeladen von Nightflyer (talk). Entwurf Fiedler nach der Idee von Köhler. – Leipziger Montagsdemonstration: Waltraud Grubitzsch, geb. Raphael. CCL 3.0. Deutschland. – Jan Josef Liefers: derivative work: Hic et nunc. CC-Lizenz 3.0.Nicht portiert. – Demonstration Alexanderplatz Ost-Berlin: Rolf Roletschek. CC-Attribution-Share-Alike License.

Die Tore der Mauer stehen weit offen. Pressekonferenz: Thomas Lehmann. Bundesarchiv. CC-BY-SA 3.0. – DPA-Eilmeldung: Writtenby. CCL Attribution Share Alike 3.0. Unported. – Ex-Oberstleutnant Harald Jäger: Erik The Fish from UK. CC Attribution 2.0. Generic. – Charly Hübner: Superbass. CC Attribution Share Alike 4.0. International. – Berlin ist wieder Berlin: Günter Mach, Helmstedt. CCL 2.5. Generisch. – Bösebrücke: Robert Roeske. Bundesarchiv. ADN-Zentralbild/Bild 183. CC Attribution Share Alike 3.0. Germany License. – Mauer-Besetzung: Sue Ream, San Francisco, California. CCL 3.0. Nicht portiert. – Rundmauer Brandenburger Tor: F. Lee Corkran SSGT. DoD photo, USA. Gemeinfrei. – NVA-Soldaten als Bereitschaftspolizisten: F. Lee Corkran SSGT. PD-USGov-Military. Gemeinfrei. – Walter Momper: Siebbi. CCL Attribution Share Alike 3.0. Unported.

Mentor, Macher und Mensch. Ingo Schmidt: Privatarchiv I.S. – Günter Schabowski: GNU Free Documentation License Version 1.2. CC-BY-SA 3.0/CCL Attribution Share Alike 3.0. Unported. Vortrag vor Studenten in Homburg (Efze). – Günter

Goldene Brücke im Skulpturenpark Deutsche Einheit am ehemaligen Grenzübergang Eußenhausen-Meiningen zwischen den Bundesländern Thüringen und Bayern.

BÜCHER
Ulrich Metzner

Der kleine Geldermann
Brevier für gepflegte Gastlichkeit. VIF-Edition. Privat-Sektkellerei Geldermann, Breisach.

Snacks.
Die Rezepte der Avantgarde. Fotografie Peter Frese. VIF-Edition. Walter Hädecke Verlag, Weil der Stadt.

Fisch
Die Rezepte der Avantgarde. Herausgeber: Peter Frese (Fotografie), Ulrich Metzner. VIF-Edition Südwest, München.

Gute Küche, guter Wein.
Deutsche Küche aus jeder Region. Rudolf Knoll, Ulrich Metzner. Hädecke Verlag, Weil der Stadt.

Die Glasstraße
Ein Märchen des Bayerischen und Oberpfälzer Waldes. Explorise. Grebennikov Verlag, Berlin.

Mach's dir nicht so schwer – Genieße dein Leben
Von Dr. Rolf Hasenclever, Lüdenscheid. Mit Werken der Aquarellistin Sieglinde Leyr, A-Gars am Kamp. Realisation: Ulrich Metzner und Wolfgang Eckl, Grafik-Design. AT-Verlag, Aarau, Schweiz.

Lebensglück Liechtenstein
Herausgeber: Sven Kielgas und Dr. Jens Thiemer. Idee und Co-Autor: Ulrich Metzner. Fotografie: Roland Korner. Neuer Umschau Buchverlag, Neustadt an der Weinstraße.

Chiemgau, Chiemsee, Gut Ising.
Co-Autor Ingo Schmidt. Das Bayerische Meer: Sagen, Kraftorte, Historisches, Wissenswertes und Gastlichkeit. K. Magalow KG, Hotel Gut Ising, Chieming.

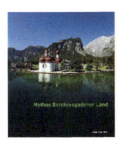

Mythos Berchtesgadener Land

Damals wie heute gilt: „Herr, wen du lieb hast, den lässest du fallen in dieses Land!" Ein berühmtes Wort von Heimatdichter Ludwig Ganghofer, anno 1883. Die ins Salzburgische ragende Region mit Deutschlands einzigem alpinen Nationalpark. Atemberaubend die Natur, beherrscht von der Majestät des Watzmann-Massivs. Verlag Anton Pustet, Salzburg.

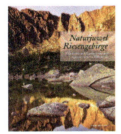

Naturjuwel Riesengebirge

Von der Faszination eines sagenumwobenen Höhenzugs mit der 1.602 Meter aufragenden Schneekoppe, dem Quellberg des Elbestroms, im Reich des zaubermächtigen Berggeists Rübezahl. Romantische Täler, wild rauschende Wasserfälle, verwunschene Seen – eine unvergleichliche Bergwelt – und das zu allen Jahreszeiten. Verlag Anton Pustet, Salzburg.

Silberland Erzgebirge

Deutschlands montanes Weihnachtsland, gelegen zwischen Zwickau und Dresden, entstanden im Verlauf von über acht Jahrhunderten. Die nach Silbererz schürfenden Bergleute schufen ein einmaliges Brauchtum beiderseits der alten Grenze zwischen Sachsen und Böhmen. Verlag Anton Pustet, Salzburg.

Geschichten, die der Wald schrieb

Von legendären Räubern, Volkshelden und Vogelfreien in Deutschland und Österreich. Es war eine andere Zeit, als sich Schurken und Verfemte in wilden Wäldern verbargen, um einem ausweglosen Schicksal zu entkommen. Schaurig-schöne Begebenheiten und eine gnadenlose Obrigkeit – in der Lausitz im Spessart und in Tirol. Verlag Anton Pustet, Salzburg.

Glücksfall Schwarzwald

Sehr viel mehr als Kirschen, Klinik und Kuckucksuhren. Dem Himmel ein schönes Stück näher. Nirgendwo, so schwärmt der Volksmund, ist die Natur so beglückend bis hinauf zu 1.500 Metern. Ob zu Berg oder zu Tal, fassettenreich die Landschaft, umwoben von Mythen und Märchen, wo zugleich die Sonne so innig den Wein verwöhnt. Verlag Anton Pustet, Salzburg.

Thüringen
Schatzkammer voller Kostbarkeiten in Deutschlands grünem Herzen. Die Wartburg und der Sängerkrieg. Martin Luther und die Bibel. Goethe und Schiller. Heilige Elisabeth und Thomas Müntzer. Erfurt, das „Thüringische Rom". Es lebt der Mythos von Wäldern, Wundern und Bewegendem, wozu die Stätten des Welterbes zählen. Verlag Anton Pustet, Salzburg.

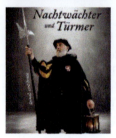

Nachtwächter und Türmer – damals und heute
Hört, ihr Leut, und lasst euch sagen: Unsere Glock' hat Zwölf geschlagen! Es gibt sie wieder, die Nachtwächter, und auch die Türmer. Die in Jahrhunderten gewachsene Tradition in Deutschland und Österreich, erwacht zu neuem Leben, wenn Männer und Frauen (!) unverdrossen mit Hellbarde, Horn und Laterne unterwegs sind. Verlag Anton Pustet, Salzburg.

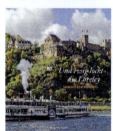

Und ewig lockt die Loreley
Die romantische Rheinreise zwischen Bingen und Bonn zu weit über 50 Burgen und Schlössern, zu pittoresken Dörfern und Städtchen an den Ufern des mächtigen Stroms. Naturerbe und Weltkultur zugleich. Zudem das große Porträt vom Burgschloss Rheinfels von Co-Autor Ingo Schmidt Und allüberall grüßt das Mittelalter. Verlag Anton Pustet, Salzburg.

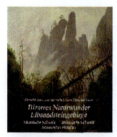

Bizarres Naturwunder Elbsandsteingebirge
Große Historie und die schönsten Geschichten von der Sächsischen und Böhmischen Schweiz, vom Böhmischen Paradies und von der Adersbach-Weckelsdorfer Felsenstadt, Mitteleuropas mächtigstem Sandstein-Monument. Die unvergessliche Reise in eine faszinierende Felsenlandschaft, wo die Romantik eine Heimat fand. Verlag tredition, Hamburg.

Seitenwechsel ins Ungewisse
Von einem, der auszog rüberzumachen. Die Odyssee von Ost nach West im Schatten der Ereignisse des Kalten Krieges. Die Zeitreise durch fünf Jahrzehnte bis zum 9. November 1989, am Tag, als das Berliner Wunder geschah. Schicksalsschläge, Irrungen, Wirrungen, Höhen und Tiefen – und die Fahndung nach dem für tot erklärten Vater. Verlag tredition, Hamburg.